George Müller

SA VIE ET SON ŒUVRE (1805-1898)

Mme G. Brunel

George Müller

SA VIE ET SON ŒUVRE (1805-1898)

Le miracle de Bristol

Édition originale :
G. MÜLLER
SA VIE ET SON ŒUVRE (1805-1898)
Cet ouvrage est la réédition de l'autobiographie de George Müller par les Éditions Plus que Vainqueurs, en 1998, selon les travaux du frère André Anna. Mme Anna, selon le désir de son mari maintenant auprès du Seigneur, a cédé gracieusement les droits aux Éditions La Joie de l'Éternel.

Le texte est celui du livre édité par Mme G. Brunel en 1947.

Tous droits réservés

© 2008, éditeurs associés :
Publications chrétiennes inc.
230, rue Lupien
Trois-Rivières (Québec) G8T 6W4
Canada

La Joie de l'Éternel (Éditions)
24, A, Grande Rue / BP 27
FR-Saône France

Le temps des verbes a été modifié pour en simplifier la lecture.

Dépôt légal - 3e trimestre 2008
Canada et France

Canada :
ISBN : 978-2-89082-114-9
Dépôt légal : Bibliothèque nationale du Québec
              Bibliothèque nationale du Canada

France :
ISBN : 2-9043-6111-1
EAN : 978-2-9043-6111-1
Dépôt légal : Bibliothèque nationale de France

Table des matières

Chapitre		Page
	Préface	7
1.	Enfance et jeunesse	17
2.	Conversion	29
3.	Premiers pas dans la vie chrétienne	37
4.	En Angleterre. Préparation missionnaire	53
5.	Seul avec Dieu	73
6.	À Bristol	93
7.	Fondation de l'Institut Bristol	109
8.	Ouverture des premiers orphelinats	131
9.	Temps de maladie et d'épreuves de la foi	157
10.	La marche avec Dieu	181
11.	Évangéliste en Allemagne	205
12.	Constructions des maisons pour les orphelins	223
13.	Visite aux orphelinats	247
14.	Madame Müller	263
15.	Second mariage	277
16.	Un crépuscule transformé en aurore	289
17.	L'appel	313
	Appendice	323

Préface de G. Müller
qu'il écrivit pour le premier volume du « Récit »
publié en 1837

C'est après de longs mois de réflexion, un examen sérieux et prolongé de mes motifs et bien des prières, que je me suis décidé à écrire ce petit ouvrage. Pour aucune des décisions que j'ai été appelé à prendre au service du Seigneur, je n'ai autant prié qu'à ce sujet. Il m'est désagréable d'augmenter le nombre des livres religieux, et cela seul aurait suffi à m'empêcher de publier celui-ci ; si je ne chérissais l'espoir d'être, pour mes frères, un instrument qui les conduira à estimer davantage les saintes Écritures et à juger les principes de leurs actions à la lumière de la Parole de Dieu. Mais la raison qui m'a surtout décidé, c'est que je crois, d'après les constatations que j'ai pu faire, que la plupart des épreuves survenant aux chrétiens proviennent de leur manque de confiance en Dieu pour les choses du domaine temporel, ou du fait qu'ils dirigent leurs affaires d'une manière qui n'est pas conforme à ce qu'enseignent les Écritures. À cause de la façon merveilleuse dont Dieu a agi à mon égard dans les choses de cette vie, je me considère comme le débiteur de l'Église de Dieu, et je crois devoir dire plus particulièrement à mes frères pauvres, comment le Seigneur m'a conduit. Il a déjà béni pour bien des personnes ce que j'ai eu l'occasion de leur dire à ce sujet ; je crois donc bien faire en employant un moyen qui permettra que beaucoup d'autres en aient le bénéfice...

Si, au cours de ce travail, j'ai parlé ouvertement des péchés de mes années sans Dieu, c'est afin que soient magnifiées les richesses de la grâce dont j'ai été l'objet, moi, misérable pécheur !

J'ai longtemps pesé le pour et le contre de cette confession, sachant bien qu'elle peut m'attirer le mépris. Mais puisque l'objet de ce livre est de souligner la bonté de Dieu, il m'a semblé que je devais dire en quelques mots ce que j'avais été autrefois, afin qu'apparaisse clairement aussi ce que le Seigneur avait fait pour moi. Il m'a aussi semblé que ceux qui vivent encore dans leurs péchés pourraient voir, par mon exemple, où conduit la vie que je menais alors, même en ce monde ; et par contre, le bonheur qui est comme lié au service de Dieu : voyant ce que Dieu a fait pour moi, ils seront encouragés à se tourner vers lui.

J'ai agi en insensé ; je m'avilis aux yeux des habitants de Bristol, afin que vous, chers compagnons de péché encore inconvertis qui lirez ces lignes, vous deveniez sages. L'amour de Christ m'a poussé à parler de mes mensonges, de mes vols, de mes fraudes d'autrefois. N'imaginez pas que je sois fou, et que c'est pour cela que j'ai dit tout ce que j'avais dans le cœur ; non, mais si j'ai parlé comme un insensé, c'est par amour pour les âmes. Dieu fasse, dans sa bonté, et pour l'amour de son Fils, que ces pages soient pour vous « en odeur de vie », et que vous viviez.

Si je parle ouvertement de quelques-uns des péchés et des erreurs dans lesquels je suis tombé après ma conversion, si je publie les exaucements de prière accordés et la façon dont Dieu a subvenu à mes besoins temporels, si je livre certains détails de ma vie de famille et dis le succès que Dieu a accordé à mes travaux, ce n'est pas que j'ignore que ceci est contraire aux coutumes du monde et aux intérêts de ma réputation terrestre ; ce n'est pas que je traite mes fautes à la légère, ni que je veuille me glorifier de l'exaucement accordé à mes prières, non plus que d'avoir été de bien des manières un instrument utile dans l'œuvre du Seigneur. Non ; mais ce que j'ai écrit je l'ai écrit dans la pensée que cela pourrait être utile à mes frères. Si je mentionne quelques-uns de mes péchés, quelques-unes de mes erreurs, c'est afin que ce qui a été pour moi une perte devienne pour eux un gain.

Préface de G. Müller

Si je publie les exaucements accordés, c'est pour qu'ils soient encouragés à exposer à Dieu tous leurs besoins. Si j'ai parlé des biens temporels reçus, si j'ai dit avec quelle abondance Dieu avait subvenu à tous mes besoins depuis l'époque de mon départ de Londres au commencement de 1830, c'est afin de les inciter à chercher premièrement le royaume de Dieu et sa justice, dans l'assurance que Dieu leur donnera alors tout ce qui est nécessaire à cette vie terrestre.

Si j'ai noté certaines circonstances familiales, c'est pour que les enfants de Dieu soient encouragés à se décharger sur le Père céleste de tous leurs fardeaux, de tous les soucis du foyer.
Enfin, si je publie les succès que le Seigneur a accordés à l'activité de son serviteur, c'est pour montrer que lorsque nous réglons notre vie d'après les principes de la Bible, nous avons Dieu pour nous et qu'il bénit notre prédication pour les âmes.

Si de quelque manière j'ai commis quelque erreur en ce que j'ai écrit (et quel travail d'homme n'est pas entaché d'erreurs ?), j'ai erré après avoir longuement prié. En écrivant, j'ai constamment demandé le secours de Dieu. En révisant mon travail, il m'est constamment arrivé de tomber à genoux... Fréquemment, j'ai supplié le Seigneur de bénir mes pauvres efforts pour dire ses louanges ; et, à cause de la joie éprouvée tandis que je priais ainsi, à cause du très sincère examen de mon cœur, je puis dire sans la moindre hésitation que je sais que Dieu bénira ce livre.

George MÜLLER
Bristol, 5 juillet 1837.

Extrait d'une lettre de M. Bergin,
directeur honoraire des Asiles

… Aujourd'hui les circonstances ne sont plus les mêmes ; mais Dieu est toujours le même. Comme M. Müller, mort il y a vingt-huit ans, les directeurs actuels font l'expérience des compassions et de la fidélité de Dieu.

Aujourd'hui, il y a dans les Asiles 922 chers orphelins. Nos dépenses sont bien plus élevées depuis la guerre 1914-1918. Mais Dieu a toujours pourvu à nos besoins selon ses richesses.

Je crois qu'il se servira de cet ouvrage pour la gloire de son Nom, et l'édification de la foi de ses enfants…

Wm. BERGIN,
Bristol, 10 mai 1926.

Livres consultés

G. Müller, the modern apostle of Faith, par F. G. WARNE.
Preaching Tours and Missionary Labours of G. Müller of Bristol, par Mrs. MÜLLER
G. Müller of Bristol, par Dr PIERSON
Autobiography of George Müller, or a million and a half in answer to prayer, compilé par M. F. BERGIN

Pour mon travail, je me suis surtout servie de l'autobiographie ; laissant ainsi G. Müller raconter lui-même sa vie.

Préface des éditions
Plus que vainqueurs

Après avoir lu plusieurs fois ce livre, j'en ai retiré une telle bénédiction, que je crois qu'il sera également une grande bénédiction pour chaque lecteur. C'est pourquoi je me suis mis à le rediffuser (pour ne pas le perdre avec le temps) et le remettre entre les mains du peuple de Dieu, qui a tant besoin d'être encouragé dans la foi et la prière, par des exemples concrets et vrais.

Pour terminer cette préface, je dirais, priez et faites confiance à Dieu, pour toutes choses, comme George Müller l'a fait et vous ne serez pas déçu.

André Anna
Mulhouse, 22 mars 1998

Préface des éditions
Publications chrétiennes inc. (Éditions Impact)
et La Joie de l'Éternel

Pourquoi rééditer cet ouvrage ?

L'étendue du travail missionnaire dans le monde et les besoins matériels que cela demande nous ont conduits à rééditer ce livre comme une chose primordiale et vitale pour le bien des ouvriers et de tous les croyants qui doivent grandir dans la force et la foi pour une prière vivante en vue d'un réveil du sommeil de tant d'assemblées.

Le Dieu de George Müller a touché nos vies, et nous réalisons la pertinence de son témoignage dans notre marche avec celui qui honore ses promesses, le Seigneur Jésus.

George est près de son Maître, mais il parle encore.

Douglas Virgint & Jean-Paul Burgat
Septembre 2008

CHAPITRE
1

Enfance et jeunesse
(1805-1825)

Je suis né le 25 septembre 1805, à Kroppenstaedt près de Halberstadt, en Prusse. En janvier 1810, mes parents quittent Kroppenstaedt pour Heimersleben, qui est distant de quelque six kilomètres, car mon père vient d'y être nommé receveur des contributions indirectes.

Avant d'aller plus loin, je tiens à dire que mon père a un faible pour moi et me préfère à mon frère, ce qui nous fait beaucoup de mal à tous deux : chez moi cela entretient l'orgueil ; chez mon frère cela fait naître des sentiments d'inimitié contre mon père et contre moi.

Mon père, qui nous élève selon les principes du monde, nous donne des sommes d'argent relativement élevées pour notre âge. Non pour être dépensées, mais afin, dit-il, que nous apprenions à posséder sans dépenser. Je dois avouer que cette façon de faire aura de funestes résultats et qu'elle nous induira en de nombreux péchés. En effet, il m'arrive fréquemment de dépenser mon argent en inutilités, puis de dire quelque fausseté lorsque mon père s'enquiert de mon petit trésor. Ou bien je ne porte pas tout l'argent reçu, ou bien je lui assure que je possède plus que je n'ai en réalité, en comptant ostensiblement devant lui une somme imaginaire. À la longue, cette supercherie sera découverte et je serai puni. Mais je dois ajouter que ceci ne m'amènera pas à changer de conduite. Au contraire, il m'arrivera souvent de prendre l'argent qu'on remettait à mon père et qui appartenait au gouvernement. Mon père devra donc, à bien des reprises, rembourser de sa poche ce qui manque. Je n'ai même pas dix ans ! et les vols se succèdent. Un jour, mon père s'avise de compter une somme d'argent qu'il laisse dans la chambre où je me trouve ; puis il sort. Me voyant seul, j'en prends une partie que je dissimule dans mes souliers, entre le pied et la semelle. À son retour, mon père compte l'argent. S'apercevant qu'il manque quelque chose, il me fouille et découvre le larcin. Bien que je sois puni en cette occasion et en plusieurs autres, je ne me souviens pas que cela fasse sur moi d'autre impression que de m'amener à réfléchir sur la façon dont je pourrais m'y prendre avec plus d'habileté une autre fois. Ce ne sera donc pas la dernière fois que je me rendrai coupable de vol.

Toujours plus bas

J'ai dix ans et demi lorsque je suis envoyé à Halberstadt pour y commencer des études classiques en vue de l'Université. Mon père me destine à devenir pasteur. Il ne pense pas au service de Dieu, mais veut que j'aie plus tard une jolie situation. À Halberstadt mon temps se partage entre l'étude, la lecture des romans et la dissipation, malgré ma grande jeunesse. J'y reste jusqu'à l'âge de quatorze ans.

C'est à cette époque que je perds ma mère. Alors qu'elle se meurt, je passe la nuit à jouer aux cartes jusqu'à deux heures du matin, ignorant qu'elle est malade. Le jour suivant, un dimanche, je vais dans une taverne avec mes compagnons de péché ; puis, à moitié ivres, nous parcourons ensemble les rues de la ville. Le lendemain, j'assiste pour la première fois au cours d'instruction préparatoire à la confirmation. C'est à peine si j'écoute ce qui est dit. Lorsque je regagne ma chambre, je trouve mon père qui est venu nous chercher, mon frère et moi, pour assister à l'enterrement de ma mère.

Cette épreuve ne fait pas d'impression durable sur moi ; et je continue à m'enfoncer toujours davantage dans le mal. Trois ou quatre jours avant ma confirmation, et par conséquent avant mon admission à la Sainte Cène, je me rends coupable d'un péché grossier. La veille même du jour où je serai confirmé, alors que pour suivre la coutume je confesse mes péchés au pasteur dans la sacristie, je le vole délibérément de la douzième partie de ce que mon père m'a donné pour lui remettre.

C'est avec ces sentiments, et alors que j'ignore la prière, la repentance véritable, la foi, le plan du salut, que je suis confirmé et que je m'approche pour la première fois de la Table Sainte, le dimanche qui suit Pâques en l'année 1820.

Toutefois, je ne suis pas sans ressentir en une certaine mesure, la solennité de l'acte accompli : je reste à la maison l'après-midi et le soir, tandis que ceux qui ont été confirmés avec moi, garçons et filles, partent se promener à la campagne. C'est aussi à cette occasion que je prends la résolution d'abandonner mes vices, et d'étudier davantage.

> **Mais comme je ne compte pas sur Dieu... ces résolutions restent inutiles**

Mais comme je ne compte pas sur Dieu et seulement sur moi-même, ces résolutions restent inutiles et je ne tarde pas à devenir encore plus mauvais. Jusqu'en juillet 1821, l'étude et les plaisirs se partagent mon temps. Ces derniers ont la plus grande part : je joue du piano et de la guitare, je lis des romans et je fréquente les tavernes, malgré toutes les résolutions souvent prises de changer de vie. Comme je dépense fréquemment en plaisirs l'argent destiné à mon entretien, je suis à plusieurs reprises plongé dans l'embarras. Un certain jour, ayant faim, je vole un morceau de pain grossier, la ration d'un soldat de passage logé dans la maison que j'habite. Quelle chose amère et douloureuse que le service de Satan !

En juillet 1821, mon père est nommé à Schœnebeck, près de Magdebourg. Je vois là l'occasion de rompre avec ma vie de dissipation, et je demande à mon père de me faire quitter Halberstadt pour entrer au collège de Magdebourg. Je pense que d'être séparé de mes compagnons de débauche et éloigné de certains pièges, enfin que le fait d'étudier avec d'autres professeurs, m'aidera à vivre une vie meilleure. Mon père consent à ce que je lui demande. Toutefois, comme je ne compte pas sur Dieu, au lieu que le changement souhaité se produise, je continue de descendre la pente du péché. Je quitte donc Halberstadt pour m'installer à Heimersleben ; il est convenu que j'y reste jusqu'à la Saint-Michel pour surveiller certains travaux d'aménagement que mon père fait faire, afin de louer sa maison de façon plus avantageuse. Libre désormais de toute tutelle, je deviens de plus en plus paresseux, et tombe toujours plus bas en toutes sortes de péchés.

La Saint-Michel venue, je demande à mon père de rester jusqu'à Pâques, proposant d'aller chez le Dr Naegel, un pasteur, pour étudier avec lui les classiques. Comme le Docteur est très érudit, prend des élèves, demeure aussi à Heimersleben, et est un ami de mon père, j'obtiens ce que je demande.

Je m'installe alors dans la propriété paternelle où je vis presque sans aucune surveillance. Chargé de percevoir pour le compte de mon père de fortes sommes qui lui sont dues, je donne les quittances de l'argent reçu mais en prends pour moi une bonne partie, faisant croire à mon père qu'il n'y a eu qu'un règlement partiel.

En novembre, je vais à Magdebourg pour mon plaisir. J'y descends dans un hôtel de premier ordre, où, en dix jours, j'ai dissipé mon avoir. Bien que mon père ait découvert ma fugue, une fois de retour à Heimersleben je fais rentrer à nouveau tout l'argent possible ; puis, ayant entassé mensonges sur mensonges pour obtenir le consentement de mon professeur, je pars pour Brunswick où je suis attiré par une jeune personne dont j'ai fait la connaissance dix-huit mois auparavant. Je m'installe dans un hôtel de premier ordre, et, la semaine terminée, je n'ai plus rien. Comme je désire prolonger encore mon séjour, je me rappelle que j'ai un oncle dans la ville, un beau-frère de mon père, et je vais le voir en m'excusant d'avoir tardé à le faire. Je reste huit jours chez lui ; après quoi, il me prie poliment de m'en aller.

Pris au piège

Dehors et sans argent, je me rends alors dans un village des environs de Brunswick où je descends à l'hôtel et dépense sans compter durant toute une semaine. Mais le propriétaire soupçonnant sans doute que je suis sans moyens d'existence, présente sa note. Comme je ne peux la régler, je dois laisser en gages mes meilleurs vêtements, et partir. Ce n'est pas sans difficulté que j'évite la prison.

De là, je me rends à Wolfenbüttel, à quelque huit kilomètres, et m'installe confortablement à l'auberge comme si j'avais les poches bien garnies. J'y reste deux jours, puis je songe au moyen de disparaître, car cette fois je n'ai plus rien à laisser en gage. Au matin du deuxième ou troisième jour, je sors tranquillement de la cour ; mais une fois dehors, je me mets à courir. On m'observe sûrement de la maison, car on crie après moi et je dois revenir. J'explique alors ma situation. L'aubergiste est sans pitié. Il me fait arrêter et on me conduit à la gendarmerie entre deux soldats. Là, l'officier, me soupçonnant d'être un vagabond ou un voleur de profession, me fait subir un long interrogatoire qui dure trois heures ; puis il ordonne qu'on me conduise en prison. De sorte qu'à l'âge de seize ans, je me trouve sous le même toit que des voleurs de profession et des meurtriers, et je suis mis à leur régime.

Ainsi, ma distinction et mes bonnes manières ne suffisent pas à me tirer d'affaire. Le premier soir, et comme faveur spéciale, on ajoute bien quelque chose au pain du repas ; mais dès le lendemain je suis mis au régime des prisonniers : du pain, un pain très grossier, et de l'eau. Pour le déjeuner : des légumes, mais pas de viande.

Ma situation est vraiment des plus misérables. Je suis bel et bien sous les verrous, dans une cellule dont je ne peux sortir ni le jour ni la nuit. Quant au déjeuner, il est tel que, d'abord, je ne peux me résoudre à y toucher ; le second jour j'en prends un peu ; le troisième je mange tout ; le quatrième, et par la suite, je voudrais bien avoir une plus grosse portion.

Le lendemain de mon incarcération, je demande une Bible au gardien. Hélas ! ce n'est pas que je désire me nourrir du texte sacré, je veux tuer le temps. Ma demande reste sans réponse. Je me trouve donc seul, sans personne à qui parler, sans livres, sans rien à faire sinon regarder les solides barres de fer de la petite ouverture de ma cellule.

La deuxième nuit que je passe en prison, je suis réveillé en sursaut par un bruit de verrous tirés et de clefs. Trois hommes viennent d'entrer. Effrayé, je leur demande ce qu'ils veulent. Ils se contentent de rire, et, se dirigeant vers la fenêtre, ils se mettent en devoir de s'assurer de la solidité des barreaux pour évidemment se convaincre de l'impossibilité d'une évasion.

Après quelques jours de complet isolement, j'apprends qu'il y a un voleur dans la cellule voisine de la mienne ; et j'essaie d'entrer en conversation avec lui, pour autant que le permet une épaisse cloison de bois. Peu après, et comme faveur spéciale à mon endroit, le directeur permet qu'il partage ma cellule. Nous passons alors nos journées à nous raconter mutuellement nos aventures ; et à ce moment je suis devenu si mauvais que, non content de mentionner le mal que j'ai fait, je me mets à inventer des histoires pour montrer quel brillant compagnon je suis !

Avec chaque nouvelle journée, j'espère voir arriver ma libération, mais en vain. Au bout de quelque temps, mon compagnon et moi nous nous disputons, et pour augmenter notre misère, nous passons dans le silence toutes nos journées.

Voilà vingt-cinq jours que je suis emprisonné lorsque, enfin, le gardien vient me chercher pour me conduire devant le fonctionnaire qui m'a fait subir l'interrogatoire. C'est le 12

Enfance et jeunesse

janvier 1822, et j'ai été arrêté le 18 décembre 1821. J'apprends qu'on a écrit à mon oncle de Brunswick, et qu'il a répondu qu'on devait prévenir mon père et le renseigner sur ma conduite. On s'est donc mis en rapport avec mon père ; et on m'a gardé en prison jusqu'à ce qu'il ait envoyé l'argent nécessaire pour payer l'aubergiste, mon entretien dans la prison, et les frais de voyage pour rentrer à la maison. Libéré, j'oublie les petites attentions qu'a eues pour moi mon camarade de cellule, et montre mon ingratitude en négligeant d'aller voir sa sœur pour lui donner un message de sa part, comme je le lui ai promis. Quant au châtiment que je viens de subir, il a porté si peu de fruit que deux heures après avoir quitté la ville où j'ai été emprisonné, et bien que j'aille à la rencontre d'un père courroucé, je choisis pour voyager la compagnie d'une personne dont la mauvaise réputation et la méchanceté sont notoires.

> **En apparence, ma conduite devient exemplaire... [cependant] mon cœur est resté le même.**

Double face

Je suis arrivé depuis deux jours à Heimersleben, lorsque mon père vient m'y rejoindre.

Après m'avoir très sévèrement châtié, il m'emmène avec lui à Schœnebeek où il se propose de me garder jusqu'à Pâques. Après quoi, il décide que j'entrerai dans une école de Halle, où un professeur sera chargé spécialement d'exercer sur moi une constante tutelle et une sévère discipline. Durant les semaines qui me séparent de cette date, je me mets à donner des leçons particulières de latin, de français, d'arithmétique, de grammaire allemande, tout en poursuivant avec zèle mes études personnelles. Je m'applique à reconquérir les bonnes grâces de mon père. En apparence, ma conduite devient exemplaire : je fais des progrès, mes leçons sont appréciées, tout le monde m'aime ; aussi, très peu de temps après, il a tout oublié. Cependant mon cœur est resté le même : foncièrement mauvais, et je n'ai pas cessé de me rendre coupable, en secret, de grands péchés.

Pâques est arrivé ! À cause de ma bonne conduite, de mon zèle à étudier, aussi parce que je ne suis plus pour mon père une cause de dépenses et gagne bien plus que je ne lui coûte, j'arrive facilement à le convaincre de me laisser avec lui jusqu'à la Saint-Michel. Mais une fois ce moment venu, il refuse absolument de me garder davantage ; de sorte que je dois quitter la maison.

Il est convenu que je me rendrai à Halle pour y subir un examen. Toutefois, comme j'éprouve la plus vive antipathie pour la sévère discipline dont j'ai entendu parler ; que d'autre part je sais que je trouverai là-bas des jeunes gens de ma connaissance qui, eux, suivront les cours de l'Université et auront toute la liberté dont jouissent les étudiants allemands, alors que je serai encore à l'école ; pour ces raisons et plusieurs autres je me dirige vers Nordhausen, afin d'y être examiné par le directeur du Gymnase, et de continuer mes études avec lui. Je reviens à la maison sans rien dire à mon père. Mais la veille de mon départ, je suis bien obligé de l'avertir ; et, pour me disculper, j'invente un chapelet de mensonges. Mon père se met fort en colère ; mais à la fin, à force de supplications et de promesses, je l'amène à céder ; de sorte que je suis autorisé à partir pour le lycée de mon choix.

Je reste deux ans et demi à Nordhausen : jusqu'à Pâques 1825. J'y étudie avec zèle les classiques latins, le français, l'histoire, l'allemand, mais je ne fais que peu de chose en hébreu, en grec et en mathématiques. Je suis en pension chez le directeur, et par mon travail et ma conduite je gagne rapidement son estime au point qu'il me propose en exemple à tous les élèves de première. Presque toujours, il m'emmène dans ses promenades pour converser avec moi en latin. À cette époque, j'ai pris l'habitude de me lever à quatre heures, hiver comme été, et d'étudier toute la journée jusque vers vingt-deux heures. C'est la règle qui souffre peu d'exceptions.

Tandis que ma bonne conduite apparente me vaut l'estime de mes semblables, je ne me soucie pas de Dieu et vis secrètement dans le péché. De sorte que je tombe malade, et dois garder la chambre pendant trois mois. Cette maladie ne m'amène pas à faire de retour sur moi-même ; toutefois, éprouvant certaines impressions religieuses naturelles, je lis entièrement et sans fatigue les œuvres de Klopstock. Quant à la Parole de Dieu, elle ne m'intéresse pas. Je possède à peu près trois cents livres, mais pas de Bible. J'accorde bien plus de valeur aux œuvres d'Horace et de Cicéron, de Voltaire et de Montaigne, qu'au Livre inspiré. À plusieurs reprises, je me suis dit qu'il fallait que je devienne une autre créature et que je change de conduite. C'est surtout lorsque je communie (ce que je fais avec les autres élèves deux fois par an), que ces pensées se présentent à moi et que j'essaie d'amender mes voies. La veille du jour où je dois communier, j'ai coutume de me garder de certaines choses, le jour venu, je suis sérieux, et à une ou deux reprises, alors que j'ai dans la bouche l'emblème du Corps brisé, je fais le serment de devenir meilleur, pensant qu'à cause du serment, je serai amené à me réformer. Mais dès le lendemain ou le surlendemain, je retombe dans le mal.

Ingénieux au mal

Ma méchanceté continue à se développer, et je peux maintenant mentir sans rougir. Pour indiquer le degré de dépravation dans lequel je suis tombé, je choisis parmi beaucoup d'autres, l'un des grands péchés dont je me rendrai coupable à Nordhausen. La vie de dissipation que je mène m'a amené à contracter des dettes que je suis dans l'impossibilité de payer, puisque mon père ne peut faire plus que subvenir à mes frais d'études. Un jour que j'ai reçu de lui une certaine somme d'argent, je la fais voir intentionnellement à mes camarades. Peu après, je prétends qu'on a forcé la serrure de ma malle et qu'on m'a volé ! Pour détourner les soupçons qui pourraient se porter sur moi, je brise aussi la boîte de ma guitare. Feignant d'être fort effrayé, à demi-dévêtu, je me précipite dans la chambre du Directeur pour le mettre au courant du vol dont je viens d'être victime ! On me plaint fort, et des amis se cotisent pour me donner l'équivalent de la somme que je prétends avoir perdue. En même temps et pour la même raison, j'obtiens des gens à qui je dois de nouveaux délais. Mais je récolte les fruits amers de mon indignité car le Directeur qui a quelque sujet de me soupçonner me retire sa confiance.

> « J'admire la patience de Dieu à mon endroit, et sa retenue alors de me détruire ».

Bien que je sois très mauvais et que j'aie endurci ma conscience ; même à mon propre jugement, je trouve que cette fois mon indignité dépasse les limites. Et dès lors, je ne peux me défendre d'un certain malaise en la présence de la femme du Directeur qui m'a soigné avec beaucoup de dévouement, et comme une bonne mère, pendant ma maladie. Car c'est sur elle que retombent maintenant les conséquences de ma honteuse conduite !

Dieu sait attendre

J'admire la patience de Dieu à mon endroit, et sa retenue alors de me détruire. C'est aussi une grande bonté de sa part de n'avoir pas permis qu'on appelle la police, auquel cas j'aurais été promptement découvert. Pour plusieurs raisons, (et l'indignité de ma conduite en cette affaire n'est pas la moindre), je suis heureux de quitter l'école pour l'Université.

Douloureuse histoire que celle de cette enfance, de cette jeunesse sans Dieu ! Spectacle poignant que celui de cet inégal combat entre les bonnes résolutions et les penchants mauvais ; que ces sursauts de la conscience qui proteste, malgré des actes menaçant de l'atrophier : des vols, des mensonges, la fourberie, l'hypocrisie, l'impureté.

Et à côté de cette pauvre vie qui, selon toute apparence, roule aux abîmes, observons les manifestations de l'amour divin, lequel veille quand même et fait entendre sa voix. Il réveille la conscience que le péché menace d'engourdir. Il se penche sur l'âme malade et y fait naître des aspirations, des désirs, des résolutions de changement de vie et la honte du mal accompli. Voyez ce prodigue, ce jeune blasé, qui ne peut supporter sans malaise le pur regard de celle qui l'a soigné comme une mère. Car l'Esprit de Dieu est à l'œuvre quand même dans cette conscience, en apparence atrophiée.

Mères qui pleurez, n'abandonnez pas tout espoir : vous voyez l'insensibilité, le visage fermé, l'attitude orgueilleuse ; vous voyez le péché des enfants que vous voudriez arracher de la perdition... Mais la lassitude du mal accompli, des résolutions prises et jamais tenues, l'amertume trouvée au fond de la coupe du plaisir, cela vous ne le discernez pas. Et c'est ici l'action du Saint-Esprit. Priez avec foi, et sans vous lasser. « Tout est possible pour celui qui croit. » Parents qui souffrez de l'égarement d'un fils, ayez bon courage. Pour Dieu, il n'y a point de cas désespérés. « Je chercherai la brebis perdue ; je ramènerai l'égarée ; je panserai la blessée, et je fortifierai la malade » (Ézéchiel 34.16). Telles sont les promesses de l'Éternel.

CHAPITRE
2

Conversion
(1825-1826)

Je touche enfin au but que je me suis proposé ! Je suis désormais membre de l'Université, et j'y ai été reçu avec mention très honorable. Par là, j'obtiens le droit de prêcher dans l'Église luthérienne. Cependant je suis toujours aussi malheureux, toujours aussi éloigné de Dieu ! J'ai pris en arrivant à Halle les plus énergiques résolutions : désormais je vais aiguiller ma vie dans une tout autre direction et changer de conduite. Il le faut absolument, c'est ce que je pense, et cela pour deux raisons : la première, c'est que je suppose qu'avec mes vices aucune paroisse ne voudra de moi comme pasteur ; la seconde, parce que je sais que sans une science approfondie de la théologie je ne pourrai obtenir l'une de ces bonnes cures, qu'on réserve en Prusse aux candidats qui obtiennent les meilleures notes aux examens.

Ne compter que sur soi

Hélas ! je suis à peine arrivé à l'Université que toutes mes résolutions s'effondrent. Plus que jamais auparavant je suis maintenant mon seul maître ; aucun contrôle ne s'exerce plus sur moi aussi longtemps que je ne me bats pas en duel et que je ne moleste pas les passants ; et, bien que je sois maintenant étudiant en théologie, je retombe dans mes habitudes vicieuses. Lorsque je n'ai plus d'argent, j'emprunte sur gages et me sépare de ma montre, de mon linge, enfin de mes habits, ce qui ne m'empêche pas de contracter encore d'autres emprunts. Cette vie de dissipation, cette vie misérable, est loin de me satisfaire, et je n'y trouve pas de plaisir. Mais j'ignore encore la tristesse selon Dieu ; celle qui découle du sentiment de l'avoir offensé.

Cette vie... est loin de me satisfaire et je n'y trouve pas de plaisir.

Un jour, alors que je suis à la taverne en compagnie de quelques étudiants aussi « lancés » que moi, j'aperçois l'un de mes anciens camarades d'école, nommé Beta, envers qui j'avais déjà eu du mépris parce qu'il était sérieux et rangé. Sur le champ, je pense que si je peux côtoyer de meilleurs compagnons, j'améliorerai naturellement ma conduite. Empressé, je me rapproche donc de lui.

Or, à ce moment-ci, Beta est un renégat. J'ai tout lieu de croire que l'Esprit de Dieu était à l'œuvre dans son cœur lorsque son sérieux m'avait frappé et éloigné. Mais il semble maintenant qu'il a abandonné Dieu et qu'il essaie de se débarrasser de son christianisme pour goûter aux joies du monde qu'il a presque complètement ignorées jusqu'ici. Ignorant cela, je me mets à rechercher son amitié pour être aidé à changer de vie ! Par la suite, il m'avouera qu'il avait été heureux de mes avances, parce qu'il comptait bien pouvoir arriver avec mon aide jusqu'aux cercles « où l'on s'amuse ». C'est ainsi que mon pauvre cœur s'est de nouveau fourvoyé. Mais Dieu, dans son infinie miséricorde, permettra cependant que ce jeune homme devienne pour moi un instrument de bénédiction, pour la vie et pour l'éternité ; toutefois, ce ne sera pas de la manière dont je l'imagine.

Conversion

Voir du pays

En juin 1825, je paie à nouveau la rançon de mes vices et de ma vie déréglée : je tombe malade. Désormais, mon état de santé ne permettra plus les débordements du passé ; mais mon cœur, lui, ne change pas ! Vers la fin du mois de juillet, j'entre en convalescence. Extérieurement, ma conduite s'améliore ; c'est hélas parce que je n'ai plus d'argent. Au commencement d'août, Beta, deux autres étudiants et moi faisons le projet de parcourir le pays en voiture durant quatre jours. Plaisir coûteux, pour la réalisation duquel nous devons donner en gages quelques-unes des choses qui nous restent.

Loin d'être attristé par ce nouveau péché, ce que je vois durant ce voyage ne fait que développer mon désir d'aller plus loin ; et je propose à mes camarades d'entreprendre un voyage en Suisse. Je lève les difficultés d'argent et de passeports. Pour avoir ceux-ci, j'en fais des faux, et quant à l'argent, nous portons chez le prêteur tout ce que nous pouvons porter, même les livres, afin d'obtenir la somme que nous jugeons suffisante. Beta est du voyage.

Le 18 août, nous quittons Halle. Notre voyage dure quarante-trois jours ; nous voyageons presque toujours à pied et c'est ainsi que nous atteignons le Righi. Enfin ! je réalise le souhait de mon cœur : je vois la Suisse ! Dieu ne permet pas qu'aucune circonstance adverse ne survienne, ni que la maladie nous touche. Que serions-nous devenus alors avec si peu d'argent et si loin de la maison ! Je suis choisi pour garder la bourse de notre petite caravane ; or, comme Judas, je suis larron : je m'arrange de façon à ne payer que les deux tiers de ce que paient mes amis. À la longue la fatigue se fait sentir, même dans la contemplation des plus merveilleux paysages. Alors qu'au début, en voyant certains sites, mon cœur païen avait prononcé au soir d'une journée le « Vixi » d'Horace (j'ai vécu), maintenant je suis heureux de tourner mes regards vers la maison.

George Müller

Retour aux sources

Le 29 septembre, nous arrivons à Halle, où chacun s'empresse de regagner la maison paternelle. Il me reste maintenant à calmer l'inquiétude de mon père au sujet des dépenses du voyage : j'y parviens en le trompant. Durant les trois semaines de vacances qui suivent, je prends à nouveau les meilleures résolutions. Mais une fois de plus, je dois faire l'expérience de l'inutilité des efforts de l'homme qui s'appuie sur ses propres forces. Dès que je suis de nouveau à Halle, avec de l'argent en mains, je ne tarde pas à tout oublier.

Nous sommes alors douze cents étudiants à l'Université. Sur ce nombre, neuf cents étudient la théologie et ont l'autorisation de prêcher. Mais je crois bien qu'entre nous tous, il n'y a pas même neuf jeunes gens qui craignent Dieu... Je ne possède pas de Bible et je n'ai pas ouvert ce livre depuis des années. Je ne vais que rarement à l'église ; mais comme c'est la coutume, je communie deux fois par an. Jusqu'au commencement de novembre de l'année 1825, je n'ai encore jamais entendu prêcher l'Évangile, jamais personne ne m'a dit vouloir vivre selon les enseignements de l'Écriture avec l'aide de Dieu. Bref, je crois que tout le monde me ressemble plus ou moins, avec des différences de degrés.

Un samedi après-midi vers le milieu de novembre de cette année 1825, comme je rentre de promenade avec mon ami Beta, il me dit que maintenant le samedi soir il va à une réunion chez un commerçant chrétien, du nom de Wagner. Aussitôt je m'enquiers de ce qu'on y fait. Mon ami me dit qu'on lit la Bible, qu'on prie, qu'on chante des cantiques et qu'on lit un sermon imprimé. Dès que j'ai cette explication, il me semble que je viens de découvrir une chose après laquelle j'ai soupiré toute ma vie ; et je dis à Beta combien j'aimerais y aller avec lui. Mais connaissant mes mœurs légères, mon ami hésite, craignant que je ne m'y ennuie... Enfin, il promet qu'il viendra me prendre le soir même.

Conversion

Après être passé par un temps de langueur spirituelle, et même avoir délaissé Dieu, Beta saisi de remords a confessé ses péchés à son père au retour du voyage en Suisse. Il a ensuite fait son possible pour se rapprocher d'un chrétien : le Docteur Richter. C'est celui-ci qui, au moment du départ pour Halle, lui a remis une lettre d'introduction pour M. Wagner.

Ce samedi soir, nous partons donc ensemble pour la réunion. Ne connaissant pas encore les chrétiens, ni la grande joie qu'ils éprouvent lorsqu'ils voient de pauvres pécheurs s'intéresser aux choses divines, je crois devoir m'excuser d'être venu. Jamais je n'oublierai la réponse du cher frère. « Venez aussi souvent qu'il vous plaira, me dit-il, ma maison et mon cœur vous sont ouverts ». Après le chant d'un cantique, le frère Kayser, maintenant missionnaire de la Société des Missions de Londres en Afrique, s'agenouille pour demander à Dieu qu'il bénisse notre réunion. Cette manière de se présenter devant Dieu fait sur moi une extraordinaire impression, jamais je ne me suis mis à genoux pour prier ! Suit la lecture de la Bible et celle d'un sermon imprimé ; car en Prusse il est interdit de commenter les Écritures, si un pasteur consacré n'est pas présent. Après le chant d'un nouveau cantique, M. Wagner termine la réunion par la prière. Pendant qu'il prie, je sens, nettement que malgré tout mon savoir, il m'est impossible de le faire comme cet homme sans lettres : je suis profondément impressionné, heureux, mais ne peux expliquer pourquoi.

> ...je suis profondément impressionné, heureux, mais ne peux expliquer pourquoi.

En retournant à la maison, je dis à mon ami : « Tout ce que nous avons vu en Suisse et tous nos plaisirs passés ne sont rien en comparaison de cette soirée ». Je ne peux me rappeler si le même soir, je me suis mis à genoux pour prier, mais ce que je sais bien, c'est qu'en me couchant, la joie et la paix habitent en mon cœur. Ceci montre que le Seigneur peut agir de bien des manières ; car je suis persuadé, bien que je sois encore dans la plus grande ignorance, n'éprouvant ni sentiment de repentance ni tristesse selon Dieu, qu'il a déjà commencé son œuvre en moi en me communiquant sa joie. Cette soirée est l'instant décisif de ma vie. Dès le lendemain, et presque chaque jour, je retourne chez M. Wagner pour lire la Bible avec lui et un autre frère. Il m'est impossible d'attendre au dimanche suivant.

Changement de voie

Dès lors, ma vie se met à changer. J'abandonne la société de mes anciens amis ; je ne remets plus les pieds dans les tavernes ; je renonce à dire des mensonges, bien qu'exceptionnellement il m'arrive de m'écarter de la vérité. J'abandonne aussi l'idée caressée depuis quelque temps d'aller à Paris. Pour couvrir les frais du voyage projeté, je m'étais mis à traduire un roman français. J'en achevais la traduction ; mais grâce à Dieu, plusieurs obstacles ont surgi et empêché la vente du manuscrit. Plus tard, j'ai compris que je devais renoncer à l'impression ; et Dieu aidant, j'ai brûlé les cahiers.

Aussi, je ne vis plus de façon habituelle dans le péché, bien qu'il arrive que celui-ci me domine encore ; mais alors j'en ressens la plus profonde tristesse. Je lis la Bible, je prie souvent, j'aime les frères. Je vais à l'église avec les sentiments que Dieu demande, et je reste fidèle à Christ malgré toutes les moqueries des étudiants.

> **Quiconque veut trouver la force de vaincre le mal, doit la chercher en Christ.**

Ce que n'ont pu faire ni les exhortations, ni les préceptes de mon père ou ceux de ses amis, ce que n'ont pu faire mes bonnes résolutions, l'amour de Jésus l'accomplit en moi et m'amène à renoncer à ma vie de péchés. Quiconque veut trouver la force de vaincre le mal, doit la chercher en Christ. C'est uniquement en lui qu'il la trouve, à cause du sang précieux répandu au Calvaire.

Conversion

Les voies de Dieu, sa manière d'agir, sont souveraines, écrit le Dr Pierson en commentant la conversion de George Müller. Toutes nos rigides théories de la conversion s'écroulent devant des faits semblables.

Nous avons entendu une enfant qui avait une confiance implicite en Christ pour son salut, dire qu'elle ne savait rien des œuvres de la Loi. Et comme l'un des examinateurs, un vieillard, convaincu qu'il ne pouvait y avoir de véritable conversion sans une profonde conviction de péché préalable, lui demandait : «Mais mon enfant, que savez-vous du "Bourbier du Désespoir"[1]?» Elle répondit en faisant une révérence : « Pardon Monsieur, mais je ne suis pas venue par ce chemin-là. » (Dr Pierson)

George Müller non plus n'était venu par ce chemin-là. Il venait de la route large des plaisirs, de la voie de la perdition. Il y avait vécu dans une sorte d'inconscience morale. Pas de désespoir dans son cas. Tout au plus de la lassitude. Depuis quelque temps déjà, les joies impures du monde le laissaient indifférent. N'y trouvant plus de plaisir, il avait essayé de rompre avec les habitudes prises..., mais en vain. L'expérience qu'il avait faite, c'était celle de l'insigne faiblesse de l'homme laissé à ses seules ressources. Blasé à vingt ans, pris dans l'engrenage d'une vie qui ne l'amusait plus et dont il ne réussissait pas à sortir, profondément atteint dans sa santé et récoltant déjà les fruits amers de l'esclavage du péché et du monde, George Müller était prêt à saisir la grâce.

> **Toutes les pauvres joies du passé s'effaçaient devant l'immense bonheur d'appartenir à Christ.**

Et celle-ci le rencontra. Bien qu'il ne s'en soit pas rendu compte, le jeune étudiant en théologie avait soif de l'eau vive dont parlait Jésus à la Samaritaine, auprès du puits de Sychar.

Les études théologiques, les fleurs de rhétorique de chaires chrétiennes où ne retentissait plus la prédication de la croix (la

---

1. Allusion à un épisode du « Voyage du Pèlerin », de Bunyan

seule qu'ait voulu connaître l'apôtre Paul après s'être rendu compte, à Athènes, de l'inutilité de l'éloquence et de la sagesse humaine[2]) avaient laissé George Müller indifférent. Son âme était restée vide et languissante. Certes dans ses mémoires, il se juge sans ménagement et même avec sévérité, il ne cherche pas d'excuse. Donc, lorsqu'il nous dit qu'il n'avait encore jamais entendu prêcher l'Évangile jusque vers la mi-novembre 1825, c'est-à-dire à l'âge de vingt ans passés, nous pouvons le croire. Mais quelle condamnation cette affirmation ne fait-elle pas peser sur la prédication qui n'annonce pas Christ, et Christ crucifié !

Sitôt que, dans une réunion de frères, il fut mis en contact avec celui qui est la vie, il fut saisi, subjugué, gagné. Ce n'était plus là le culte officiel, obligatoire, formaliste, auquel il était habitué. La vie appelle la vie, communique la vie. Il est conquis. Toutes les pauvres joies du passé s'effaçaient pour lui devant la découverte qu'il venait de faire : l'immense bonheur d'appartenir à Christ.

La lumière s'était levée sur sa route, et il savait où regarder pour trouver le secours et la force nécessaires. Avec le psalmiste, il pouvait dire au Seigneur : « je suis errant comme une brebis perdue, cherche ton serviteur ! » Mais le divin berger l'avait déjà trouvé.

---

2. Lire 1 Co 2.2-5.

CHAPITRE
3

Premiers pas dans la vie chrétienne

En janvier 1826, je me mets pour la première fois à lire des journaux de missions, et tout aussitôt, je sens naître en moi le grand désir de devenir missionnaire. Je prie beaucoup à ce sujet, et ce désir ne fait que croître. Mais hélas ! mon beau zèle n'est pas de longue durée ; il se refroidit peu après et voici comment. Je rencontre fréquemment une jeune fille aux réunions du samedi soir ; c'est la seule jeune personne pieuse que je connaisse, et je n'ai pas tardé à ressentir pour elle un vif attachement. Ceci détourne mes pensées et mon cœur de l'œuvre missionnaire ; car j'ai des raisons de croire que ses parents ne lui permettront jamais de partir en pays de missions. Mes prières deviennent alors froides, et bientôt je ne prie plus du tout ou à peine. La joie du Seigneur me quitte. Cela dure six semaines environ. C'est alors, aux environs de Pâques, que j'assiste au départ d'un cher frère comme missionnaire. Hermann Ball, homme érudit et fils de parents fort riches, part pour travailler parmi les Juifs de Pologne. Pressé par l'amour de Christ, il choisit ce champ missionnaire plutôt que la confortable paroisse auprès des siens. Ceci fait sur moi une très profonde impression. Je fais une comparaison entre lui et moi, et je songe à mon attitude des jours passés. Moi, j'ai renoncé à l'œuvre missionnaire, et presque au Seigneur lui-même, pour l'amour d'une jeune fille ! Le résultat de cet examen est qu'avec le secours d'En-Haut, je peux renoncer à l'attachement auquel je me suis laissé aller sans avoir prié au préalable, ce qui m'a entraîné loin de Dieu. Aussitôt ma décision prise, le Seigneur tourne sa Face vers moi ; et pour la première fois de ma vie je me donne à lui complètement et sans réserve. C'est à cette époque que je commence à jouir « de la paix de Dieu qui surpasse toute intelligence ». Ma joie déborde ; et j'écris à mon père et à mon frère pour les supplier de chercher le Seigneur, leur disant aussi combien je suis heureux. Je m'imagine alors que s'ils discernaient le chemin du bonheur, ils y entreraient avec joie. À ma grande surprise, je reçois de mon père une réponse, où percent l'irritation et la colère.

> **Le Seigneur tourne sa Face vers moi ; et pour la première fois... je me donne à lui complètement et sans réserve.**

Déception paternelle

Ceci nous révèle la mentalité de M. Müller, père. Il avait guidé son enfant vers le pastorat, mais ne désirait pas, cependant, que celui-ci se convertisse. Il avait assisté impuissant, malheureux, au développement du vice chez l'enfant et l'adolescent, mais ne souhaitait nullement qu'il dise tout à fait adieu au monde et à ses joies. Ce qu'il voulait, c'est qu'il en use avec modération. Heureusement, George Müller avait déjà entendu l'appel du Seigneur, et il y avait répondu en se donnant à lui tout entier. L'attitude du père, en l'occurrence, nous aide à comprendre la jeunesse orageuse du fils, et lui donne une nouvelle excuse.

À cette époque, le Docteur Tholuck est nommé comme professeur de théologie à l'Université de Halle. Sa nomination y attire aussitôt les étudiants chrétiens des endroits les plus divers. C'est ainsi, dit Müller, que je me suis lié avec d'autres frères, par le moyen desquels Dieu m'a conduit. J'éprouve à nouveau le désir de devenir missionnaire ; de sorte que je vais chez mon père pour obtenir son consentement. Sans celui-ci, je ne peux entrer dans aucun des instituts missionnaires allemands. Mon père laisse voir le plus vif mécontentement. « Eh quoi ! il a englouti de fortes sommes pour mes études dans l'espoir de terminer paisiblement sa vie à mes côtés dans un presbytère..., et maintenant il lui faut en abandonner l'espoir ! Et se mettant en colère, il me dit que désormais je ne suis plus son fils. » Malgré cela, le Seigneur m'aide à demeurer ferme dans la décision prise. Alors mon père se met à me supplier avec larmes ; et ceci est infiniment plus douloureux pour moi. Cependant, avec le secours divin, je ne faiblis pas... Avant de quitter la maison paternelle, je m'arrange de façon à avoir un entretien avec mon frère. Je rappelle ce qu'a été ma vie passée ; mais maintenant que Dieu m'a tellement béni, je ne peux faire autrement que de vivre pour lui. Après avoir quitté mon père, et bien que j'aie plus besoin d'argent à ce moment qu'à aucune autre période de ma vie, puisque j'ai encore deux années d'université devant moi, je résous de ne plus recourir à lui pour mes frais d'entretien. Je ne peux accepter qu'il s'en charge davantage, puisque je lui enlève l'espoir si longtemps caressé de vivre plus tard avec moi. Grâce à Dieu, je peux tenir la résolution prise.

Que je dise ici en passant comment le Seigneur a subvenu de façon merveilleuse à mes besoins temporels. À cette époque, des Américains arrivent à Halle (trois d'entre eux, des professeurs, sont venus pour faire des études littéraires) et aucun d'eux ne comprend l'allemand. Comme ils désirent prendre des leçons, le Dr Tholuck veut bien me recommander. Quelques-uns sont chrétiens. Je suis payé si généreusement pour mes leçons et pour les cours que je résume à leur intention que je peux largement subvenir à tous mes besoins et au delà : « Ô craignez l'Éternel, vous ses saints, car rien ne manque à ceux qui le craignent ! » (Psaume 34.10).

En rentrant de la maison, j'informe les frères de l'opposition paternelle. Ceux qui ont le plus d'expérience me conseillent de ne plus faire aucune démarche pour partir en Mission, en tout cas pour le moment. Les fêtes de la Pentecôte arrivent ; je peux aller passer mes vacances chez un pasteur de campagne, homme pieux et fidèle ; et Dieu bénit cette visite, qui est pour moi un temps de rafraîchissement spirituel. Mon cher ami Beta est aussi venu. Tous les pasteurs de Halle, ville de 30 000 habitants, sont encore plongés dans les ténèbres. Bien que j'assiste régulièrement au culte, il est rare que j'entende prêcher la vérité.

À mon retour, j'ai l'occasion de dire à deux de mes anciens amis, deux étudiants avec qui je n'ai pas complètement rompu, bien que je ne prenne plus aucune part à leur vie de dissipation, comment j'avais passé mon temps de vacances et le bonheur que j'y ai trouvé. J'ajoute que j'aimerais les voir tous deux aussi heureux que je le suis moi-même. Ils me répondent : nous n'avons pas du tout le sentiment d'être des pécheurs. Je me mets alors à genoux et demande à Dieu de leur montrer leur péché. Puis, passant dans ma chambre à coucher, je continue de prier pour eux. Après un certain temps, je reviens dans la première pièce où je les trouve pleurant. Ils me disent qu'ils se sentent maintenant pécheurs. À partir de ce moment, le Seigneur fait son œuvre dans leurs cœurs.

La meilleure façon de savoir

Je continue de penser à la Mission, et il me tarde qu'une décision soit prise dans l'un ou l'autre sens. Au lieu d'attendre patiemment et de prier à ce sujet, je décide de recourir au sort pour découvrir la pensée du Seigneur. Non seulement cela, mais je prends un billet de la Loterie royale en disant à Dieu que si je gagne quelque chose, je croirai qu'il veut que je parte, et dans le cas contraire que je reste. Mon billet sort et gagne une petite somme. J'écris en conséquence à la Société Missionnaire de Berlin ; mais ma demande n'est pas agréée à cause de l'opposition paternelle.

Très peu de temps après, il m'est donné de comprendre en une certaine mesure l'erreur dans laquelle je suis tombé. Comment quelqu'un d'aussi ignorant que moi pourrait-il enseigner les autres ? Sans doute, je suis né de nouveau, et je me repose uniquement sur Christ pour mon salut ; mais je ne pourrais à ce moment-ci exposer clairement les vérités fondamentales de l'Évangile. Il convient donc que je cherche d'abord une plus grande connaissance des choses éternelles par la prière, l'étude des Écritures et une vie sainte. Quant à mon impatience d'être fixé sur la question d'une carrière missionnaire, elle manifeste mon manque de préparation pour affronter les difficultés et les épreuves qui sont généralement le lot du missionnaire.

En définitive, Dieu me conduit par un tout autre chemin. Bien que j'aie fait une demande à une Société des Missions, je ne suis pas agréé. Quelques années plus tard, je recourrai encore au sort dans une question importante. Comme ma pensée charnelle veut savoir « tout de suite », après avoir prié, j'emploie le sort comme moyen. Mais les choses sont encore cette fois-ci tout le contraire de ce que le sort a indiqué.

Pour connaître la pensée du Seigneur, nous devons employer des moyens scripturaires : la prière, la lecture de la Parole de Dieu et les indications de son Esprit. Allons à Dieu de façon constante, répétée, lui demandant de nous enseigner par son Esprit au moyen de sa Parole.

Je dis : « par son Esprit au moyen de sa Parole, », parce que si nous supposons que Dieu nous conduit à faire telle ou telle chose parce que les faits sont ceci ou cela, alors que sa Parole s'oppose à cette décision, « nous nous séduisons nous-mêmes ».

Il plaît au Seigneur de me communiquer, dès le commencement de sa vie en moi, une mesure de simplicité enfantine et des dispositions pour les choses du domaine spirituel. Alors que je suis très ignorant de sa Parole, et qu'il m'arrive encore de pécher en action, je peux cependant apporter au Seigneur les plus minimes détails dans la prière, et je fais l'expérience que « la piété est utile à toutes choses, ayant les promesses de la vie présente, et de celle qui est à venir ».

Grâce à Dieu, bien que je sois encore très faible et ignorant, je ressens le désir d'être utile aux autres. Celui qui a servi Satan avec tant de zèle cherche maintenant à gagner des âmes à Christ. Chaque mois, j'envoie ici et là, en province, trois cents journaux missionnaires. Je distribue et je vends un nombre considérable de traités dont je remplis mes poches pour en disposer pendant mes promenades. Cette distribution est l'occasion de conversations avec les pauvres gens que je rencontre. J'écris aussi à la plupart de mes anciens compagnons de péché. Durant trois mois, je visite un malade qui ignore complètement son état de misère et de perdition au regard de Dieu, et qui se confie en sa droiture et sa moralité pour être sauvé. Peu après, et par la bonté du Seigneur, un changement s'opère en lui, et ses yeux s'ouvrent. Il me dit par la suite à plusieurs reprises sa reconnaissance, et que j'ai été le moyen dont Dieu s'est servi pour l'amener à la vérité. Que le lecteur chrétien puise ici un encouragement à répandre la semence, même s'il ne devait pas voir immédiatement les fruits de son travail.

Commencer à servir

C'est ainsi que le Seigneur daigne commencer à se servir de moi après ma conversion. Il ne le fait que dans une faible mesure, selon ma capacité ; car je ne comprends pas alors, comme je le fais maintenant, que c'est Dieu qui, après avoir communiqué au moment de la conversion la vie spirituelle, l'entretient en son racheté, par la suite.

À cette époque, j'entends parler d'un instituteur qui a une réunion de prière à quatre heures le matin pour des mineurs, avant que ceux-ci descendent dans le puits ; il leur lit aussi une méditation. Le village où ceci se passe n'étant qu'à une distance de huit kilomètres environ de Halle, et pensant que cet instituteur est chrétien, je résous d'aller le voir. Les frères que je peux rencontrer à cette période de ma vie sont en si petit nombre ! Et j'espère aussi pouvoir lui être utile. J'apprends qu'il tient ces réunions pour aider un parent qui en avait la responsabilité ; quant aux exhortations qu'il lit, elles ne sont pas de lui. Enfin, je découvrirai plus tard qu'il n'était pas converti. C'est ma bonté, dira-t-il par la suite, (ce qu'il nommait « ma condescendance ») et ma conversation qui l'ont amené à penser à Dieu et à se donner au Sauveur. Depuis, j'ai toujours trouvé en lui un véritable frère.

Un jour, il me demande si je ne voudrais pas prêcher, ce qui rendrait grand service au pasteur de l'endroit, âgé et malade. Je ne l'ai encore jamais fait, bien que depuis quinze mois j'en aie l'autorisation comme étudiant en théologie. Par la bonté de Dieu, j'ai été empêché d'user de ce droit en 1825. Je n'en ai pas moins écrit à mon père que c'était

> Il n'y a pas de joie dans l'exécution des plans échafaudés par la sagesse humaine.

chose faite, sachant qu'il en aurait de la joie. Après ma conversion, j'avais senti à quel point j'étais insuffisamment instruit des choses de Dieu. Pour cette même raison je devrais peut-être décliner l'offre qui m'est faite. Je pense alors qu'un bon sermon, appris par cœur et récité, pourrait faire du bien… C'est là un pénible labeur. Il n'y a pas de joie dans l'exécution des plans échafaudés par la sagesse humaine. C'est donc le 27 août 1826 que je prêche ce premier sermon, dans une chapelle privée, puis dans l'église paroissiale. L'après-midi, nouveau service ; il n'est pas nécessaire que j'y prenne part, le maître d'école peut lire une méditation comme il en a l'habitude. Mais j'ai le désir de servir le Seigneur, même si je ne sais pas encore le faire de la manière que nous indiquent les Écritures. Comme je n'ai pas appris de second sermon, il me vient à l'esprit que je pourrais lire le chapitre cinq de l'Évangile selon saint Matthieu, en donnant au cours de ma lecture les instructions et les explications qui se présenteront à mon esprit. C'est donc ce que je fais. À peine ai-je commencé l'explication du verset : « Heureux les mendiants de l'esprit... », que je sens le secours divin. Tandis que le sermon du matin n'avait pas été assez simple pour être compris, je remarque cet après-midi que l'attention est soutenue et que les auditeurs paraissent comprendre. J'en ressens une grande joie. Quelle bénédiction que ce genre de prédication ! Je me hâte de prendre congé du pasteur âgé, craignant de perdre quelque chose de mon bonheur.

C'est de cette manière que j'aimerais prêcher, me dis-je sur le chemin du retour à Halle. Mais cette prédication serait peut-être insuffisante pour un auditoire de gens cultivés ?... Il faut toujours prêcher la vérité, mais peut-être de façons différentes suivant les auditeurs ?... La question reste ouverte pour moi. Quoi d'extraordinaire à ce que la réponse m'échappe ? Je ne comprends pas alors l'action du Saint-Esprit, et je n'ai pas découvert que l'éloquence de l'homme est frappée de stérilité. Enfin, à cette époque, je n'ai pas pensé à ceci : que les gens cultivés peuvent comprendre ce que comprennent les personnes les plus ignorantes de l'auditoire, mais qu'il n'en va pas de même en sens inverse.

Dès lors, je prêche souvent dans les villes et les villages. Je n'en éprouve de la joie que lorsque je le fais simplement, bien que je reçoive plus de louanges des hommes lorsque je dis quelque sermon appris par cœur. Aucune de mes prédications ne semble porter de fruits. Le grand jour révélera peut-être quelque bien accompli. Si je constatais des résultats, j'en ressentirais probablement quelque orgueil. Le Seigneur ne le permet pas. Enfin, je prie si peu pour l'œuvre du ministère de la Parole, je marche si peu avec Dieu, je suis si rarement « un vase d'honneur, consacré, utile à son maître et prêt pour toute bonne œuvre » (1 Ti 2.21) qu'il n'est pas étonnant que le Seigneur ne puisse accorder de résultats visibles à mon travail.

C'est lorsque je commence à prêcher que je jouis pendant deux mois de l'hospitalité gratuite, offerte aux étudiants en théologie pauvres, dans le célèbre orphelinat fondé à Halle par A.-H. Francke. Francke, mort en 1727, a été lui-même professeur de théologie à l'Université. Je mentionne ce fait parce que la foi de ce fidèle serviteur de Dieu me sera plus tard en bénédiction. Je suis encore très faible spirituellement, et il m'arrive de retomber parfois dans le péché. Toutefois, je ne peux y persévérer même pour peu de temps sans en éprouver la plus profonde douleur, ainsi que le besoin de me confesser à Dieu et de me réfugier dans le sang de l'Agneau versé pour moi. Mon ignorance est si grande : un jour je vais acheter un crucifix et le place dans ma chambre pour me rappeler constamment les souffrances du Sauveur et pour m'empêcher de retomber dans le mal. Hélas ! au bout de quelques jours, le regard sur le crucifix ne sert plus à rien et je retombe au contraire plus souvent et plus profondément qu'auparavant dans le péché.

Au commencement de l'année 1827, j'entends parler d'une dame résidant à Francfort-sur-le-Main, dame riche et de qualité, qui, également pieuse et généreuse, vient de doter libéralement la Fondation religieuse de Düsselthal. Comme je désire vivement aider un parent pauvre, d'une part, et d'autre part payer la dette contractée lors de mon voyage en Suisse, je lui écris pour solliciter une avance d'une petite somme, un peu plus de cinq livres sterling, ce qui donne à l'époque douze à quinze livres en argent allemand[1]. En écrivant cette lettre, une pensée me vient à l'esprit : « Et si cette dame, bien que charitable, ne connaisse pas le chemin du salut ? » Je me mets donc en devoir de le lui exposer en y ajoutant le récit de ma conversion, et comment j'ai été amené à la connaissance de la vérité. Le temps passe, le temps normal de la réponse, et rien ne vient.

---

1. À partir de l'année 1829, à cause de l'ordre contenu dans Romains 13.8, je change ma manière de faire. De plus, je comprends qu'il n'y a pas lieu de se détourner de la porte du Seigneur pour aller frapper à celle des chrétiens, alors que Dieu subvient toujours si volontiers à tous nos besoins.

George Müller

Réponse inattendue

Un certain jour de janvier, le 20 je crois, je me sens particulièrement déprimé et malheureux. Le surmenage que je m'impose y est probablement pour quelque chose, car j'ai pris l'habitude d'écrire quatorze heures par jour. Satan en profite aussitôt pour reprendre le dessus sur moi. Je dis donc en mon cœur : « Qu'est-ce que je gagne à devenir chrétien ? Et laissant mon travail, je sors et me mets à courir les rues ; enfin, j'entre dans l'une de ces pâtisseries où, en Allemagne, on vend aussi du vin et des liqueurs, décidé à bien boire et à bien manger. Mais à peine que je goûte au gâteau servi, qu'un malaise m'envahit. Est-ce une place convenable pour un chrétien ? Et convient-il qu'il dépense de la sorte son argent ? Je me lève tout de suite et sors. L'après-midi de ce même jour, alors que j'avais montré tant d'ingratitude envers le Seigneur, il lui plaît de me faire sentir mon péché ; non par un châtiment sévère comme je le mérite, mais en ajoutant un nouveau bienfait à tous ceux dont j'ai déjà été l'objet jusqu'à maintenant. Oh ! la patience de Dieu envers nous ! À quatorze heures, on m'apporte un paquet de Francfort contenant exactement la somme demandée par moi, mais aucune lettre, ce que je regrette. Je suis vaincu par la bonté du Seigneur. Ne prenant pas mon parti de l'absence d'un message, je me mets à examiner soigneusement le papier qui a servi d'enveloppe et j'en découvre un. Le voici :

« C'est par une circonstance providentielle que j'ai eu connaissance de la lettre que vous avez écrite à Lady B. Vous êtes dans l'erreur concernant cette dame et le prétendu séjour qu'elle aurait fait à D. Elle n'y est jamais allée. On l'a prise pour une autre personne. Toutefois, comme je désire alléger en une certaine mesure le poids des difficultés où vous semblez être, je vous envoie la petite somme incluse : n'en remerciez pas le donateur inconnu ; mais le Seigneur qui peut incliner les cœurs à son gré, comme des ruisseaux d'eau courante. Retenez fermement la foi que vous avez reçue de Dieu par son Saint-Esprit : elle est le plus précieux trésor de cette vie, et renferme le vrai bonheur. Seulement, veillez et priez davantage, afin d'être délivré de toute vanité, de tout contentement de vous-mêmes, choses qui peuvent si aisément faire tomber, même le chrétien fidèle, lorsqu'il s'y attend le moins. Tendez à devenir toujours plus humble, plus fidèle, plus patient. Que nous ne soyons pas de ceux qui disent et écrivent continuellement : « Seigneur ! Seigneur ! » alors que le Seigneur ne demeure pas profondément en leurs cœurs.

Le christianisme ne consiste pas en paroles, mais en puissance. Il faut que nous ayons la vie en nous-mêmes. Dieu nous a aimés le premier pour que nous l'aimions en retour, et que, l'aimant, nous recevions d'En-Haut la force nécessaire pour lui être fidèles et remporter la victoire sur nous-mêmes, sur le monde, sur la douleur et la mort. Que l'Esprit de Dieu vous fortifie pour cela, en sorte que vous deveniez un bon messager de son Évangile ! Amen.

« Une personne qui adore le Sauveur, Jésus-Christ »

Tout aussitôt, je comprends que ces paroles d'avertissement si fidèles et en même temps si affectueuses me sont nécessaires ; mais depuis, je le sens bien davantage encore. Ce sont bien là les péchés contre lesquels j'ai surtout besoin d'être mis en garde : le contentement de soi, le manque de calme, de quiétude, une tendance à dire et à écrire : « Seigneur Seigneur ! » plutôt qu'à manifester par ma vie qu'il est bien cela pour moi. Aujourd'hui encore, je me sens insuffisant sur tous ces points, bien que Dieu me secoure puissamment. Je le dis à sa louange.

La lecture de cette lettre a donc rempli mon cœur de joie, de confusion et de reconnaissance. Ce qui m'a impressionné le plus vivement, c'est la bonté de Dieu envers moi. Le cœur débordant de ces sentiments divers, et honteux de ma conduite du matin, je me hâte le soir venu, de gagner la campagne pour m'y promener en quelque endroit solitaire. Éprouvant vivement combien j'ai été ingrat envers Dieu malgré tous ses bienfaits, reconnaissant mon manque de persévérance à marcher dans ses sentiers, je ne peux que tomber à genoux derrière une haie, bien qu'il y ait un pied de neige sur le sol. Et là, je me consacre à lui tout à nouveau, demandant sa force afin de pouvoir désormais vivre davantage à sa gloire ; et je le remercie pour cette dernière marque de sa bonté. Ce sont pour moi de bienheureux moments. Je continue ainsi de prier pendant une demi-heure à peu près...

Égarements

Quiconque ne connaît pas la misère de son propre cœur croira difficilement que j'étais vraiment converti, surtout si j'ajoute qu'un peu plus tard, je serai assez vil pour me conduire comme une brute. Oubliant les bienfaits de Dieu, je me complairai dans le mécontentement, j'accueillerai des sentiments d'insubordination, et pendant cette période qui se prolongera assez longtemps, je cesserai presque complètement de prier. Un jour, alors que je suis en cet état misérable, je sonne le domestique, lui commande d'apporter du vin et je me mets à boire. Mais le Seigneur ne m'abandonnera pas. Je veux m'étourdir pour continuer plus facilement à pécher, mais je ne le peux. Précédemment, et par bravade, je pouvais boire près de cinq litres de bière forte ; une autre fois, c'était du vin, et ma conscience ne protestait pas ; mais cette fois-ci, je bois à peine deux ou trois verres, que la méchanceté de ma conduite m'apparaît, et que ma conscience me reproche de boire pour boire ; je pose aussitôt le verre...

Il est vrai que les moyens de grâce, dont je peux bénéficier alors, sont extrêmement peu nombreux. Bien que j'aille régulièrement à l'église lorsque je ne prêche pas moi-même, j'y entends rarement annoncer la vérité. Aussi, lorsqu'il advient que le prédicateur soit le Dr Tholuck, ou quelque autre pasteur fidèle, non seulement je m'en réjouis longtemps à l'avance, mais l'événement passé il me suffit d'en rappeler le souvenir pour en être encore rempli de joie. Je fais bien souvent à pied de quinze à vingt kilomètres pour pouvoir jouir de ce privilège. Que ceux qui ont à leur portée un ministère fidèle de la Parole en soient profondément reconnaissants. Peu de bénédictions dépassent celle-là. Il arrive que le Seigneur soit obligé de nous en priver momentanément pour nous apprendre à l'apprécier.

J'assiste régulièrement aux réunions qui se tiennent le samedi soir chez le frère Wagner. De plus, nous nous réunissons entre étudiants le dimanche soir : d'abord nous étions six ; à mon départ de Halle nous sommes vingt. Après Pâques, c'est chez moi qu'on se réunit. L'un ou l'autre d'entre nous, parfois plusieurs, nous prions, puis c'est la lecture de la Bible, ou d'un auteur chrétien, et nous chantons des cantiques. Il arrive aussi que quelqu'un d'entre nous fasse entendre quelques paroles d'exhortations. Ces réunions sont pour moi un moyen de bénédiction, soit parce que j'y suis remis d'aplomb à plusieurs reprises, soit parce que j'y trouve un temps de rafraîchissement spirituel. Un jour, alors que je me sentais misérable parce que j'avais été infidèle au Seigneur, j'ai ouvert mon cœur aux frères ; et ceux-ci par leurs prières et leurs exhortations m'ont fait retrouver la communion avec Dieu. Je considère donc que l'obéissance à l'ordre : « N'oubliez pas nos saintes assemblées », est une chose essentielle. Même si, dans l'instant, nous n'avons pas l'impression de retirer quelque bien de l'assistance aux réunions des fidèles, il n'en demeure pas moins qu'il y a là

> **Je suis tombé dans le piège où tombent généralement les nouveaux convertis, celui de préférer les livres religieux aux Écritures.**

l'un des moyens que Dieu emploie pour nous garder du mal. La froideur spirituelle résulte souvent de la négligence dans la fréquentation des assemblées. Je sais, en ce qui me concerne, qu'il m'est arrivé à plusieurs reprises de partir pour un village éloigné, afin d'être sûr de ne rencontrer personne qui me parle du Seigneur et des choses éternelles, quand je traversais l'une de ces périodes de misérable tiédeur, où, selon la parole de Jésus, « je regardais en arrière après avoir mis la main à la charrue ». Mais le Seigneur manifestait alors sa bonté envers moi en permettant que je me sente si malheureux, qu'il me faille revenir sur mes pas. Il a commencé son œuvre en moi, et comme il est fidèle, il refuse de m'abandonner, même quand je lui suis infidèle. Toutefois, cette œuvre il pourrait certainement l'accomplir plus rapidement si je ne lui résistais pas.

Pour ce qui est d'un autre grand moyen de grâce : la lecture de la Parole de Dieu. Je suis tombé dans le piège où tombent généralement les nouveaux convertis, celui de préférer les livres religieux aux Écritures. Je ne peux plus me nourrir comme autrefois de romans français ou allemands ; mais au lieu de les remplacer par le Livre par excellence, je me mets à lire des traités, des revues missionnaires, des sermonnaires, des biographies de chrétiens. Je trouve plus de profit à lire les biographies que les autres ouvrages ; et si je les choisissais bien, ou si je n'en lisais pas trop, ou si l'une d'elles mettait l'accent sur la nécessité de lire les Écritures et le bienfait qui en résulte, cela me ferait le plus grand bien. À aucune époque de ma vie, je n'ai eu l'habitude de lire la Bible. À quatorze ans, en classe, j'ai dû parcourir quelques chapitres, c'est tout. Je ne me souviens pas d'en avoir relu une seule page ensuite, jusqu'à ce que Dieu commence son œuvre en moi. Dès ce moment-là, j'aurais dû me dire ceci : puisque Dieu a condescendu à se faire auteur, puisque j'ignore le contenu du très précieux Livre inspiré par le Saint-Esprit et écrit par les prophètes, lequel livre révèle ce qui importe au vrai bonheur, il convient que je le lise et le relise avec ardeur, avec prière et méditation, tous les jours de ma vie. (Le peu que j'avais lu de la Bible suffisait à me faire comprendre que je ne la connaissais pas du tout). Cette ignorance devrait m'incliner à l'étudier davantage. Au lieu de cela, les difficultés que j'ai à la comprendre, le peu de joie que j'éprouve à la lire, me la font laisser. Mon ignorance et mon indifférence subsistent encore ; alors qu'une lecture suivie et accompagnée de prière entraîne inévitablement la connaissance et la joie.

Durant les quatre années qui suivent ma conversion, je préfère donc la littérature religieuse, œuvre d'hommes, aux oracles du

Premiers pas dans la vie chrétienne

Dieu vivant. Il en résulte que je reste un bébé dans la grâce et la connaissance : toute « vraie » connaissance découle de la Parole expliquée par l'Esprit. À cause de mon ignorance, je reste faible longtemps, et incapable de marcher avec quelque persévérance dans les sentiers du Seigneur. Car c'est la vérité qui nous affranchit de l'esclavage des convoitises (Jean 8.31,32) : convoitise de la chair, convoitise des yeux, orgueil de la vie. La Bible le démontre ; l'expérience des saints et notre propre expérience le prouvent. Quand il plaît au Seigneur, en août 1829, de m'amener à l'étude des Écritures, ma vie et ma conduite changent aussitôt. Depuis, je ne suis certainement pas ce que je pourrais être ni ce que je devrais être ; cependant par la grâce de Dieu, je peux vivre près de lui plus fidèlement qu'auparavant.

Si quelque lecteur trouve plus de joie dans les ouvrages des hommes que dans la Parole de Dieu, j'espère que les années que j'ai perdues, lui serviront d'avertissement. Et si Dieu daigne, par ces pages, conduire quelques-uns de ses enfants à faire des Saintes Écritures leur principale étude, je considérerai qu'elles font beaucoup de bien.

À ce sujet, je veux encore ajouter ceci : « Si quelqu'un comprend difficilement la Bible, il doit la lire beaucoup ; car la lecture fréquente des Écritures fait que nous y trouvons nos délices. Plus nous lisons la Bible, plus nous l'aimons. Et si mon lecteur est un incrédule, même en ce cas, je lui dis de lire la Bible avec sérieux. Mais qu'il demande d'abord à Dieu sa bénédiction, car Dieu peut le rendre "sage à salut" (2 Ti 3.15,16,17)[2]. »

---

2. L'autobiographie par Bergin place ici « Les Conseils de G. Müller pour la lecture de la Bible ». Voir l'Appendice, p. 337.

CHAPITRE
4

En Angleterre
Préparation missionnaire

En août 1827, j'entends dire que la Société Continentale d'Angleterre veut envoyer un pasteur à Bucarest pour y aider un « frère » âgé. Après un temps de réflexion et de prière je vais offrir mes services au Dr Tholuck. Malgré mon immense faiblesse, j'ai un très vif désir de vivre uniquement pour Dieu. À mon grand étonnement, mon père donne cette fois son consentement, bien que Bucarest est à quelque 1400 kilomètres de l'endroit où nous habitons. Ce consentement me paraît providentiel. Aujourd'hui, j'ai compris qu'un serviteur de Christ doit obéir à son Maître, même s'il n'a pas le consentement de son père terrestre. Je pars donc pour la maison et j'y demeure quelque temps.

De retour à Halle, je me prépare avec ardeur pour l'œuvre du Seigneur. J'essaie de me rendre compte des souffrances possibles qui m'attendent là-bas, et de réaliser ce que cela me coûtera. Pressé par l'amour de Christ, celui qui a si fidèlement servi Satan préfère endurer l'affliction, à cause de Jésus, plutôt que de jouir des délices du péché.

Étant de passage à Halle un dimanche soir à la fin d'octobre, Hermann Ball, le jeune missionnaire dont j'ai déjà parlé, vient à notre réunion d'étudiants. Il nous dit qu'il craint d'avoir à cesser son activité parmi les Juifs de Pologne à cause de sa santé. En entendant cela, je ressens un vif désir de prendre sa place. Dès ce moment, je suis attiré vers la langue hébraïque, cette langue que je n'ai apprise que par devoir jusqu'ici. Durant les semaines qui suivent, je l'étudie avec ardeur et j'y trouve une grande joie. En novembre, je vais voir le Dr Tholuck qui attend chaque jour, pour moi, une réponse de la Société. Au cours de la conversation, il me demande si je n'aimerais pas m'occuper d'évangélisation parmi les Juifs ? Sa question me frappe. Je lui dis que j'y ai pensé moi-même. Mais à quoi bon, puisque ma demande est faite pour Bucarest.

Après avoir quitté le Docteur, je sens que sa question a allumé comme un feu au-dedans de moi, et le lendemain je ne désire plus du tout partir pour Bucarest. Ce revirement me semble charnel et blâmable, et je prie Dieu de rallumer en moi le premier désir.

Dix jours plus tard, le Dr Tholuck reçoit une lettre de la Société Continentale : « La guerre vient d'éclater entre la Russie et la Turquie. Bucarest étant au centre des hostilités, il paraît sage de remettre à plus tard l'envoi d'un pasteur en cette ville... »

À nouveau, le Docteur me parle de la Mission parmi les Juifs. Je lui demande quelque temps pour prier et réfléchir, et pour consulter des frères d'expérience. Après l'avoir fait, je n'arrive à aucune certitude. Dans l'ignorance où je suis de la volonté du Seigneur, je décide cependant de faire une demande au Comité, en priant Dieu de lui dicter la réponse.

Au commencement de 1828, on vient de construire un nouvel hospice à Halle. On y loge des personnes de mauvaise réputation que l'on oblige à travailler. Je demande l'autorisation d'aller y annoncer l'Évangile. Elle m'est accordée, en attendant la nomination régulière d'un aumônier... Certes je suis qualifié pour parler à ces pauvres pécheurs. Je connais leur état ayant été dans ma jeunesse probablement bien pire que la plupart d'entre eux.

En Angleterre. Préparation missionnaire

Ce n'est qu'en mars 1828 que le professeur Tholuck reçoit une communication à mon sujet. Le Comité me pose un certain nombre de questions auxquelles je dois répondre. Après quoi, et selon ce que j'écrirai, on statuera sur ma demande. Je réponds et derechef j'attends. J'attends d'autant plus la décision du Comité que mon temps d'Université touche à son terme. Enfin, le 13 juin, je reçois la réponse : « Le Comité accepte de me prendre à l'essai comme « élève missionnaire » pendant six mois, si j'accepte d'aller à Londres ! »

Langueur spirituelle

Il y a sept mois que cette affaire était pendante. Je pensais qu'elle serait réglée en quelques semaines, et qu'une réponse favorable amènerait mon départ immédiat pour un champ d'activité, on me propose maintenant de redevenir élève ! J'en ressens un vif désappointement, et j'avoue que c'est une dure épreuve. Toutefois, en considérant les choses de sang-froid, il me paraît raisonnable que le Comité désire prendre contact avec moi. Il est bon également que je connaisse les membres du Comité. Je décide donc, après avoir vu mon père, de partir pour Londres.

Mais un nouvel obstacle se dresse sur ma route : le service militaire. À vingt ans, j'avais obtenu un sursis de trois ans pour terminer mes études. J'ai maintenant vingt-trois ans, et je dois faire l'année de service imposée aux étudiants, à moins d'en être dispensé par le Roi lui-même. Cette exemption est constante pour ceux qui partent comme missionnaires ; je crois donc l'obtenir facilement. Il n'en est rien. Elle m'est refusée !

Que faire, que décider ? Je connais un autre contretemps, qui touche ma santé. Je me suis enrhumé au commencement d'août, un rhume ordinaire d'abord, mais qui, cette fois, ne cède pas. Je me crois justifié de prendre certains soins physiques, je fais de fréquentes promenades et délaisse l'étude de l'hébreu. Tout cela est loin de concourir à mon édification. En même temps, il se trouve que mon principal compagnon, l'un de mes élèves américains, est retourné dans le monde après avoir suivi Jésus. Bref, bien que je sois né de nouveau, et que j'aie été l'objet de tant d'amour de la part du Seigneur, je retombe, une fois de plus, dans la langueur spirituelle, au moment que « Dieu appesantit sa main sur moi. ». Ah ! le cœur de l'homme est désespérément mauvais !

C'est en cet état de torpeur spirituelle que nous nous rendons à cheval à Leipzig, mon ami et moi à l'époque de la fameuse foire de la Saint-Michel. À Leipzig, il insiste pour m'emmener avec lui à l'Opéra. J'y vais, mais n'y trouve aucun plaisir. Après le premier acte, je prends une glace, ce que je ne devrais pas faire à cause de l'état de mon estomac. À la fin du deuxième acte, je m'évanouis. Je reviens à moi peu après, et nous pouvons gagner l'hôtel où la nuit est passable. Le lendemain mon ami commande une voiture pour le retour à Halle. Dieu se sert de cet incident pour me sortir de la langueur spirituelle où je suis tombé, et me remettre debout. En voiture, je dis à mon ami ce que je pense de notre conduite. Il me répond que sa foi a décliné depuis qu'il a quitté l'Amérique. Cependant lorsqu'il m'a vu évanoui à l'Opéra, il s'est dit que le théâtre était un effroyable endroit pour y mourir. C'était la seconde fois que j'allais dans un théâtre depuis que je me suis donné à Jésus, et ce fut la dernière. En 1827, je m'y étais rendu pour entendre un concert, et j'avais aussi senti que là n'était point la place d'un enfant de Dieu.

Le Seigneur a vu que ma foi déclinait, et dans son amour il m'a châtié pour mon plus grand bien...

Le Seigneur intervient à nouveau

De retour à Halle, une veine de l'estomac se rompt. Je perds beaucoup de sang et tombe dans un état de grande faiblesse qui dure plusieurs semaines. Une fois mieux, je pars pour la

En Angleterre. Préparation missionnaire

campagne chez un frère en Christ, lequel est demeuré pour moi un bon et fidèle ami. Chez lui, mon âme se nourrit et se fortifie. Le Seigneur a vu que ma foi déclinait, et dans son amour il m'a châtié pour mon plus grand bien — châtiment qui porte maintenant en moi, selon l'expression de l'apôtre : des fruits paisibles de justice.

Je suis encore à la campagne lorsque je reçois une lettre du Professeur américain avec qui je suis allé à Leipzig. Il habite maintenant Berlin, et désire que je vienne l'y rejoindre. « Toutes mes dépenses de séjour seront couvertes et au delà, dit-il, par le prix de quelques heures de leçons par semaine, que des amis et lui se proposent de me demander. De plus, à Berlin même, il me sera probablement plus facile de me faire exempter du service militaire. » Après un temps de réflexion, j'écris que j'accepte, et je me mets en route.

Deux dames de la noblesse partagent avec moi une voiture particulière, louée pour le voyage à Berlin. Nous allons donc passer deux jours ensemble et je me dis qu'il suffit que je sois aimable avec elles durant la première partie du voyage, ce qui les disposera à m'écouter favorablement quand j'aborderai la question de la perdition naturelle de l'homme, puis celle du salut, en les conduisant à l'Agneau de Dieu. Donc, le soir du second jour, alors que nous approchons de Berlin, je sens qu'il est grand temps d'aborder la question capitale. À peine ai-je commencé de le faire qu'une des voyageuses s'écrie : « Oh ! Monsieur, que n'avez-vous parlé plus tôt de ces choses ! Car voilà longtemps que nous désirons trouver quelqu'un à qui parler à cœur ouvert. Mais comme la vie des pasteurs que nous connaissons n'est pas en rapport avec leurs fonctions, nous n'avons pu nous confier à aucun d'eux. »

Je découvre alors qu'elles sont depuis quelque temps sous l'empire du sentiment du péché, et ne savent comment trouver la paix. Je leur parle pendant une heure à peu près, puis, comme nous sommes arrivés au but du voyage, nous devons nous séparer. En me remerciant, elles me disent leurs regrets de ne pouvoir prolonger l'entretien puisqu'elles ne s'arrêtent pas à Berlin. Je me sens vivement repris intérieurement pour mon manque de fidélité, et j'essaie de racheter ma négligence par une longue lettre. Puis-je ne jamais oublier cette expérience, et mon devoir.

Obtention du passeport

À Berlin, je fais des démarches pour obtenir mon passeport pour l'Angleterre. Des frères qui occupent de hautes situations s'y emploient aussi. Le passeport comporte cette exemption du service militaire, que jusqu'ici, je n'ai pu obtenir. Mais malgré toutes les interventions, tout demeure inutile, et en janvier 1829, mon incorporation paraît certaine. C'est alors qu'un major chrétien, l'ami d'un général très en vue et très puissant, me conseille de demander à m'engager. Étant donné qu'un examen très sérieux sera exigé, il est convaincu que je suis trop faible pour être pris. Si je suis refusé pour cause de santé, son ami le général aura à statuer sur mon cas. Si, par contre, je suis accepté, je serai incorporé immédiatement.

Le Seigneur a permis que les choses en viennent là. Aucun ami n'a pu obtenir le passeport avant que son heure à lui n'ait sonné. Mais une fois son heure venue, aucune opposition ne peut plus subsister. Or, le Roi des rois me veut en Angleterre où il a l'intention de me bénir, et de faire de moi un moyen de bénédiction. Aussi, bien que le roi de Prusse ait refusé d'accorder l'exemption nécessaire, et alors qu'il semble impossible que je parte, les autorités médicales, après examen, me déclarent inapte au service militaire.

Avec le verdict du docteur et une lettre de recommandation du major dont j'ai parlé, je vais trouver le général. Il me reçoit avec bonté et m'envoie à un autre docteur pour être examiné à nouveau et « tout de suite ». Le verdict du second docteur confirme celui du premier. Le général établit alors lui-même les papiers nécessaires à ma libération, libération définitive de tout service militaire. C'est plus que je n'avais espéré. Comme il sait que je me destine à la Mission parmi les Juifs, il me parle ensuite de ceux-ci avec simplicité et bonté, me citant quelques passages des Écritures qu'il me conseille de proposer à leur attention, et plus particulièrement Romains 11.

Pourquoi Dieu permet-il tous ces longs délais pour l'obtention de mon passeport pour l'Angleterre ? Avec le recul des années, je comprends que c'était premièrement pour mon bien, et deuxièmement pour que je sois en bénédiction. C'est à cette époque que j'apprends la leçon suivante : la joie de Christ ne dépend pas du nombre de fidèles dont nous sommes environnés.

À Halle, il me semble que j'aurai beaucoup de bonheur à vivre dans un centre important de croyants, mais je découvre que cette ambiance ne communique pas nécessairement la joie du Seigneur. Quant au second point, le dernier jour révélera peut-être qu'il y a une œuvre à faire pour moi dans la capitale. Dès l'instant de mon arrivée à Berlin et jusqu'à mon départ, je prêche dans un hospice, trois, quatre, et même cinq fois par semaine dans les divers services. Il s'y trouve à peu près trois cents personnes âgées et infirmes. Je prêche aussi une fois dans une église, et à plusieurs reprises je suis autorisé le dimanche à visiter une prison. On m'y enferme dans les cellules, où je peux m'entretenir avec les prisonniers.

En définitive, mon temps à Berlin n'est pas du temps perdu. Mon état spirituel y est certainement meilleur qu'il ne l'a été depuis longtemps. Pas une seule fois, mes penchants mauvais ne me dominent. En écrivant cela, je ne pense pas à m'en glorifier. Certes, si les seuls péchés de cette période de ma vie devaient s'élever contre moi au Jour du jugement, je serais le plus misérable des hommes. Mais puisque je parle si ouvertement de mes chutes et de mes transgressions d'autrefois, je veux aussi dire, à la gloire de Dieu, que durant ce séjour à Berlin, où je suis perdu dans la foule et sans surveillance, environné de tentations nombreuses, et avec plus d'argent en poche que je n'en ai jamais eu, je suis parfaitement gardé de choses dont je me rendais généralement coupable avant ma conversion.

Quant à ma santé, elle reste peu satisfaisante, et sur le conseil d'un docteur chrétien, je cesse de prendre des remèdes.

Retour aux études

Les difficultés de passeport étant levées, je prépare mon départ pour l'Angleterre, et le 3 février, je quitte Berlin. Durant le voyage, et sans attendre comme je l'ai fait lorsque je me suis rendu dans cette ville, je me mets à annoncer l'Évangile à mes compagnons ; ce qui semble les intéresser, surtout l'un d'eux. Le 5, j'arrive chez mon père et retrouve la maison de mon enfance, témoin de tant de péchés. Mon père après avoir quitté son emploi s'y est retiré ; et moi j'y reviens le cœur rempli de sentiments multiples et très particuliers. Je n'ai pas revu Heimersleben depuis le jour où mon père est venu m'y chercher après mon retour de Wolfenbüttel, où j'avais été emprisonné. Je fais mes adieux le 10, caressant l'espoir de revenir un an après ; mais comme missionnaire cette fois... Le 22 février, je suis à Rotterdam où je suis reçu chez un ami chrétien... Le 19 mars 1829, je débarque en Angleterre...

Une fois au Séminaire, j'ai l'impression d'être ramené à mes années d'étude ; et même alors, surtout à l'Université, j'ai certainement joui de plus de liberté que je n'en ai en Angleterre. Dans ce séminaire, je suis constamment tenu par l'heure ou les règlements ; et si la grâce n'avait déjà accompli son œuvre, en mon cœur au moins partiellement..., j'aurais certainement renoncé immédiatement à devenir missionnaire parmi les Juifs. Mais comme on ne demande rien, en somme, que je ne puisse accepter en toute conscience, je décide que pour l'amour du Seigneur, je me soumettrai à tous les règlements de l'Institut.

> **Je m'agenouille fréquemment et prie pour être gardé de cette froideur spirituelle qui accompagne si souvent l'étude intensive.**

En Angleterre. Préparation missionnaire

Les autres élèves, presque tous allemands, étudient l'hébreu, le latin, le grec, le français, l'allemand, etc., presque aucun n'a fait d'études classiques. On ne me demande que la lecture de l'hébreu et on me dispense du reste. Lorsque, quelques jours après mon arrivée à Londres, j'entends un « frère » allemand expliquer un passage de l'Écriture en anglais, je souhaite ardemment être bientôt capable d'en faire autant. Quelques semaines plus tard, dans un anglais plus ou moins écorché, j'ai la joie de m'adresser à un petit garçon rencontré dans les champs, et de lui parler au sujet de son âme.

Je me suis mis à étudier douze heures par jour à peu près, surtout l'hébreu ; mais je commence aussi l'étude du chaldaïque et me perfectionne dans la lecture de la langue judéo-allemande, écrite en caractères rabbiniques. Je m'agenouille fréquemment et prie pour être gardé de cette froideur spirituelle qui accompagne si souvent l'étude intensive. Mes progrès en anglais sont fort lents. Vivant constamment avec des compatriotes, je parle souvent ma langue. Quelques mois plus tard, alors que je demeure dans le Devonshire, mes progrès quotidiens deviennent rapides. Peu après mon arrivée à Londres, j'entends parler d'un M. Groves, un dentiste d'Exeter qui, par amour pour le Seigneur, quitte une profession lui rapportant à peu près quinze cents livres sterling par an, pour partir en Perse avec femme et enfants, en comptant uniquement sur Dieu pour les ressources nécessaires. Ceci fait sur moi une profonde impression, et me cause une grande joie. Je le note dans mon journal, et en fais mention dans les lettres que j'écris en Allemagne à cette époque.

Maladie et convalescence

À cause de mon état de santé, je devrais peut-être me ménager, et ne pas consacrer tant d'heures à l'étude. Le 15 mai je tombe malade, et bientôt les symptômes sont si graves, que la guérison semble impossible. À mesure que mon corps s'affaiblit, mon esprit est inondé de joie. Et cependant jamais autant qu'à ce moment-ci, je ne me suis vu sous le grand jour ; jamais je ne me suis jugé si vil, si misérable, si coupable, que je le fais à cette heure. Il semble que tous mes péchés se dressent devant moi ; mais en même temps, j'ai l'intime persuasion que tout est pardonné, que je suis lavé et purifié ; purifié parfaitement par le sang de Jésus. De sorte que je peux jouir d'une immense paix, et que je souhaite ardemment de déloger pour être avec Christ. À la venue du médecin, ma prière est quelque chose comme ceci : « Seigneur, tu sais que le Docteur ne connaît pas, lui, ce qui me vaut le mieux ; mais toi qui le sais, veuille diriger toutes choses ». En prenant les remèdes ordonnés, je dis à nouveau au Seigneur : « Pour toi, cette médecine n'est rien, c'est comme si je prends un peu d'eau. Permets donc, Seigneur, qu'elle agisse pour mon bien véritable et pour ta gloire. Appelle-moi bientôt à toi, ou guéris-moi promptement ; ou bien, laisse-moi malade longtemps avant de me reprendre ou de me guérir, Seigneur ! Fais avec moi ce que tu juges le meilleur ». C'est alors que je découvre un péché que j'ai ignoré jusque-ci : mon manque de reconnaissance pour les bonnes nuits de sommeil dont j'ai toujours joui dans le passé, même en temps de maladie. Maintenant que j'ai de longues nuits d'insomnie, je m'aperçois de mon ingratitude envers Dieu, sur ce point particulier. Après une quinzaine de jours, le médecin déclare que l'amélioration se dessine. Ceci me consterne presque, au lieu de me remplir de joie ; car je désire ardemment partir pour être avec le Seigneur. Toutefois, à peine ce sentiment s'est-il précisé en moi, que je reçois la grâce de me soumettre à la volonté divine, et, quelques jours après, je peux quitter la chambre. Comme mes progrès sont fort lents, mes amis insistent pour me faire changer d'air ; personnellement je ne le désire pas. Moi qui avais aimé passionnément les voyages, je suis tellement transformé que cette seule idée de changement m'est désagréable. Cependant je me mets à prier à ce sujet : « Seigneur, je veux ce que tu veux. Donne-moi ta réponse sur ce changement d'air, en te servant du médecin ». Je consulte donc celui-ci et il me répond aussitôt que

« c'est ce que je peux faire de mieux ». En conséquence, je me prépare au départ pour Teignmouth, où j'arrive quelques jours plus tard. C'est là que je dois faire la connaissance de celui qui deviendra par la suite mon compagnon de travaux : mon cher frère, Henry Craik.

Nouvelles lumières sur la Parole

Je suis reçu chez des amis. Là, Dieu se sert de ce temps de convalescence pour m'éclairer sur bien des points. Il me fait comprendre, par exemple, que, dans les choses spirituelles, sa Parole doit être notre seul guide ; sa Parole expliquée par le Saint-Esprit qui conduit dans toute la vérité comme aux jours de l'Église primitive. Aussi, lorsque pour la première fois je m'enferme dans ma chambre pour m'adonner à la lecture de la Bible et à la prière, j'apprends bien plus de choses en quelques heures, que je ne l'ai fait précédemment en plusieurs mois. Mais surtout, je reçois durant ces instants d'entretien avec Dieu une véritable force que j'ignorais jusqu'à maintenant, et ceci opère aussitôt un grand changement dans ma vie. Je me mets alors à étudier à la lumière des Écritures tout ce que j'ai appris jusque-ci, et je comprends que cela seul, qui soutient victorieusement cette épreuve, a une réelle valeur.

Ainsi, jusqu'à ce moment, je me suis opposé à la doctrine de l'élection, à celle de la rédemption individuelle et à la doctrine de la grâce... Je me mets alors à étudier ces très précieuses vérités à la lumière de la Parole de Dieu. Étant amené à ne désirer aucune gloire personnelle dans la conversion des pécheurs, et à ne voir en moi qu'un instrument, je lis la Bible du commencement à la fin en notant les passages qui se rapportent à ces sujets. Je remarque que les versets impliquant l'élection et la grâce toute puissante étaient quatre fois plus nombreux que ceux qui semblaient s'opposer à ces vérités. Je découvre aussi en étudiant ces derniers, qu'en définitive, ils confirment les autres. J'abandonne donc mes anciennes positions. Ma vie s'en ressent aussitôt, et je dois dire, à la gloire du Seigneur, que je marche bien plus près de lui que je ne l'ai fait jusqu'ici. Certes, je suis toujours très faible ; je n'ai pas encore atteint le degré de mort à moi-même que je voudrais atteindre, concernant la convoitise de la chair, celle des yeux, et l'orgueil de la vie ; cependant il y a plus de cohésion, plus d'unité dans ma conduite qu'autrefois, et je vis pour Dieu bien plus qu'auparavant.

Durant mon séjour dans le Devonshire, la lumière se fait en moi sur une autre question : celle du retour du Seigneur. Jusqu'à maintenant, je croyais tout bonnement ce qui se dit généralement, sans rechercher ce qu'enseignent les Écritures. Je croyais que le monde s'améliorait, que les choses iraient de mieux en mieux, et, que bientôt le genre humain se convertirait. Or je découvre que la Bible ne dit rien de semblable, qu'elle n'annonce pas la conversion du genre humain avant le retour du Christ ; que ce retour précède l'instant où l'Église sera glorifiée et celui de la joie éternelle des saints. Jusqu'à ce moment-là, les choses seront plus ou moins dans la confusion et le chaos. Je découvre aussi dans la Parole, que l'attente des premiers chrétiens, c'était l'avènement du Christ, et non la mort. Il convient donc que moi aussi j'attende son avènement. Et cette vérité s'empare si vivement de moi qu'à partir de ce moment, au lieu de penser fréquemment à la mort et d'y attacher mes regards (j'étais devenu si faible dans le Devonshire que je m'étais demandé si je reverrais Londres), je les en détourne aussitôt pour penser au retour du Seigneur. Lorsque cette vérité commence à poindre en mon cœur, je suis capable de me l'appliquer immédiatement en une certaine mesure, et cette question se pose dès lors pour moi, chaque matin : « Que puis-je faire aujourd'hui pour le Seigneur ? Car il peut revenir bientôt. »

Enfin il plaît à Dieu de me révéler un plus haut degré de consécration que ce que j'ai connu jusqu'ici. Il me montre que ma véritable gloire en ce monde, c'est d'être méprisé avec Christ, d'être pauvre et chétif comme lui. Il ne convient pas effectivement que le serviteur recherche la richesse, les grandeurs, la gloire, dans un monde où son maître a été pauvre et méprisé.

En Angleterre. Préparation missionnaire

En quittant Londres, j'ai prié Dieu qu'il daigne bénir mon voyage pour le corps et pour l'âme. Ma requête est exaucée bien au delà de ce que je pense, de sorte qu'en septembre lorsque je rentre à Londres, une grande amélioration physique s'est produite. Quant à l'âme, elle est si merveilleusement enrichie que cela correspond à une seconde conversion.

De retour au séminaire, je cherche à communiquer à mes frères ce que j'ai reçu, et leur propose d'avoir une réunion tous les matins de six à huit pour l'étude de la Bible et la prière. Chacun donnerait sa pensée sur le passage lu. Cette réunion est acceptée, et tous, je crois, en retirent quelque bien. L'un de mes frères est amené au point que j'ai moi-même atteint. Le soir, lorsque je remonte dans ma chambre après le culte de famille, j'ai parfois de si doux instants de communion avec Dieu qu'il m'arrive de les prolonger jusque vers minuit. Alors, débordant de joie, je vais trouver le frère dont je viens de parler, et le trouvant le cœur rempli des mêmes sentiments que les miens, nous continuons à prier tous les deux jusque vers une ou deux heures du matin. À plusieurs reprises, il arrive que ma joie est telle qu'elle chasse le sommeil, et lorsque six heures sonnent (l'heure de notre réunion matinale), c'est à peine si j'ai dormi quelques instants.

Dieu seul comme maître

À Londres, la vie sédentaire m'a repris. Toujours enfermé et penché sur mes livres, je ne tarde pas à souffrir derechef et à m'affaiblir. Mon pauvre corps n'est plus qu'une épave, un brandon arraché à Satan ! Dans ces conditions, est-il sage de consacrer à l'étude le peu de forces que j'ai encore, au lieu de les employer au service du Seigneur ? J'écris au Comité, lui demandant de m'envoyer en mission sans tarder.

« Les membres du Comité directeur me connaissent... et je suis prêt à partir comme aide ; à dépendre d'un missionnaire ayant déjà quelque expérience, s'ils le jugent nécessaire... » Les semaines passent, aucune réponse ne vient.

En attendant celle-ci je ne reste pas inactif, et je travaille de diverses manières pour le Seigneur. Au bout de cinq ou six semaines, l'idée me vient que j'ai tort d'attendre des hommes une nomination quand le Seigneur m'appelle à annoncer l'Évangile ; et ma pensée se tourne vers les Juifs de Londres. Je me mets donc à leur distribuer des traités sur lesquels se trouve mon adresse, me mettant à leur disposition pour parler des choses divines ; je vais leur annoncer Christ dans les endroits où je suis certain de les trouver réunis ; je lis régulièrement la Bible avec quinze jeunes Juifs, enfin je deviens moniteur dans une école du dimanche. Ces diverses activités me procurent beaucoup de joie, mais aussi l'honneur d'endurer la persécution et les mauvais traitements à cause de Jésus. Le Seigneur me fait la grâce de ne pas reculer devant le danger, et de ne pas me laisser arrêter par la crainte de la souffrance. Dieu continue son œuvre en moi, et en novembre je me demande si je pourrai rester en relation avec la Société ? Ceci pour plusieurs raisons : Si le Comité me désigne pour un poste quelconque, ce sera probablement en Europe ; puisque je ne peux songer à l'Orient à cause de mon état de santé et des nouvelles études que nécessiteraient les nouvelles langues à apprendre. D'autre part (si je suis bien désigné pour l'Europe), je ne pourrai occuper qu'un poste subalterne, à moins de recevoir la consécration, car les pasteurs non consacrés sont constamment dépendants et limités dans leur activité. Or, je ne peux accepter de recevoir l'imposition des mains de personnes non converties, s'attribuant la capacité de mettre à part pour le ministère, et de conférer ce qu'elles ne possèdent pas elles-mêmes. Enfin, depuis que Dieu m'a montré que sa Parole doit être notre seule Loi, et le Saint-Esprit notre seul guide, je ne peux accepter de faire partie d'une Église rattachée à l'État, ni d'une Société religieuse nationale. En examinant ce que je sais des Sociétés anglaises ou européennes à la lumière de la Parole de Dieu, je constate que leurs règlements amalgament des principes d'inspiration mondaine aux règles chrétiennes...

En Angleterre. Préparation missionnaire

D'où l'impossibilité de se conformer uniquement à la Parole de Dieu lorsqu'on en fait partie. Si je reste en Angleterre, la Société dont je dépends n'acceptera pas que je prêche ici et là, selon que le Seigneur ouvrira ou fermera les portes. Quant à recevoir d'un évêque anglais l'imposition des mains, j'y ai encore plus d'objection qu'à la recevoir par l'intermédiaire d'un Consistoire prussien.

Je ne peux accepter non plus que mes travaux missionnaires soient dirigés par des hommes. Il me semble que tout serviteur du Christ doit relever uniquement du Saint-Esprit, et je dis ceci en toute déférence à l'endroit de ceux qui ont probablement plus de science et plus d'entendement spirituel que moi. Le serviteur de Christ ne peut avoir qu'un Maître.

Enfin, si j'aime les Juifs (et j'en ai donné les preuves), je ne me sens pas libre de promettre que je leur consacrerai la majeure partie de ma vie, comme le Comité s'y attend. En effet, l'enseignement scripturaire tel que je le comprends, c'est qu'en me rendant en quelque endroit que ce soit, je dois chercher d'abord les Juifs et commencer à travailler parmi eux ; mais s'ils rejettent l'Évangile, je dois alors me tourner vers les Gentils.

Il ne me semble pas juste de garder par devers moi ces conclusions ; mon devoir est manifestement de les faire connaître au Comité. D'autre part, si je ne suis pas envoyé par lui, que vais-je faire ? Impossible de songer à retourner en Prusse. Là, sans consécration, je devrai ou cesser de prêcher, ou encourir la peine d'emprisonnement. Il ne me reste donc que la possibilité d'annoncer Christ de lieu en lieu, en Angleterre : aux Juifs d'abord, aux Gentils ensuite, selon que Dieu me conduira. Je suis prêt à rester membre de la Société pour propager le christianisme parmi les Juifs et à travailler sans aucun salaire si l'on veut m'accepter à ces conditions.

Il reste la question de mon entretien. Je suis sur une terre étrangère dont je parle mal la langue, et si le Seigneur m'assiste puissamment pour l'exposition des Écritures, je ne m'exprime que difficilement pour les choses courantes. Toutefois, je suis sans crainte à ce sujet, sachant bien qu'aussi longtemps que

« je rechercherai d'abord le royaume de Dieu et sa justice, toutes choses me seront données par surcroît ». Dieu dans sa bonté m'aide à m'emparer de ses promesses et à compter sur sa Parole. Pour les besoins temporels, je m'appuie surtout sur les passages indiqués ci-après : Matthieu 7.7,8 ; Jean 14.13,14; Matthieu 6.25,34. L'exemple du frère Groves, le dentiste d'Exeter dont j'ai déjà parlé, est pour moi un très grand encouragement. Des lettres viennent d'arriver en Angleterre relatant les secours que Dieu lui a accordés pendant son voyage, et comment il a été puissamment aidé. Ceci fortifie encore ma foi.

Le 12 décembre, ma décision est prise. J'écris donc au Comité pour le mettre au courant de ma résolution. Il ne reste plus qu'à attendre la réponse ; ce que je dois faire pendant de longues semaines.

Le 24 décembre, je vais voir les étudiants de l'Institut missionnaire d'Islington, dans l'espoir de leur communiquer quelque message si le Seigneur m'en donne l'occasion. Je reviens rempli de joie ; c'est généralement le cas à cette époque, et c'est en cet heureux état que je me couche. Or, le lendemain, le jour de Noël, je me réveille sans cette joie qui demeure habituellement en mon cœur. Ma prière est froide, sans vie. À notre réunion du matin, l'un des frères m'exhorte à persévérer quand-même dans la prière. « Dieu permet ce temps d'épreuve pour quelque bonne raison, dit-il, mais tu connaîtras bientôt à nouveau la joie de sa Présence. » Je suis ses conseils ; et lorsqu'un peu plus tard je m'approche de la table de Communion, je retrouve partiellement le bonheur des jours passés ; ceci ira en augmentant jusqu'au soir, où j'ai une occasion d'annoncer le retour du Seigneur, ce qui me cause beaucoup de joie. Le soir à vingt heures, au culte de famille, je suis chargé de l'explication des Écritures ; le Seigneur me secourt de façon manifeste. Peu après, on vient m'appeler pour que j'aille voir l'une des servantes, et la mère d'une autre domestique, qui ont assisté au culte. Toutes deux sont dans l'angoisse : chacune au sujet de son âme. Je vais les voir, et lorsque je rentre chez moi, j'ai à nouveau la joie de la veille. Pourquoi est-ce que je rappelle ici le souvenir de ces choses ? Parce que je sais que Satan emploie souvent le subterfuge de la froideur pour faire cesser la lecture de la Bible et la vie de prière. Gardons-nous donc d'abandonner l'une et l'autre lorsque nous n'y trouvons plus la joie de la communion du Seigneur. Il n'est jamais inutile de lire la Parole de Dieu, il n'est jamais inutile de prier, même lorsque nous n'avons plus l'esprit de prière. Au lieu de cesser, et pour retrouver la joie de sa communion, persévérons dans la lecture de sa Parole et dans la prière.

Le 30 décembre, je quitte Londres pour Exmouth où se trouvent les amis chrétiens qui m'ont déjà offert l'hospitalité pendant l'été ; je pars sans avoir reçu du Comité la réponse que j'attendais. J'arrive à destination une heure avant le moment de la réunion de prière d'Ebenezer Chapel. Mon cœur brûle au-dedans de moi, tant je désire ardemment dire tout le bien que l'Éternel a fait à mon âme. Il me tarde d'annoncer ce que d'autres peuvent ne pas encore savoir. Mais comme personne ne me demande de prendre la parole ou de prier, je garde le silence. Toutefois, le lendemain, j'ai l'occasion de dire la différence qu'il y a entre « être seulement un chrétien » et « être un chrétien joyeux », et de montrer pourquoi souvent, nous trouvons si peu de joie en Dieu. Ce premier témoignage est une bénédiction pour plusieurs personnes, Dieu voulant sans doute me montrer par là qu'il est avec moi.

> **Mon coeur brûle au-dedans de moi, tant je désire ardemment dire tout le bien que l'Éternel a fait à mon âme.**

L'année 1830 vient de commencer. Je suis toujours à Exmouth, et il me semble toujours plus impossible d'appartenir à une Société, comme cela s'entend généralement. D'autre part, j'ai beaucoup à faire dans l'endroit où je suis, et fort peu d'argent à dépenser en voyage. Il ne me reste plus alors que cinq livres sterling. J'écris donc aux membres du Comité qu'au lieu de rentrer à Londres, en attendant qu'ils prennent une décision à mon endroit, je continuerai de prêcher à Exmouth. Je leur expose aussi comment mes pensées ont évolué depuis mon arrivée en Angleterre. Toutefois, comme je leur dois beaucoup, puisque c'est par eux que le Seigneur m'a amené en Angleterre, où il m'a si abondamment béni, aussi parce que j'aimerais qu'ils veuillent bien me fournir les livres de l'Écriture en hébreu et les traités pour les Juifs dont j'aurai besoin, je suis prêt à rester dans la Société comme agent non salarié, mais libre de travailler en quelque lieu que ce soit et de la manière que je déciderai sous la seule direction du Seigneur.

Peu après, je reçois de l'un des secrétaires du Comité qui s'est toujours montré très bon envers moi, une lettre pleine d'affection. Cette lettre accompagne le message officiel des Directeurs que je donne ci-après :

« *London Society for Promoting Christianity amongst the Jews* »

À une réunion du sous-comité missionnaire, tenue le 27 janvier 1830 à notre Maison, 10, Wardrobe Place Doctor's Commons, il a été donné lecture d'une lettre de M. G.-F. Müller. En suite de quoi il a été décidé de communiquer à M. Müller ce qui suit :

« Tout en se réjouissant des progrès réels dans la grâce et la connaissance que M. Müller peut avoir faits à l'école du Saint-Esprit, les membres du Comité estiment cependant que la Société ne peut employer que ceux qui acceptent leur direction à l'endroit de l'activité missionnaire. Aussi longtemps que M. Müller gardera son opinion particulière sur ce point, ils ne peuvent le considérer comme élève missionnaire. Mais si une plus grande maturité de réflexion l'amenait à modifier ses vues, ils reprendraient volontiers leurs relations avec lui. »

C'est ainsi que mes attaches avec la Société se sont rompues. Soixante-six ans se sont écoulés depuis, écrit M. Müller au soir de sa vie, et jamais je n'ai regretté un seul instant, la décision prise alors. Bien au contraire j'ai souvent regretté d'avoir, en cette occasion, montré si peu de reconnaissance au Seigneur pour sa bonté à mon endroit, en me gardant comme il l'avait fait. J'ai conformé ma conduite à la lumière que Dieu me

En Angleterre. Préparation missionnaire

donnait, et mon obéissance a été abondamment bénie. Ma vie en donne la preuve éclatante.

Avant de quitter ce sujet, je tiens à dire que je ne voudrais pas que mon attitude d'alors fasse rejaillir aucun blâme sur la Société. J'aurais même laissé de côté la question, si cette Société n'avait pas été l'instrument de ma venue en Angleterre. Puisque de toutes façons je devais mentionner mon stage d'élève missionnaire, il m'a semblé préférable de dire les choses comme elles s'étaient passées.

CHAPITRE
5

Seul avec Dieu

Après avoir prêché trois semaines à Exmouth et dans les environs, je pars pour Teignmouth afin d'y voir les frères dont j'ai fait la connaissance l'été dernier, et pour leur dire les bontés de Dieu à mon endroit. Je pense rester avec eux une dizaine de jours. Or, je suis à peine arrivé, que l'un d'eux me dit : « J'aimerais que vous deveniez notre pasteur, puisque le nôtre va nous quitter. » Je lui réponds que je ne pense pas occuper de poste à demeure, que je veux rester libre d'aller ici et là selon que Dieu me guidera. Le lundi soir, je prêche à Shaldon à la place de frère Craik. Trois pasteurs se trouvent dans l'auditoire. Aucun d'eux n'aime le sermon. Cependant, il plaît à Dieu de s'en servir pour amener à la connaissance de son cher Fils

Les jugements de Dieu diffèrent tellement de ceux des hommes !

Jésus la servante de l'un de ces pasteurs. Les jugements de Dieu diffèrent tellement de ceux des hommes ! Comme étranger, j'ai bien des obstacles à surmonter, et l'un d'eux c'est de ne pas parler l'anglais couramment. Mais j'ai l'ardent désir de servir Dieu ; et qu'il ait toute la gloire de mon travail, s'il lui plaît d'accorder à celui-ci quelque fruit. Or j'ai remarqué que dès mes débuts, et aujourd'hui encore, sa puissance se manifeste dans ma faiblesse.

(George Müller prêcha de nouveau les mardi, mercredi, vendredi et dimanche, à Teignmouth même, à Ebenezer Chapel, et à Shaldon. Sa prédication, très appréciée par les uns, fut très critiquée par les autres. À son grand étonnement, il vit ses amis se ranger du côté de l'opposition.)

Une seule explication semble possible, Dieu veut évidemment que je travaille à Teignmouth ; mais comme Satan le redoute il se démène pour y faire obstacle.

(Un nombre croissant de frères demandait à G. Müller de rester ; mais les autres n'en persistaient pas moins dans le sens contraire.)

Cette opposition même me conduit à vouloir demeurer à Teignmouth pour quelque temps ; c'est-à-dire aussi longtemps qu'on ne me mettra pas en demeure de partir. Le mardi suivant, j'explique donc comment Dieu me guide à prolonger mon séjour. Si les frères veulent m'autoriser à prêcher sans me donner de salaire je n'y vois point d'inconvénients puisque je ne prêche pas pour de l'argent. Toutefois, ai-je ajouté, c'est un privilège que de pouvoir contribuer aux besoins temporels des serviteurs de Christ.

Je continue donc de prêcher, sans que personne élève d'objections. Quelques personnes partent et ne reviennent plus ; d'autres partent et reviennent par la suite ; d'autres enfin viennent, qui ne sont jamais venues jusqu'ici ; il est manifeste que Dieu bénit mon activité... Au bout de trois mois, toute la petite communauté, dix-huit personnes, me demande de rester... Ceci me prouve que Dieu les a bénies par mon moyen. Leur invitation ne fait que confirmer la direction divine, et j'accepte tout en réservant l'avenir ; car je n'ai pas perdu l'espoir d'aller de lieu en lieu, selon que le Seigneur me conduira. Jusqu'ici, deux frères ont subvenu à mes besoins sans que je leur aie rien demandé. Maintenant la communauté m'offre un traitement de treize cent soixante-quinze francs, somme qui est augmentée par la suite.

(M. Müller s'installa donc à Teignmouth, ville située au sud du Devonshire, pays réputé pour sa beauté. Le jeune pasteur, loin de s'enfermer dans sa petite paroisse, allait prêcher une fois par semaine à Exeter, tous les quinze jours à Topsham, de temps à autre à Shaldon, souvent à Exmouth, ou dans les villages environnants, une fois par semaine à Bishopsteignton ; puis à Chudleigh, Collumpton, Newton Albot et ailleurs. C'est alors qu'il se trouvait à Sidmouth pour y prêcher, en avril 1830, que trois sœurs en Christ, dont l'une s'était fait baptiser, abordèrent devant lui la question du baptême pour lui demander son avis.)

Question délicate

Je ne vois pas la nécessité de me faire baptiser à nouveau, dis-je. Mais avez-vous été baptisé ? interroge la sœur qui a demandé le baptême. Oui, quand j'étais enfant. Avez-vous déjà étudié les Écritures sur ce point, et prié à ce sujet ? Non, je ne l'ai pas fait. Eh bien ! laissez-moi vous supplier de ne rien dire aussi longtemps que vous ne sonderez la Parole de Dieu sur la question. » Il plaît au Seigneur de me révéler l'importance de cette remarque. Je me mets donc à étudier à fond la question, relisant le Nouveau Testament en entier, tout en priant Dieu constamment de m'éclairer. À peine ai-je commencé que nombre d'objections se dressent devant moi ; objections que j'énumère ci-après.

George Müller

CONSIDÉRATIONS SUR LE BAPTÊME

1° Puisque de saints hommes de Dieu, des hommes éclairés, ne sont pas d'accord sur cette question, cela ne prouve-t-il pas qu'il est impossible d'arriver à une conclusion satisfaisante dans l'état actuel de l'Église ? À ceci je réponds : « Puisque le Saint-Esprit est le guide des fidèles aujourd'hui comme autrefois, pourquoi n'arriverais-je pas à connaître la pensée du Seigneur sur ce point, telle qu'elle est révélée dans Sa Parole ? »

2° Très peu de mes amis sont baptisés, la plupart s'opposent au baptême des adultes, et si je me prononce pour ce baptême, ils me tourneront le dos. À ceci je peux répondre : « Même si tous les hommes doivent m'abandonner, qu'importe ! pourvu que le Seigneur Jésus me recueille. »

3° « Si tu te fais baptiser tu vas certainement perdre la moitié de ton traitement. » Ici je me dis qu'aussi longtemps que je serai fidèle au Seigneur, il ne permettra pas que je manque de quoi que ce soit.

4° « On va t'appeler un baptiste ; on te considérera comme l'un d'eux, et tu ne peux approuver toute leur manière de faire. » Si je me fais baptiser, cela n'implique pas que je devrai suivre en tous points ceux qui pratiquent le baptême des adultes.

5° « Voilà plusieurs années que tu prêches. Te faire baptiser, c'est confesser publiquement que, jusqu'ici, tu as été dans l'erreur. » Ma réponse sur ce point est celle-ci : qu'il vaut mieux confesser une erreur que d'y persévérer.

6° « Même si le baptême des adultes est scripturaire, comme il doit suivre la conversion, il est trop tard pour te faire baptiser. » À cette objection, je réponds qu'il vaut mieux obéir aux ordres du Seigneur tardivement que de n'y point obéir du tout.

Il plaît au Seigneur, dans sa grande miséricorde, de me donner la volonté d'obéir aux enseignements de sa Parole dès que je les comprends. Je poursuis donc mon étude avec cette pensée bien arrêtée : « je ferai sa volonté » ; et c'est pour cela je pense, que je ne tarde pas à discerner celle-ci. Je dirai en passant que la parole du Seigneur contenue dans l'évangile de Jean au chapitre 7, verset 17 : « Si quelqu'un veut faire la volonté de Dieu, il connaîtra... » est pour moi l'admirable commentaire de bien des doctrines et préceptes de notre très sainte foi. Par exemple de ceux qui sont contenus dans ces passages : « Mais moi je vous dis de ne pas résister à celui qui vous fait du mal ; mais si quelqu'un te frappe à la joue droite, présente-lui aussi l'autre ; et si quelqu'un veut plaider contre toi et t'ôter la robe, laisse-lui encore l'habit ; et si quelqu'un veut te contraindre d'aller une lieue avec lui, fais-en deux. Donne à celui qui te demande, et ne te détourne point de celui qui veut emprunter de toi... Aimez vos ennemis, bénissez ceux qui vous maudissent, faites du bien à ceux qui vous haïssent, et priez pour ceux qui vous outragent et qui vous persécutent » (Matthieu 5.39-44), « Vendez ce que vous avez et donnez-le en aumônes » (Luc 12.33). « Ne devez rien à personne, si ce n'est de vous aimer les uns les autres » (Romains 13.8).

On peut dire de ces passages : « Mais ils ne doivent pas être pris au pied de la lettre ! Autrement, comment les enfants de Dieu pourraient-ils vivre ici-bas ? » La disposition intérieure que le Seigneur réclame (Jean 7.17) fait tomber ces objections.
Quiconque veut conformer sa vie aux commandements du Seigneur, verra comme moi, je pense, que la volonté de Dieu est bien qu'on les accepte littéralement. L'obéissance entraîne parfois de grandes difficultés : épreuves douloureuses pour la chair ; mais celles-ci ont l'avantage de rappeler au chrétien qu'il est ici-bas étranger et voyageur, et que ce monde n'est pas sa patrie. Enfin, la façon de vivre que comporte l'obéissance ramène constamment au Père céleste son enfant ; et le Père secourt toujours celui-ci dans toutes les épreuves qu'entraîne l'obéissance à ses commandements.

Ayant pris la résolution d'obéir dès que la lumière se ferait pour moi, je ne suis pas long à discerner que le baptême est pour les croyants, et que le mode scripturaire d'application est le baptême par immersion. Le passage qui me convainc plus particulièrement se trouve au livre des Actes, (8.36,38), et celui qui m'aide le plus sur le second point se trouve dans l'épître aux Romains (6.3-5). Je suis donc baptisé peu après, ce qui m'a communiqué une grande paix. Depuis, je n'ai jamais regretté la décision prise.

CONSIDÉRATIONS SUR LA COMMUNION

À cette même époque, l'été de l'année 1830, George Müller jugea convenable, pour se conformer à l'exemple apostolique, de célébrer la sainte Cène tous les dimanches (Actes 20.7). Il lui parut aussi nécessaire que les fidèles, guidés par le Saint-Esprit (lequel emploie qui il veut), aient la possibilité d'exhorter ou d'enseigner, s'ils avaient quelque chose à communiquer à l'Assemblée. En conséquence, il donna la liberté de parole dans certaines réunions, en se basant sur les passages ci-après : Éphésiens 4, Romains 12.

Mais, dit-il à ce sujet, comme je n'avais compris qu'imparfaitement la pensée du Seigneur, la chose n'est pas sans avoir entraîné dans la pratique certaines difficultés. Aujourd'hui, je dis avec une entière certitude que les disciples de Jésus doivent se réunir le premier jour de la semaine pour rompre le pain. Ce doit être là leur principale réunion. Si à cette occasion, un ou plusieurs frères vraiment qualifiés par le Saint-Esprit pour son service — exhortation, enseignement, directions — désirent prendre la parole, ils doivent le faire ; ils sont responsables envers Dieu de l'exercice des dons reçus[1].

---

1. Voir l'Appendice, p. 332.

Seul avec Dieu

La compagne idéale

Cette même année, 1830, après un temps de prière et d'examen personnel, je suis arrivé à la conviction qu'il est préférable pour moi d'être marié... Et je veux dire ici à Dieu toute ma reconnaissance de ce qu'il m'a fait trouver en Mademoiselle Mary Groves (la sœur du dentiste d'Exeter dont j'ai déjà parlé), la compagne désirée.

Voici comment cela s'est produit : Au moment de quitter Londres, à la fin de l'année 1829, un frère en Christ me remet une carte pour Mademoiselle Paget, d'Exeter, chrétienne bien connue, afin que j'aille la voir. Lors de notre rencontre, elle me demande d'aller prêcher à Poltimore, petit village près d'Exeter, le dernier mardi de janvier 1830, dans le local qu'elle a aménagé elle-même, et où M. Groves a prêché une fois par mois avant de partir comme missionnaire à Bagdad. J'accepte cette offre avec empressement. Comme je me lève pour prendre congé, elle me remet l'adresse d'un Monsieur Hake, chez qui je pourrai descendre en arrivant de Teignmouth. Ce monsieur dirige une pension pour jeunes enfants à Northerhay-House, l'ancienne résidence de M. A.-N. Groves.

Au jour dit, je frappe donc à la porte de M. Hake. Sa femme est malade depuis longtemps, et c'est Mademoiselle Groves qui dirige la maison. Après ma première prédication à Poltimore, on m'invite à revenir le mois suivant ; j'accepte. Cette seconde visite me vaut une invitation à prêcher tous les huit jours à Exeter, de sorte que chaque semaine, je descends chez M. Hake.

Jusqu'ici j'avais à peu près décidé de ne pas me marier, afin d'avoir toute la liberté de déplacement nécessaire pour le service du Seigneur. Mais après quelques mois d'expérience pastorale, je comprends qu'il est préférable qu'un jeune pasteur de moins de vingt-cinq ans soit marié. Comme je songe à cela, Mademoiselle Groves se présente à ma pensée. Mais comment priver M. Hake de l'aide capable et dévouée dont il a tant besoin ? Toutefois, j'ai quelques raisons de croire que Mademoiselle Groves m'aime.

Je peux donc faire ma demande ; même si cela doit sembler égoïste à mon cher ami, M. Hake. Dieu ne peut-il pas lui faire trouver une autre personne pour remplacer Mademoiselle Groves ? Après avoir prié, j'écris à celle-ci, et quelques jours plus tard, comme je passe chez M. Hake en me rendant à Exeter, elle agrée ma demande. La première chose que nous faisons est de tomber tous deux à genoux pour implorer la bénédiction de Dieu sur nos projets d'union.

Deux ou trois semaines plus tard, en exaucement de nos prières, le Seigneur nous fait trouver la personne qui pourra diriger la maison de M. Hake ; et notre mariage a lieu peu après : le 7 octobre. La cérémonie a été extrêmement simple. Nous nous sommes rendus à l'église à pied, et il n'y a pas de grand repas de noces. Dans l'après-midi, quelques amis chrétiens se sont réunis chez M. Hake, et ensemble nous avons commémoré la mort du Seigneur. Le lendemain nous prenions la diligence pour Teignmouth.

Mademoiselle Groves a reçu une excellente éducation et une bonne instruction ; elle possède bien le français et a commencé le latin et l'hébreu. C'est une artiste, elle peint joliment et elle est bonne musicienne. Mais surtout, et c'est ici la chose essentielle, elle aime Dieu et n'a qu'une ambition : le servir. Enfin, elle est accomplie dans tous les travaux d'intérieur, et en particulier les travaux à l'aiguille.

Résolution pour plaire à Dieu

Peu après notre mariage, je commence à éprouver quelque incertitude au sujet du traitement que je reçois. Ai-je le droit de l'accepter ? Il est constitué par la location des bancs de la chapelle. Or cette location est manifestement contraire à l'enseignement de la Parole de Dieu, puisque le frère pauvre ne peut se payer une aussi bonne place que le riche (Jacques 2.1-6). La redevance pour les bancs est perçue chaque trimestre, à date fixe. Le frère pauvre peut être gêné, et ne l'acquitter que difficilement ; il ne peut donc donner joyeusement comme Dieu le demande. Je sais qu'il en est ainsi pour plusieurs. Et puis, cette location de bancs peut devenir un piège pour le pasteur. Je m'en suis aperçu lorsque la question du baptême s'est posée pour moi, et que les trente livres sterling versées par l'un des membres m'ont fait hésiter un instant. Pour toutes ces raisons, je décide d'y renoncer, et j'annonce ma résolution fin octobre, après avoir lu le chapitre quatrième de l'épître aux Philippiens. Si les saints veulent m'assister par des dons volontaires en argent ou en nature, je les accepterai volontiers, si minimes qu'ils soient. Pour simplifier toutes choses, et afin que les pauvres n'hésitent pas à apporter quelques sous, privilège dont ils ne doivent pas être privés ; aussi pour que les riches se sentent libres de donner davantage en gardant l'anonymat, je place un tronc à l'entrée de la chapelle pour y recevoir les offrandes.

Dans le même temps, je comprends que je ne dois exposer mes besoins qu'à Dieu. De chers frères et sœurs m'ont demandé de leur en faire part, sachant que mes frais de voyage pour annoncer l'Évangile dépassent ce que je reçois ; et je me suis laissé aller à m'appuyer sur eux. Désormais, je décide qu'il n'en serait plus ainsi. Mais pour prendre cette décision devant Dieu, il me faut le secours de plus de grâce que pour renoncer à mon traitement.

> ... cette location est... contraire à... la Parole de Dieu, puisque le frère pauvre ne peut se payer une aussi bonne place que le riche (Jacques 2.1-6).

C'est à peu près à cette époque que le Seigneur nous communique, à ma femme et à moi, une provision suffisante de sa grâce pour obéir littéralement à l'ordre de Jésus : « Vendez ce que vous avez et donnez-le en aumônes » (Luc 12.33). En cette occurrence, nous nous appuyons surtout sur les versets dix-neuf à trente-quatre du chapitre sixième de l'évangile selon saint Matthieu, et sur les versets treize et quatorze du chapitre quatorzième de l'évangile selon saint Jean. Nous mettons toute notre confiance dans le Seigneur...

Dans sa grande bonté, Dieu nous a aidés à rester fidèles à ces décisions prises sous son regard. Cette obéissance à ses commandements nous a permis de contempler son merveilleux amour ; nous avons fait l'expérience des soins qu'il prend de ses enfants jusque dans les plus petites choses ; enfin nous avons constaté comme jamais encore auparavant « qu'il entend la prière ». Je donne ci-après quelques faits qui montrent comment il plaît au Seigneur d'agir avec nous...

Ne manquer de rien

Le 18 novembre 1830, il ne nous reste plus que huit shillings à peu près. Le matin de ce jour, tandis que nous prions ma femme et moi, le Seigneur me rappelle l'état de ma bourse, de sorte que je lui demande de m'envoyer de l'argent. Quelque quatre heures après, je me trouve chez une sœur à Bishopsteignton qui me dit : « Avez-vous besoin d'argent ? » Je réponds à sa question en lui rappelant qu'après avoir abandonné mon traitement, j'ai décidé de ne dire mes besoins qu'au Seigneur. « Il m'a dit de vous donner quelque chose, reprend-elle ; c'est là ce qu'il m'a répondu il y a une quinzaine de jours alors que je lui demandais ce que je pourrais faire pour lui ; dimanche dernier, la chose m'est revenue à la pensée avec force, et hier je n'ai pu m'empêcher de m'en ouvrir à frère P. » Mon cœur est rempli de joie en constatant la fidélité de Dieu, mais il me semble qu'il vaut mieux ne pas dire à cette chère sœur où nous en sommes, de peur que ceci n'influence son don. Je suis d'ailleurs certain que si la pensée vient de Dieu, elle ne peut faire autrement que de la mettre à exécution. Je détourne donc le sujet ; mais au moment de partir, elle me remet deux guinées. J'invite le lecteur à bien vouloir admirer avec moi la bonté du Seigneur. Il n'a pas permis, au début, que notre foi soit mise à une trop rude épreuve, mais il nous a fait comprendre sa volonté expresse de toujours nous aider.

Au commencement de décembre, je me rends à Collumptôn où je prêche à plusieurs reprises ainsi que dans un village des environs. Durant le voyage de retour, tard dans la nuit, le conducteur perd son chemin. Aussitôt que nous découvrons notre erreur, et comme nous sommes alors tout près d'une maison, il me vient à la pensée que Dieu a permis ce détour pour quelque raison. Donc, après avoir réveillé les gens, j'offre à l'homme de lui donner quelque chose s'il veut nous remettre dans la bonne route. Il vient. Je marche avec lui devant le cabriolet, et je me mets à lui parler de Dieu, ce qui me fait découvrir en mon compagnon un effroyable renégat. Que Dieu daigne dans sa bonté bénir les paroles que je lui ai adressées cette nuit-là[1].

Noël est passé, nous approchons du Nouvel An et je n'ai plus que quelques shillings. Je demande à Dieu qu'il veuille bien m'envoyer davantage. Quelques heures après, un frère arrive d'Axminster et nous donne vingt-cinq francs. Cet homme a entendu dire bien des choses défavorables sur mon compte, ce qui l'a décidé à venir se renseigner sur place, donc à entreprendre le voyage de Teignmouth situé à quelques cinquante-quatre kilomètres de chez lui. Ayant appris de quelle manière nous vivions, il est venu jusque chez nous pour nous donner cette livre sterling.

Ainsi se termine l'année 1830 durant laquelle Dieu a subvenu généreusement à tous nos besoins, bien qu'au début je n'avais même pas l'assurance, humainement parlant, de recevoir un seul shilling. Je n'ai donc rien perdu dans le domaine temporel en obéissant aux ordres de ma conscience, bien au contraire ; et

---

1. Huit ans après, l'homme qui nous avait servi de guide vient me trouver et en se présentant à moi me dit qu'il est devenu chrétien, et a reçu ses premières impressions alors que je lui prêchais la Parole. Que le Seigneur veuille bien nous enseigner par là, lorsqu'il permet certaines circonstances, à nous demander pourquoi ? Que ce fait encourage les chrétiens à semer sans se lasser, même s'ils ne doivent voir la moisson que huit ans après.

dans le domaine spirituel j'ai été abondamment béni, bien plus, Dieu a daigné se servir de moi pour faire son œuvre.

Les 6, 7 et 8 janvier 1831, j'ai demandé à Dieu à plusieurs reprises de me donner de l'argent et l'exaucement ne se produit pas. Le 8 au soir, je quitte ma chambre, et durant quelques minutes je suis tenté de douter de Dieu, bien que jusqu'ici il ait satisfait tous mes besoins. Je vais même jusqu'à me dire qu'il est inutile de se confier en lui de la manière que j'ai fait et me demande si je ne suis pas allé trop loin dans l'obéissance... Mais grâces soient rendues à Dieu, cela n'a duré que quelques minutes. Le Seigneur m'aide à regarder à nouveau à lui, et Satan est confondu. Lorsque je rentre dans ma chambre d'où je suis sorti depuis dix minutes à peu près, la délivrance est accordée. Une « sœur » d'Exeter est venue à Teignmouth et nous a apporté quarante-cinq francs.

Le 10 janvier, il ne nous reste plus grand-chose. Lorsque le contenu du tronc nous est apporté : il se monte à cent vingt-cinq francs. J'avais demandé une fois pour toutes, à ceux qui ont la charge de cette offrande, de me l'apporter chaque semaine ; mais comme les chers frères oubliaient de le faire, ou bien qu'ils avaient honte d'apporter d'aussi petites sommes, la boîte n'était vidée que toutes les trois, quatre et même cinq semaines. Comme je leur avais dit que je ne mettais pas ma confiance en l'homme, non plus que dans le tronc qui recevait les offrandes, mais dans le Dieu vivant, je craignais d'affaiblir mon témoignage en leur rappelant de m'apporter chaque semaine le montant des dons. Ainsi, le 28, bien que nous n'ayons plus grand-chose à la maison et que j'aie vu les frères vider le tronc le 24, je ne voulais pas demander la petite somme à celui qui l'avait emportée et préférait demander au Seigneur d'incliner son cœur à me la donner. Presque aussitôt, il nous l'apportait : soit une livre sterling, six pences.

Jeudi dernier, j'accompagne frère Craik à Torquay pour la prédication. Je n'ai pris que trois shillings avec moi et en ai laissé six à ma femme. Le Seigneur incline le cœur d'un frère à nous offrir à coucher. Quand je reviens à la maison, ma femme n'a plus que trois shillings et rien n'est arrivé, bien que j'aie dit à plusieurs reprises nos besoins au Seigneur. Samedi passe, toujours rien ! Il ne nous reste plus que neuf pences (un franc). Ce matin, le dimanche 12 juin, nous prions encore et attendons la délivrance. Il n'y a plus qu'un peu de beurre pour le déjeuner, assez pour frère E. et un parent qui vivent sous notre toit, et à qui nous n'avons rien dit pour qu'ils n'en éprouvent point de gêne. Aussitôt après le service du matin, frère Y. ouvre le tronc et m'en donne immédiatement le contenu ; deux choses qui ne sont pas habituelles. Mais il m'explique que sa femme et lui n'avaient pu dormir la nuit précédente parce qu'ils avaient été poursuivis par l'idée, que peut-être nous étions dans le besoin. Or, après avoir prié à plusieurs reprises sans avoir de réponse, j'avais demandé au Seigneur de faire sentir à frère Y. que nous avions besoin d'argent pour qu'il soit amené à ouvrir le tronc. Il s'y trouvait une livre, huit shillings, dix pence et demi, soit une quarantaine de francs. Nous avons une grande joie de cette nouvelle délivrance, et louons Dieu de tout notre cœur.

Leçon de vie

Le 9 août, Mme Müller donna le jour à un bébé mort-né, et elle fut gravement malade pendant les six semaines qui suivirent. Dans son journal, nous voyons que George Müller se reprocha vivement de n'avoir pas pensé aux dangers que comportait la maternité, et de ne pas avoir prié avec plus d'ardeur pour sa femme. De plus, il se rendit compte qu'il n'avait pas envisagé comme une bénédiction la perspective de la paternité, qu'au contraire il y avait vu une charge et un obstacle au service du Seigneur. Ce fut une très sévère leçon, « qui lui fit voir combien son cœur était encore égoïste et charnel ». Il comprit aussi que ce châtiment était nécessaire pour lui révéler la sainteté du mariage et la responsabilité des parents. Il se jugea sévèrement lui-même pour n'être pas jugé (1 Co 11.31).

La maladie de Mme Müller entraînait des dépenses inaccoutumées et, par principe, M. Müller n'avait rien mis de côté, ce qui dans sa pensée eut été un manque de confiance en Dieu. Il lui fut fait selon ce qu'il avait cru : Dieu pourvu à tout ce qu'il fallait, même à l'imprévu, et Mme Müller jouit des douceurs et du régime spécial, nécessaires aux malades et aux convalescents ; enfin les deux docteurs qui avaient prodigué leurs soins durant six semaines, déclinèrent leurs honoraires. C'est ainsi que George Müller reçut de Dieu beaucoup plus qu'il n'aurait pu se procurer avec les économies qu'il aurait pu réaliser. (A. Pierson)

20 juillet. Nous recevons d'un donateur inconnu une épaule de mouton et un pain...[2]

19 novembre. Nous n'avons pas de quoi payer notre loyer hebdomadaire, mais le Seigneur nous envoie aujourd'hui quatorze shillings, six pence (dix-neuf francs à peu près). Je ferai remarquer que nous ne contractons jamais de dettes, ce que nous croyons être contraire à l'enseignement de l'Écriture (Ro 13.8). Nous n'avons donc pas de comptes chez le tailleur, le cordonnier, l'épicier, le boucher, le boulanger, etc., nous

---

2. Il paraît (je l'apprendrai par la suite) que Satan faisait courir le bruit que nous mourions de faim, ce qui poussa un frère à nous envoyer ces provisions sous le couvert de l'anonymat. Comme on dit bien des choses sur notre manière de vivre : que nous n'avions pas de quoi manger à notre faim, qu'un régime insuffisant était la cause des maladies dont nous avons souffert, je tiens à déclarer ici que s'il est arrivé que nous ayons été sans le sou, et que nous ayons sur la table le dernier pain, cependant il n'est jamais arrivé qu'en nous mettant à table nous ayons manqué de nourriture substantielle. Je me sens obligé de dire cela et je le dis avec joie. Mon Maître a toujours montré une grande bonté envers moi ; et si aujourd'hui j'avais à choisir à nouveau la meilleure façon de vivre, et que Dieu m'en faisait la grâce, je choisirais à nouveau comme je l'ai fait. Bien que ces bruits au sujet de notre indigence aient été faux, je ne doute pas que Dieu s'en est parfois servi pour placer sur le cœur de ses enfants nos besoins temporels.

payons comptant tout ce que nous achetons. Nous préférerions souffrir de privations que de contracter une dette. Nous savons donc toujours exactement ce que nous avons, et ce que nous avons le droit de donner. Que l'enfant de Dieu qui lira ces lignes veuille bien étudier cette question avec prière. Je sais que bien des épreuves surviennent aux chrétiens du fait qu'ils ne se conforment pas à l'enseignement donné à ce sujet, au chapitre 13 de l'épître aux Romains.

Notre pain quotidien

27 novembre. Jour du Seigneur. Nous n'avons plus que trente centimes, et c'est à peine si le pain peut suffire pour la journée. J'ai exposé à plusieurs reprises nos besoins à Dieu. Après déjeuner, en rendant grâce, j'ai demandé au Seigneur notre pain quotidien, pensant littéralement au pain nécessaire pour le dîner. Pendant que je priais ainsi, on frappa à la porte. Comme j'achevais de prier, une sœur pauvre entra, nous apportant une partie de son repas et cinq shillings de la part d'une tierce personne. Dans l'après-midi, elle est revenue avec un gros pain. Ainsi le Seigneur ne nous donna pas seulement le pain, mais aussi de l'argent.

En lisant ces récits d'exaucements de la prière, le lecteur supposera peut-être que j'ai une capacité spirituelle qui dépasse la moyenne, et que c'est pour cela que Dieu nous témoigne sa faveur. Mais la véritable raison, c'est que si nous mettons notre vie en accord avec la pensée du Seigneur, nous sommes bénis et en bénédiction. Or, nous conformons notre vie à ce qu'il demande, et il prend plaisir à voir ses enfants aller à lui (Matthieu 6) ; aussi, bien que je sois faible et que je puisse errer en bien des choses, il me bénit sur ce point particulier, et je ne doute pas qu'il continue de me bénir, aussi longtemps qu'il me rendra capable de faire sa volonté.

31 décembre 1831. Nous avons jeté un regard sur l'année écoulée, repassant en nos cœurs les bontés de Dieu à notre endroit, et la manière dont il avait subvenu à tous nos besoins. À cette date il nous reste dix shillings (douze francs cinquante) ; mais Dieu réclame cette petite somme, de sorte qu'il ne nous reste rien. Ainsi se termine l'année durant laquelle nous n'avons rien demandé à personne ; le Seigneur a pris soin de nous, et nous a envoyé exactement cent trente et une livres, dix-huit shillings, huit pences[3]. De plus nous avons reçu en nature des provisions et des vêtements pour une valeur de vingt livres sterling. Si je mentionne ces détails, c'est pour montrer que nous ne perdons jamais rien, lorsque nous obéissons à Dieu. Si j'avais eu mon traitement régulier, je n'aurais pas touché autant à beaucoup près. Même si un traitement régulier m'avait donné autant, il est clair que je n'ai pas servi un Maître dur et sévère ; et j'ai la plus grande joie à le souligner. Car le but de ces lignes, c'est de magnifier son Nom, afin que mes compagnons de pèlerinage puissent être encouragés à se confier en lui.

7 janvier 1832. Nous avons demandé à plusieurs reprises au Seigneur, aujourd'hui et hier, de subvenir à nos besoins temporels, pour que nous puissions payer notre loyer hebdomadaire. À vingt-trois heures, un frère nous a apporté dix-neuf shilling, six pences...

14 janvier. Ce matin nous n'avons eu que du pain, sans rien d'autre, avec notre thé. C'est la seconde fois que cela arrive depuis que nous vivons uniquement par la foi en Jésus. Nous avons quarante livres sterling à la maison pour deux billets à

---

3. Ci-après le détail de cette somme:

Par le tronc de la chapelle	L 31 14 0
Par quelques frères de la paroisse	6 18 6
Par des frères de Teignmouth et d'ailleurs qui n'appartiennent pas à la paroisse	93 8 62
En nature	<u>20 0 0 0</u>
	151 18 8

Pour ceux qui prendraient la peine de faire cette addition et la croiraient fautive, nous rappelons qu'il y a 20 shillings dans une livre sterling. (I. B.)

échéance assez éloignée, mais cet argent n'est pas à nous et nous préférerions souffrir que d'y toucher. Je bénis Dieu qui m'aide à être plus fidèle en ces choses que je ne l'étais autrefois. Autrefois, j'aurais disposé de cet argent en me disant que j'avais bien le temps de le rendre avant l'échéance. Aujourd'hui je préfère regarder à mon Père céleste. Et il n'a pas permis que je sois déçu. Nous avons effectivement reçu deux shillings, puis cinq. Il serait trop long de dire comment ces dons nous ont été apportés en réponse à la prière, alors que nous n'avions plus que trente centimes et un petit morceau de pain.

La foi dans la souffrance

18 février. Guérison par la foi. Cet après-midi, j'ai eu une forte hémorragie de l'estomac ; j'ai perdu beaucoup de sang. Aussitôt après, je me suis senti très particulièrement heureux.

19 février. Ce matin, jour du Seigneur, deux frères viennent pour me demander ce qu'il faut décider : quelques frères ont l'habitude d'aller prêcher dans quatre villages des environs, mais ce matin, l'un d'eux doit rester pour me remplacer, que faire ? Je leur demande de bien vouloir revenir dans une heure pour ma réponse. Le Seigneur me donne alors assez de foi pour me lever et m'habiller, et je décide que j'irai à la chapelle. Je reçois les forces suffisantes pour m'y rendre. C'est tout près ; cependant je suis encore si faible que je dois faire appel à toute mon énergie pour aller jusque-là. Dieu aidant, je peux prêcher d'une voix forte comme d'habitude, et aussi longtemps. À l'issue du service, un docteur de mes amis vient me trouver et me supplie de ne pas recommencer l'après-midi, il craint que cela n'ait de graves répercussions. Je lui réponds que moi aussi, je penserais commettre une grande imprudence, si le Seigneur ne me donnait pas la foi suffisante pour l'action. L'après-midi je prêche à nouveau et cet ami revient pour m'adjurer de me soigner et de ne pas prêcher encore le soir. Toutefois ayant la foi suffisante pour le faire, je prêche à nouveau pour la troisième fois, me sentant plus fort après chacun des services, ce qui a montré surabondamment que Dieu me conduisait.

23 février. Je me sens maintenant aussi bien qu'auparavant. (En publiant les détails ci-dessus, je tiens à avertir le lecteur qu'il ne doit pas m'imiter en cette matière, s'il n'a pas la foi). Mais s'il l'a, qu'il agisse en conséquence, et Dieu répondra sûrement à sa confiance. Je ne puis affirmer que si la chose se reproduisait, je recommencerais moi-même. Il m'est arrivé depuis d'être bien moins faible que je ne l'étais à ce moment là et de ne pas prêcher, parce que je manquais de foi. Toutefois, s'il plaisait au Seigneur de me communiquer à nouveau celle-ci, je serais prêt à agir en conséquence, même dans un état de faiblesse plus grande encore. C'est à cette époque que je me mets à prier sans conditions pour les enfants de Dieu malades, afin qu'ils reçoivent la bénédiction de la santé (chose qu'aujourd'hui je ne ferais plus) et presque toujours je suis exaucé. Déjà à Londres, en 1829, j'avais été guéri d'une infirmité physique dont je souffrais depuis longtemps, en réponse à la prière ; et cette infirmité n'a jamais reparu depuis. Je m'explique ainsi ces faits : c'est qu'il plut au Seigneur de me communiquer en ces occasions un don de foi ; de sorte que je pouvais lui exposer mes requêtes sans aucune condition restrictive et attendre les réponses. Il me semble que la différence entre le don et la grâce de la foi est celle-ci : par le don de la foi je suis rendu capable de faire une chose ou de la croire ; mais il n'y a pas péché si je n'agis pas en conséquence ou si je ne crois pas. Quant à la grâce de la foi qui nous rend capable de faire une chose, ou de croire qu'elle s'accomplira, elle, est basée sur la Parole de Dieu, et il y aurait péché à ne pas agir en conséquence ou à ne pas croire. Ainsi il faut un don de foi pour croire qu'une personne très malade et perdue à vues humaines va recouvrer la santé, car il n'y a pas de promesses à ce sujet ; mais pour croire que Dieu me donnera tout ce qui est nécessaire à cette vie si je cherche premièrement le royaume de Dieu et sa justice, il suffit que j'exerce la grâce de la foi, car la promesse existe dans l'Écriture (Matthieu 6.33).

Seul avec Dieu

Avoir choisi Ses richesses

Craignant que sa manière de vivre au jour le jour ne soit décriée, et presque certainement elle l'était, G. Müller a écrit à ce propos ce qui suit :

Qu'on ne s'imagine pas que de vivre comme je le fais éloigne de Dieu ou des choses spirituelles, et que cela remplisse la pensée de préoccupations matérielles : « Que mangerons-nous, que boirons-nous, ou de quoi serons-nous vêtus ? » Qu'on ne dise pas que le traitement est préférable, surtout pour le serviteur de Dieu, qui est ainsi gardé des soucis matériels. Bien au contraire ! Ma conviction est tout autre ; et je demande qu'on veuille bien lire avec attention et prière le résultat de mes expériences :

1° Ayant vécu de l'une et l'autre manière, je sais que celle que j'ai adoptée en obéissance aux commandements de Dieu comporte moins de soucis.

2° Je regarde uniquement au Seigneur pour mes besoins temporels, ce qui me permet (aussi longtemps que j'exerce la foi) de venir au secours de la misère lorsqu'elle frappe à ma porte, ou d'envoyer quelque don en argent quand l'œuvre du Seigneur le demande. Autrement, je ne pourrais pas éviter de me poser ces questions : Mon traitement peut-il y suffire ? Aurai-je suffisamment moi-même le mois prochain ? etc. Libre de tout traitement, je puis généralement me dire ceci ou quelque chose d'approchant : « Mon Dieu n'est pas limité ; Il peut m'envoyer une nouvelle provision ; il sait bien qu'on m'a envoyé cette détresse à secourir. » Je dis donc qu'au lieu d'entraîner de soucis, cette façon de vivre est celle qui préserve des soucis. En vérité, il est arrivé à certain individu de me dire :

> **Il est manifeste qu'il est impossible de vivre dans le péché, et de conserver en même temps cette communion avec Dieu...**

« Vous pouvez bien faire telle ou telle chose, puisque vous n'avez pas besoin de mettre de l'argent de côté ; toute l'Église du comté de Devonshire pense à vos besoins. » Ce à quoi j'ai répondu : « Le Seigneur peut employer non seulement les saints du Devonshire pour subvenir à mes besoins, mais aussi ceux du monde entier... »

3° Dieu s'est souvent servi de cette dépendance absolue de lui, pour renouveler en mon cœur l'œuvre de sa grâce aux époques de langueur spirituelle. Elle a été aussi le moyen qu'il a employé pour me ramener, quand je m'éloignais de lui. Il est manifeste qu'il est impossible de vivre dans le péché, et de conserver en même temps cette communion avec Dieu qui obtient tout ce qui est nécessaire à l'exercice de complète dépendance.

4° Il est arrivé fréquemment qu'un exaucement a vivifié mon âme et l'a remplie de joie.

CHAPITRE
6

À Bristol

C'est à Teignmouth que George Müller avait fait la connaissance du pasteur Henry Craik, un fidèle serviteur du Christ et un ardent prédicateur de l'Évangile. Il y avait entre ces deux chrétiens de nombreux points de ressemblance, bien que leurs mentalités et leurs caractères soient très différents. Tous deux avaient à peu près vingt-quatre ans lorsqu'ils se rencontrèrent pour la première fois ; tous deux avaient fait des études universitaires, l'un en Allemagne, l'autre en Écosse, tous deux aimaient l'hébreu et en poursuivaient l'étude, tous deux avaient été amenés à Christ durant leur séjour à l'Université. Toutefois ce qui scella leur amitié, ce fut toute autre chose : il y avait chez l'un et l'autre un ardent amour pour Christ. Ce fut cet amour remplissant leurs cœurs qui les unit l'un à l'autre (Warne).

« Entre juillet 1829 et janvier 1830, écrit G. Müller, j'ai discerné les grandes vérités scripturaires relatives au retour du Seigneur ; à la Bible, seul code de vie pour le chrétien, au Saint-Esprit, seul guide qui enseigne la vérité. C'est à cette époque que j'ai discerné la très précieuse doctrine de la grâce (laquelle j'ignorais encore quatre ans après ma conversion) et compris la vocation céleste de l'Église de Christ, ainsi que la position qui en résulte pour le chrétien ici-bas. Or, ce sont là les vérités qui remplissent aussi le cœur de M. Craik ; de sorte que nous nous sentons fortement attirés l'un vers l'autre. Et depuis lors, jusqu'au moment de son départ pour être avec le Christ, c'est-à-dire durant trente-six ans, rien ne vient jamais assombrir ou diminuer notre amitié. »

C'est en 1829, qu'un gentleman de Bristol, M. Chapman, était venu s'installer à Teignmouth, avec sa femme pour y trouver un changement d'air. Il entendit prêcher M. Craik à l'église baptiste de Shaldon, et fut tellement attiré vers le jeune pasteur qu'il l'invita, par la suite, à Bristol. Les invitations se succédèrent, mais M. Craik ne pensait pas que Dieu l'appelât à quitter Shaldon. En 1831, vers la fin de l'année, il reçut de M. Chapman une nouvelle et pressante invitation ; cette fois il s'y rendit, et passa une quinzaine de jours à Bristol, prêchant en plusieurs endroits. Après cette visite, M. Chapman insista plus que jamais pour l'installation définitive de frère Craik à Bristol ; mais la maladie de Mme Craik l'empêcha d'accepter. En février 1832, celle-ci mourut. Brisé par l'épreuve de la séparation, invité à nouveau, M. Craik partit, laissant à George Müller le soin de le remplacer à Shaldon pendant cette nouvelle absence. (F.-G. Warne)

Nous lisons dans le journal de G. Müller à la date du 3 *avril* : À mon retour de Torquay où je suis allé prêcher, j'ai trouvé une lettre de frère Craik. Il me presse de le rejoindre à Bristol, et, d'après ce qu'il écrit, j'ai l'impression que je serais davantage à ma place là-bas qu'ici. « Seigneur montre-moi la voie !.. » Je crains qu'il n'y ait quelque chose de charnel dans la pensée de ce départ possible...

14 avril. Je réponds à frère Craik que je partirai si le Seigneur le veut... Je me sens pressé d'avertir les frères à ce sujet ; ce qu'ils

À Bristol

diront m'aidera peut être à discerner la pensée du Seigneur. En tout cas, ils prieront pour moi.

15 avril. Jour du Seigneur. Aujourd'hui j'ai prêché de nouveau sur la seconde venue de Christ. J'ai souvent traité ce sujet, et cette fois-ci j'ai dit aux frères les impressions que j'avais reçues lorsqu'on l'avait abordé devant moi pour la première fois ; et comment j'avais été amené à quitter Londres pour prêcher de lieu en lieu. Après plus de deux ans passés à Teignmouth, il me semble que l'heure du départ a sonné. Je leur rappelle qu'en m'installant au milieu d'eux, je n'ai pris aucun engagement quant à la durée de mon séjour. Bien des larmes sont versées, mais la paix est rentrée dans mon cœur ; et il n'en aurait pas été ainsi si ma décision n'avait pas été selon Dieu... Je ne sais pas encore où je porterai mes pas. Je pense à Torquay où je pourrais peut-être rester un mois, puis j'irai plus loin. J'ai bien écrit à mon ami que je voyagerais jusqu'à Bristol ; mais je pense n'y rester que quelques jours.

16 avril. La paix habite toujours en mon cœur. Je suis heureux d'avoir parlé aux frères comme je l'ai fait, de sorte qu'ils seront prêts si le Seigneur me conduit ailleurs. N'ayant presque plus d'argent, et devant bientôt quitter Teignmouth, je demande à Dieu de bien vouloir m'envoyer les fonds nécessaires ; or, dans les quatre heures qui suivent et de six endroits différents, je reçois trois livres, sept shillings, six pences ; et peu après, je peux partir pour Dartmouth où je prêche le même soir.

18 avril. Je suis encore à Dartmouth. J'ai prêché ce soir à nouveau devant un grand auditoire, et le Seigneur m'a particulièrement soutenu. J'ai écrit à frère Craik que, Dieu voulant, je serais avec lui à Bristol le 21.

20 avril. J'ai prêché à Exeter de quinze heures jusqu'à seize heures et demie ; puis à dix-sept heures je suis reparti pour Taleford, où j'ai prêché à nouveau le même soir. J'ai l'impression d'avoir manqué de puissance à Exeter et ici. Cependant les frères ont été fortifiés. Personnellement, je me sentais très fatigué, aussi n'avais-je pu me préparer beaucoup par la prière. Je me suis couché à vingt-trois heures, épuisé.

21 avril. Levé de bonne heure, j'ai assisté à une réunion de prière qui se tient de cinq heures moins le quart à six heures moins le quart, et j'y ai pris la parole. Ensuite, avec d'autres frères, j'ai de nouveau prié et lu les Écritures. À 10 heures, j'ai pris la voiture pour Bristol... Durant le parcours, j'ai manqué de fidélité : je n'ai pas dit un seul mot pour le Seigneur. Aussi me suis-je senti malheureux. Ceci m'a montré à nouveau ma faiblesse. Et cependant, pendant le voyage la veille, mon témoignage avait été en bénédiction : quelques-uns de mes compagnons avaient accepté la Parole de Dieu, et les autres avaient dû l'écouter. Aujourd'hui je n'ai pas distribué un seul traité ; et cependant mes poches en étaient pleines. Oh ! misérable que je suis !

22 avril. J'ai prêché ce matin à Bristol à « Gideon Chapel ». Bien que ce sermon ait provoqué de faux rapports, il a plu au Seigneur de le bénir pour plusieurs, et de se servir même des faux rapports pour amener des âmes à venir entendre sa Parole. L'après-midi, j'ai prêché à « Pithay Chapel », sermon béni pour beaucoup d'âmes ; bien des gens sont venus par la suite nous entendre prêcher, frère Craik et moi. Je citerai seulement la conversion d'un jeune homme, un ivrogne, qui se rendait chez le marchand d'alcool lorsqu'un ami l'a rencontré et lui a demandé de venir entendre un étranger. Il l'a fait et s'est converti[1]. Par la suite, il n'a plus remis les pieds au cabaret... Ce soir, frère Craik a prêché ; et j'ai appris bien des choses en l'écoutant.

---

1. En se donnant à Dieu, il en éprouva la plus grande joie ; il prenait tant de plaisir à lire la Bible qu'il en oubliait de prendre ses repas. Il est décédé cinq mois plus tard.

À Bristol

23 avril. J'ai prêché à Gideon Chapel, et je me suis senti soutenu et heureux. Je crois que Dieu me veut ici, en tout cas pour quelque temps...

27 avril. Nous pensons, frère Craik et moi, qu'il est préférable que nous quittions Bristol pour pouvoir prendre la décision qui nous est demandée dans le calme, et sans être influencés par ce que nous voyons ici. Quelques personnes me demandent de rester pendant que frère Craik s'en va ; mais nous estimons devoir partir ensemble. Je me rends compte que bien des personnes préfèrent les dons de mon bien-aimé frère aux miens ; mais il refuse de s'installer à Bristol sans moi. Comme d'autre part j'ai la certitude que Dieu m'appelle ici je crois qu'il m'y donnera du travail, et que nous serons tous deux, mon frère et moi, en bénédiction à l'Église de Bristol et aux incrédules. Au lieu d'envier les succès de mon compagnon de travail, et les honneurs dont il est entouré, Dieu m'a fait la grâce de pouvoir m'en réjouir sans arrière-pensée ; il m'a aidé à comprendre la signification de cette parole : « Personne ne peut rien recevoir s'il ne lui a été donné d'En-Haut. »

Décision d'y rester

Le 1er mai, MM. Craik et Müller retournaient dans le Devonshire. Les adieux furent émouvants. La bénédiction divine avait manifestement reposé sur leur ministère... Un frère s'engageait à faire les frais de location de Béthesda Chapel pour que chacun d'eux eût un lieu de culte ; mais ils persistèrent à retourner dans leurs paroisses respectives pour prendre une décision uniquement devant Dieu, loin de toute pression.
De leur côté, ils avaient indiqué leurs conditions à la communauté qui les appelait, celle de Gideon Chapel : ils se mettaient à sa disposition, mais ils ne seraient pas considérés comme pasteurs, ni assujettis à aucune règle, afin de pouvoir prêcher selon ce qu'ils penseraient être la volonté de Dieu ; la location des bancs serait

abolie ; les membres subviendraient librement aux besoins temporels de leurs conducteurs spirituels.

Par une lettre qu'ils recevaient le 15 mai, l'Église leur fit savoir qu'elle acceptait toutes leurs conditions. Il leur parut évident que Dieu les appelait à Bristol. MM. Craik et Müller se préparèrent donc au départ. Ils allèrent à nouveau prêcher, de lieu en lieu, en prenant congé des Églises dont ils s'étaient occupés jusque-là. À Teignmouth même, M. Müller alla dire adieu à chacun individuellement. Journées pleines d'émotions, et qui auraient suffi à faire revenir le jeune pasteur sur sa décision, sans la conviction intime, profonde, que Dieu l'appelait à Bristol. La communauté de Teignmouth qui n'avait que dix-huit membres à son arrivée, en avait cinquante et un à son départ, après deux ans et demi de ministère.

Le 23 mai, les Müller quittaient Teignmouth pour Exeter, en route pour Bristol. M. Groves, le père de Mme Müller, était avec eux.

Il fallut s'occuper de chercher des chambres meublées convenables ; question assez difficile à résoudre, et qui est présentée à Dieu. Enfin les voyageurs arrêtèrent leur choix sur un logement de cinq pièces, dont trois chambres à coucher, pour la somme de dix-huit shillings par semaine, charbon et service compris. « C'est le plus simple et le plus ordinaire que nous ayons trouvé, écrit G. Müller ; c'est encore trop pour les serviteurs du Maître qui n'a pas eu d'endroit où reposer sa tête. » M. Craik partage cet appartement.

Épidémie de choléra

Béthesda étant le seul lieu de culte assez grand pour contenir les auditeurs, le local fut aussitôt loué pour un an par l'un des frères, et mis à la disposition de MM. Craik et Müller. Le 6 juillet, le premier service y fut célébré. Le 13, le choléra faisait son apparition à Bristol. Quantité de gens désirant s'entretenir

À Bristol

avec les jeunes prédicateurs au sujet de leurs âmes avaient été invités à venir à la sacristie le 16 juillet à partir de dix-huit heures. Chacun était reçu en particulier, cela dura jusque vers vingt-trois heures, tant les visiteurs étaient nombreux.

L'épidémie de choléra fit de rapides progrès et de nombreuses victimes. Les deux jeunes pasteurs étaient constamment appelés au chevet des mourants, ou occupés à visiter les familles en deuil. Voici un extrait du journal de G. Müller qui date de cette période.

14 août. Journée mise à part pour le recueillement et la prière à cause de l'épidémie : trois réunions successives.

15 août. Aujourd'hui, nous avons eu une réunion tout intime à Béthesda : un frère, quatre sœurs, frère Craik et moi, sept en tout, et avons constitué une Assemblée de frères « sans programme », sans règlement, si ce n'est de nous laisser guider uniquement par le Seigneur au moyen de sa Parole.

Seulement ces quelques lignes dans le journal de G. Müller pour rappeler ce fait qui est cependant extrêmement significatif et très solennel. Pour le jeune pasteur, il y avait là l'acte de séparation nécessaire à l'œuvre sainte de l'édification d'une Église selon les données apostoliques sans autres règles que celles trouvées dans le Nouveau Testament. De fait, cette petite réunion de quelques membres inaugure en une certaine mesure la nouvelle période d'activité de G. Müller, celle pour laquelle Dieu l'a mis à part. (D'après le Dr Pierson).

17 août. Ce matin, de six à huit heures, réunion de prière à cause de l'épidémie de choléra. Deux à trois cents personnes présentes[2].

---

2. Ces réunions ont lieu chaque matin et durent tout le temps de l'épidémie. Ensuite, elles sont transformées en réunions de prière pour l'Église universelle.

24 août....Les ravages de l'épidémie semblent s'aggraver et devenir toujours plus effroyables. Nous avons tout lieu de croire que des multitudes meurent chaque jour à Bristol... Jamais encore je n'avais compris comme maintenant ce qu'est le voisinage immédiat de la mort. Si le Seigneur ne nous garde pas durant cette nuit, nous ne serons plus demain sur la terre des vivants. Il est vingt-deux heures. Encore un glas ! Il y en a eu toute la journée. Je me remets entre tes mains, ô Père ! Me voici devant Toi, moi, ton indigne enfant. Si je mourais cette nuit, ma seule espérance, ma seule confiance seraient dans le sang de Jésus-Christ, mort pour la rémission de mes nombreux péchés. Il m'a lavé parfaitement, et je suis couvert par la justice divine. Jusqu'ici, pas un des saints de l'Assemblée qui travaillent avec frère Craik et moi n'a été touché[3].

16 et 17 septembre. La vie de ma chère femme a été en grand danger. J'ai passé toute la nuit en prière. Dieu a eu pitié de moi. Non seulement il m'a exaucé en me laissant ma si précieuse compagne, mais il a permis quelle soit la mère vivante d'un enfant vivant. Notre enfant bien-aimée nous a été donnée le 17 septembre. Nous la nommons Lydia.

21 septembre. À cause de la naissance du bébé et des projets de mariage de frère Craik, notre logement n'est plus suffisant ; il faut chercher autre chose. (La communauté mit alors une maison à la disposition de ses deux pasteurs, après l'avoir entièrement meublée.)

---

3. Par la suite, l'un d'eux tombe malade et meurt. Je tiens à noter ici que frère Craik et moi avons visité les malades de jour et de nuit, et que Dieu nous a gardés de la contagion nous et nos familles.

À Bristol

1er octobre. Notre réunion pour ceux qui cherchent le salut a duré de quatorze heures à dix-sept heures. Je remarque que la prédication de frère Craik a bien plus de prise que la mienne sur les inconvertis, et qu'elle les convainc de péché mieux que la mienne. Ceci m'a amené à me demander pourquoi ? Peut-être pour les raisons suivantes : 1° La pensée de frère Craik est plus spirituelle que la mienne ; 2° Il prie davantage pour la conversion des pécheurs ; 3° Il s'adresse plus souvent à eux[4].

3 octobre. Jour d'action de grâces pour le fait que l'épidémie est en décroissance.

5 octobre. Réunion de prière ce matin comme d'habitude. Les cas de choléra sont de moins en moins nombreux. La conscience de centaines de personnes a été réveillée pendant que l'épidémie sévissait ; mais beaucoup s'endorment à nouveau, maintenant que le jugement de Dieu s'éloigne. Cependant, la proportion de ceux qui ont été amenés par le moyen de l'épidémie et qui restent fidèles est assez importante : ils se joignent à nous pour rompre le pain (la Sainte-Cène) et marchent dans la crainte du Seigneur. De sorte que le très sévère jugement qui est tombé sur la ville a eu des résultats bénis pour bien des âmes.

Une autre invitation

4 janvier 1833. Ce matin nous avons reçu des lettres de Bagdad. Les missionnaires qui travaillent là-bas nous appellent, frère Craik et moi, à aller partager leurs travaux ; et avec leurs invitations ils envoient un chèque de deux cents livres sterling

---

4. Ceci m'a amené à me réformer sur ces différents points ; non pas que j'ai négligé de prêcher aux pécheurs jusqu'ici, mais ils occupaient moins de place dans ma pensée que dans celle de frère Craik. Depuis, Dieu a également béni ma prédication pour la conversion des pécheurs. Que Dieu daigne se servir de mon expérience pour attirer la pensée de ses serviteurs sur les deux derniers points que j'ai indiqués : prier davantage pour la conversion des pécheurs et s'adresser plus souvent à eux.

pour les frais de voyage[5]. « Seigneur, que veux-tu que je fasse ? » Bien des choses semblent militer en faveur de cet appel : il y a trois villages allemands près de Bagdad, notre départ entraînera celui d'autres frères ; nous pourrons semer la Parole pendant le voyage ; le fait de partir là-bas, sans le concours d'aucune Société et en regardant uniquement au Seigneur, sera un témoignage rendu à Dieu. J'ai depuis longtemps le sentiment que je partirai un jour comme missionnaire parmi les Mahométans ou les païens ; notre venue pourra fortifier les frères. D'autre part, il y a l'œuvre à Bristol. Ceci est-il moins important que cela ? J'ai besoin d'en être certain avant de répondre à l'invitation faite.

5 janvier. Frère Craik et moi avons examiné la situation. Le chemin ne nous semble pas clair. « Si tu me veux là-bas, Seigneur, me voici ! »

9 février. Je viens de relire partiellement la vie de Francke. Dieu m'aide à le suivre dans la mesure qu'il a suivi Christ... La plupart des personnes que nous connaissons à Bristol sont pauvres. Si Dieu nous donnait plus de grâce pour vivre davantage comme Francke, nous pourrions tirer beaucoup plus à la banque du Père Céleste en faveur de nos frères et sœurs dans la pauvreté.

28 mai. Ce matin, tandis que j'étais dans ma chambre la détresse de mes frères s'est présentée si vivement à moi que j'ai dit en pensée : « Oh ! s'il plaisait au Seigneur de me donner de quoi les aider ! » Environ une heure après, je recevais soixante livres sterling d'un frère que je n'ai jamais vu et qui demeure à une distance de plusieurs milliers de kilomètres. Ceci montre que l'action de Dieu n'est pas limitée, et que pour lui la distance n'existe pas. Puisse mon cœur déborder de gratitude envers le Seigneur.

29 mai. Voici un an que nous sommes à Bristol. Depuis

---

5. Cinq mille francs, lorsque la livre était au pair.

À Bristol

notre arrivée, il a plu au Seigneur de rassembler une église à Béthesda, elle a soixante membres ; et quarante-neuf ont été ajoutés à Gideon Chapel. En tout cent neuf nouveaux membres d'église, dont soixante-cinq se sont convertis par notre moyen. Des ivrognes ont été convertis et guéris ; des maris incrédules ont été gagnés en réponse à la prière ; même ceux qui avaient menacé leurs femmes de les tuer ou de les abandonner si elles persistaient à venir à la chapelle. Les réceptions qui duraient souvent quatre heures, pour les personnes cherchant le salut, ont amené tant de gens qu'il fallait se séparer, faute de temps et de force, sans pouvoir recevoir tous ceux qui désiraient un entretien particulier. Enfin les fidèles ont été fortifiés dans la foi.

Dans sa biographie, F. Warne ajoute au sujet du ministère de MM. Müller et Craik : « Chez eux, la foi et la prière allaient de pair, et dès le début de l'activité des deux pasteurs, on vit à Bristol « ces œuvres plus grandes » que Jésus annonçait à ses disciples. Il était manifeste que tous deux occupaient la place voulue par Dieu. Ils restèrent donc à Bristol et déclinèrent l'appel venu de Bagdad.

Un cœur pour les plus démunis

12 juin. Je sens ce matin, que nous pourrions faire quelque chose de plus pour les enfants pauvres à qui nous donnons chaque jour du pain. Nous pourrions avoir une école, leur lire la Bible, leur parler du Seigneur.

Le cœur de G. Müller s'était ému à la vue des enfants de la rue, de ceux qui, réduits à leurs seules ressources ou à peu près, vivaient comme ils pouvaient, et mangeaient quand ils pouvaient. Il descendit donc, souvent, le matin vers les huit heures, allant par les rues pour réunir des enfants à qui il donnait du pain. Il leur parlait aussi du Sauveur et commença d'enseigner la lecture à quelques-uns. Bientôt des vieillards vinrent aussi. G. Müller avait commencé avec une trentaine de personnes, mais ce nombre augmentait rapidement. Aidé de M. Craik, il trouva une salle pouvant contenir cent cinquante personnes, et pour laquelle on ne demandait qu'une redevance annuelle de douze francs cinquante. Un chrétien d'un certain âge était prêt à se charger de l'enseignement.

Ces projets ne purent être réalisés, parce que des voisins se plaignirent de l'encombrement de la rue, de ce rassemblement de gens oisifs dont le nombre allait sans cesse en augmentant. D'autre part, les jeunes pasteurs, toujours plus occupés par leurs églises, manquaient du temps nécessaire pour s'occuper effectivement de cette affaire. Elle cessa momentanément, pour reprendre peu après, sous une autre forme.

17 juin. Frère Craik et moi avons été invités à prendre le thé, ce soir, dans une famille dont cinq membres ont été amenés au Seigneur par notre moyen[6]. Afin d'encourager les frères qui prêchent l'Évangile dans une langue qui n'est pas la leur, je donnerai ici quelques détails sur la première de ces conversions. Une personne est venue par curiosité, pour entendre mon accent étranger, et parce qu'on faisait courir le bruit que je n'arrivais pas à prononcer certains mots correctement. Toutefois, à peine entrée dans la chapelle le Seigneur lui révélait son état de péché. Elle était venue pensant ne rester que quelques minutes ; mais elle s'est retrouvée comme clouée à son siège et elle ne pensait plus à partir. Elle est demeurée tout le temps que j'ai parlé, et jusqu'à la fin du service. Ensuite, au lieu de se rendre à ses plaisirs, elle est rentrée en hâte à la maison, s'est lavé pour ôter la peinture de son visage, et est restée chez elle jusqu'à l'heure du second service. Ce jour-là, elle fut convertie. Ayant trouvé le Seigneur, elle a supplié ses frères et sœurs de l'accompagner à nos réunions, ce qu'ils ont fait et ils ont trouvé aussi le salut. C'est pourquoi je tiens à dire aux chers missionnaires, mes frères, de ne pas oublier que Dieu peut bénir même quelques mots hachés et incorrects en une langue étrangère.

---

6. Un an après, ils étaient sept.

À Bristol

31 décembre 1833. Voici exactement quatre ans que j'ai commencé à regarder uniquement au Seigneur pour qu'il subvienne à mes besoins temporels. J'ai alors abandonné le peu que j'avais : au plus cent livres sterlings par an (alors 2 500 francs de notre monnaie), n'ayant plus que cent vingt-cinq francs par devers moi. Et Dieu a eu égard à ce tout petit sacrifice. Il m'a donné en retour non seulement autant, mais infiniment plus.

1er janvier 1834. Il nous a semblé bon à frère Craik et à moi d'avoir une réunion spéciale et publique d'actions de grâce pour les multiples bontés de Dieu envers nous depuis notre arrivée à Bristol, pour les succès qu'il lui a plu d'accorder à nos travaux ; aussi pour lui confesser notre misère et notre indignité et le supplier de continuer à nous faire bénéficier de sa faveur. Nous nous sommes donc réunis hier soir à cet effet. Commencée à dix-neuf heures, la réunion a duré jusqu'à minuit et demi. Environ quatre cents personnes se sont jointes à nous en cette occasion.

9 janvier. Voici un an et demi que nous prêchons tous deux, une fois par mois, à Brislington, village situé près de Bristol, et cela sans résultats apparents. Cela m'a conduit aujourd'hui à prier avec ardeur pour la conversion des pécheurs de Brislington. À la chapelle aussi j'ai prié à ce sujet, demandant au Seigneur qu'il veuille bien convertir ce soir même, au moins une âme de ce village. Je me suis senti soutenu pendant la prédication. Le Seigneur a exaucé ma requête : une âme a été amenée à la connaissance de la vérité.

14 janvier. À la date du 20 octobre, il m'avait été impossible de fixer ma pensée sur un texte précis pour la prédication. J'avais donc prêché en n'éprouvant aucune joie. Et cependant, le sermon fut en bénédiction à plusieurs ; je l'ai su par la suite. Dieu s'en est servi pour convertir neuf personnes. Puisse ceci encourager mes frères dans le ministère à aller fidèlement de l'avant, au service du Seigneur, dans le calme et la prière, quelles que soient leurs impressions particulières.

19 février. J'ai écouté ce soir la prédication de frère Craik. Il a mis en relief de très précieuses vérités. Puis-je m'en nourrir davantage ! Depuis plusieurs semaines, je n'ai pas de véritable communion avec Dieu, je me sens froid. Mon amour pour lui est languissant. Je soupire après mon Dieu. Je ne puis être satisfait de mon état actuel. Ah ! si je pouvais retrouver la ferveur d'esprit que j'ai connue autrefois et y persévérer. Il me tarde de partir pour être avec le Seigneur, afin de pouvoir enfin l'aimer de tout mon cœur.

20 février. Par la bonté de Dieu, mon cœur s'est brisé aujourd'hui, et j'ai pu répandre d'abondantes larmes sur ma misère spirituelle... Oh s'il plaisait à Dieu de ranimer en moi plus de ferveur, de mettre en moi une plus grande soif des biens spirituels et éternels !

21 février. J'ai été conduit ce matin à échafauder le plan d'une œuvre basée sur des principes bibliques, pour répandre l'Évangile en Angleterre et à l'étranger. Ce soir de dix-huit heures à vingt-deux heures et demie, réunion pour ceux qui cherchent le salut. Nous avons tenu aussi longtemps que nous avons pu et jusqu'à l'épuisement ; cependant, il nous a été impossible de recevoir tous ceux qui étaient venus.

25 février. Très nombreux « chercheurs », hier ; les conversations particulières ont duré plus de quatre heures, sans que nous ayons pu recevoir tout le monde ; il a fallu faire une nouvelle invitation pour aujourd'hui de quatorze à dix-sept heures. J'ai prié pour la création d'une œuvre missionnaire et je crois que nous devrions nous en occuper. On pourrait lui donner ce nom : œuvre pour répandre la connaissance de la Bible en Angleterre et à l'étranger.

À Bristol

Nourrir ceux qui ont faim : nourrir les corps de pain, et nourrir les âmes de la Bible : le Pain de Vie ; telle est à cette époque la pensée dominante de G. Müller ; celle que Dieu lui a mise au cœur. S'il éprouve une immense pitié pour ceux qui sont destitués de tout en cette vie, il a une pitié non moins grande pour ceux qui ignorent la Parole de Dieu, et le salut qui est en Christ. L'œuvre missionnaire de Bristol est déjà dans son cœur, elle est à la veille d'être fondée.

CHAPITRE
7

Fondation de l'Institut de Bristol

La création d'une œuvre à Bristol même, semblait toujours plus nécessaire à G. Müller ; et son premier biographe, M. Warne, écrit qu'il avait de « multiples raisons pour souhaiter cette fondation, plutôt que de subventionner les œuvres existantes : Sociétés missionnaires, bibliques, des Traités religieux ou des Écoles ».

Ces raisons, nous les trouvons clairement exposées dans le journal de G. Müller :

Pourquoi fonder une œuvre à Bristol ? 1° Toutes les sociétés existantes travaillent avec la pensée que le monde va s'améliorant et que bientôt il sera entièrement converti..., or ce n'est pas là l'enseignement des Écritures... 2° Elles s'allient au monde, désobéissant ainsi aux commandements de Dieu. Il suffit de donner une guinée ou même une demi-guinée pour devenir membre de l'une ou de l'autre. Le donateur peut vivre dans le péché, ou afficher son incrédulité... Qu'importe ! s'il donne la susdite cotisation, il est membre, et a droit de vote. Donne-t-on davantage, de dix à vingt livres sterling, par exemple ? On devient membre à vie, même si l'on fait ouvertement le mal. Il est évident que ceci ne doit pas être ! 3° On demande de l'argent aux incrédules... Quelle différence avec la manière des premiers disciples (Lire 3 Jean 7). 4° Les dirigeants sont le plus souvent des gens riches et influents, mais ne sont pas convertis. L'argent et le rang sont pris en considération lorsqu'il s'agit de choisir les présidents ou les orateurs ; jamais encore, à l'occasion des réunions publiques, je n'ai vu offrir la chaire à un serviteur du Maître pauvre, bien que fidèle et consacré. D'après ces principes, ni les pêcheurs de Galilée devenus apôtres, ni le Maître lui-même qu'on appelait « le charpentier » n'auraient été invités à remplir cet office.

Enfin ces Sociétés contractent des dettes. Il est rare de lire un rapport qui n'indique pas un chiffre de dépenses supérieur aux recettes, ce qui est contraire à la lettre et à l'esprit du Nouveau Testament (Romains 13.8).

Certes, il y a des enfants de Dieu dans ces Sociétés, et Dieu bénit leurs travaux sous bien des rapports. Cependant, même si nous devions être traités de gens bizarres ou orgueilleux, qui se décernent un brevet de supériorité, nous croyons que Dieu nous appelle à nous en séparer, afin de pouvoir montrer aux fidèles en quoi ces Sociétés ne se conforment pas aux enseignements de l'Écriture.

Les jeunes pasteurs de Bristol ne se croyaient donc pas appelés à soutenir les œuvres existantes parce que sur plus d'un point elles étaient en désaccord avec ce qu'enseigne la Bible. D'autre part, ils se rendaient compte que ce serait une cause d'affaiblissement pour leurs Églises que de n'avoir pas d'activité missionnaire, de ne point s'occuper de la diffusion des Écritures, de la distribution des traités religieux, etc. D'où la nécessité de fonder un Institut missionnaire.

Le 9 mars 1934, une réunion publique fut convoquée et la question fut exposée devant les fidèles. « Séance tout ordinaire », écrit Müller dans son journal. Et cependant ce tout petit commencement inaugurait de grandes choses.

Fondation de l'Institut de Bristol

Règles de bon fonctionnement

Nous avons proposé aux assistants les règles énoncées ci-après, et elles ont été adoptées :

1° Tout chrétien doit travailler d'une façon ou d'une autre pour Christ ; et la Bible nous garantit que Dieu met sa bénédiction sur toute œuvre de foi et d'amour. Il semble bien, d'après certains passages scripturaires (Matthieu 13.24-43, 2 Timothée 3.1-13 et plusieurs autres), que le monde ne sera pas converti avant la venue du Seigneur Jésus. Cependant, aussi longtemps que le Seigneur tarde à venir, tous les moyens doivent être employés pour rassembler les élus.

> **Tout chrétien doit travailler d'une façon ou d'une autre pour Christ...**

2° Dieu aidant, nous ne rechercherons pas le patronage du monde. Nous ne demanderons jamais le concours de personnes inconverties de haut rang et fortunées, car ceci serait un déshonneur pour le Seigneur. « C'est au nom de l'Éternel, notre Dieu, que nous élèverons l'étendard » (Psaume 15.6), lui seul sera notre bienfaiteur. S'il nous aide, nous prospérerons ; s'il ne le fait pas, nous tomberons.

3° Nous n'avons pas l'intention de demander de l'argent aux incrédules (2 Co 6. 14,18), toutefois nous ne nous sentons pas libres de refuser leurs contributions s'ils nous les offrent (Actes 28.2-10).

4° Nous refusons absolument le concours des incrédules pour diriger l'œuvre ou y travailler de quelque manière que ce soit (2 Co 6.14-18).

5° Nous n'étendrons pas notre champ d'activité en contractant des dettes et en lançant ensuite des appels à l'Église, ce qui est contraire à l'esprit et à la lettre du Nouveau Testament

(Ro 13.8), mais nous exposerons à Dieu les besoins de l'œuvre, et nous agirons dans la mesure des ressources qu'il mettra à notre disposition.

6° Nous ne pensons pas devoir mesurer le succès au montant des sommes données ou au nombre de Bibles distribuées, etc. Mais nous examinerons devant Dieu si sa bénédiction repose sur l'œuvre de nos mains (Zacharie 4.6), et nous comptons bien l'avoir dans la mesure où nous nous attendrons à lui par la prière, avec la force qu'il nous donnera.

7° Bien que nous ne voulons pas nous singulariser inutilement, nous désirons cependant aller de l'avant, en obéissant aux Écritures et sans compromettre la vérité. Nous sommes prêts à recevoir, avec reconnaissance, tous conseils basés sur la Bible que des chrétiens d'expérience voudraient nous donner relativement à l'œuvre que nous fondons.

Voici les buts poursuivis :
Aider les écoles de semaine et du dimanche ; subventionner les cours d'adultes, dont l'enseignement repose sur des principes scripturaires. Ouvrir ce genre d'écoles si le Seigneur nous conduit à le faire en nous donnant les moyens, et en nous envoyant les aides qualifiés. Nous aimerions placer des enfants pauvres à ces écoles.
Par écoles de semaine basées sur des principes scripturaires, nous entendons celles où l'enseignement est donné par des personnes pieuses, dont les leçons ne sont pas en désaccord avec les règles de l'Évangile. De même pour les écoles du dimanche, il est nécessaire que les moniteurs soient chrétiens et que leur enseignement soit fidèle à l'Écriture. C'est à ces écoles seulement que notre œuvre pourra venir en aide par le don de Bibles et de Nouveaux Testaments, ou autrement... ; car il est anti-scripturaire que ceux qui ne croient pas soient autorisés à enseigner les autres. Même règle pour les cours d'adultes. L'œuvre aidera à la diffusion des Écritures par des dons et des

ventes à prix réduits. Nous croyons qu'il vaut mieux vendre à prix réduits que de donner. Toutefois, il pourra y avoir des dons, lorsqu'il s'agira de personnes vraiment pauvres.

L'œuvre collaborera à l'action missionnaire en aidant les ouvriers qui travaillent selon les principes scripturaires.
Les dons seront proportionnellement répartis pour les objets que nous venons d'énumérer, si aucun n'a plus particulièrement besoin d'être aidé. Toutefois si les donateurs stipulent l'attribution de leurs dons, il sera fait comme ils le désirent.

Les bénédictions se succèdent

L'Institut missionnaire de Bristol était fondé. L'œuvre prit rapidement un grand développement. Non moins intéressant que le développement de l'œuvre est celui de l'ouvrier que Dieu s'est choisi. Dénué de tout, humainement parlant, cet homme qui a souvent une maison pleine de visiteurs, de parents, de frères en Christ, et un porte-monnaie vide ou à peu près, s'avance dans la vie, les yeux fixés sur Dieu et sur ses promesses, et réalise de grandes choses. Il n'a rien : ni argent, ni influence. Mais Dieu est riche, lui ! Il dispose de tous les trésors et il tient les cœurs en sa main. N'est-il pas le Tout-Puissant ?
Deux jours seulement avant cette séance mémorable, nous lisons dans le journal de G. Müller :
Aujourd'hui, nous n'avons plus qu'un shilling. Il est déjà arrivé, depuis que nous sommes à Bristol, que nous n'ayons plus rien ou presque plus rien en porte-monnaie ; mais nos provisions n'ont jamais été épuisées au même point qu'à Teignmouth. Ce soir, en rentrant à la maison, nous avons trouvé un tailleur, un frère, qui nous attendait avec deux complets, pour frère Craik et moi. Ces vêtements nous sont offerts par un membre de l'église qui veut garder l'anonymat.

10 mars. Un homme que Dieu a converti par notre moyen, qui s'adonnait à l'alcool et à d'autres péchés, est venu nous trouver il y a quelque temps pour nous supplier avec larmes de prier pour sa femme qui continuait à vivre comme il l'avait fait lui-même autrefois. Au bout de dix jours à peu près, il plut au Seigneur de commencer à agir dans le cœur de la malheureuse femme, en réponse aux très nombreuses prières de son mari. Elle a été reçue dans l'Église ce soir. Ce cas n'est pas unique. Bien des maris et des femmes ont été convertis en exaucement de la prière de l'époux ou de l'épouse fidèle.

19 mars. En rentrant ce soir, après la prédication à Béthesda, j'ai appris la joyeuse nouvelle de la naissance d'un fils. Nous l'avons nommé Élie.

14 avril. Jusqu'ici nous avons vécu avec frère et sœur Craik ; mais maintenant que le Seigneur leur a donné un enfant et que nous en avons déjà deux, puisque la maison n'a que six chambres et que cher frère Craik et moi devons souvent chercher ailleurs le silence ou la solitude, il nous semble nécessaire d'envisager une séparation pour le bien de nos âmes et pour l'œuvre du Seigneur.

15 avril. Quelques sœurs nous ont envoyé aujourd'hui vingt-cinq livres sterling pour le mobilier d'une autre maison.

23 avril. Hier et aujourd'hui, j'ai demandé au Seigneur de nous envoyer vingt livres sterling pour que nous puissions avoir un plus grand stock de Bibles et de Nouveaux Testaments que celui dont dispose le petit fond de l'Institut. Or, le même soir, une sœur nous dit qu'elle était venue à la connaissance du Seigneur par la seule lecture des Saintes Écritures ; qu'elle prenait donc un grand intérêt à leur diffusion et voulait nous envoyer vingt livres sterling à cet effet.

Fondation de l'Institut de Bristol

4 mai. À nouveau, j'ai reçu aujourd'hui quinze livres sterling pour meubler une maison. Dans sa bonté, le Seigneur subvient à nos besoins.

5 mai. Aujourd'hui nous sommes allés dans notre nouvelle demeure après avoir vécu presque deux ans avec frère et sœur Craik.

4 juin. J'ai reçu aujourd'hui la visite d'une sœur ; elle est restée, bien que je lui aie laissé entendre que je ne disposais que de quelques minutes, et j'en ai conçu de l'irritation. J'ai péché contre le Seigneur. « Ô Seigneur Jésus ! Toi, aide-moi ! »

25 juin. Voici trois jours qui s'écoulent sans que j'aie pu avoir, ou à peine, d'instants de véritable communion avec Dieu. En conséquence, j'ai été très faible au point de vue spirituel. À plusieurs reprises, j'ai ressenti de l'irritabilité. Que Dieu dans sa miséricorde m'aide à m'adonner davantage à la prière secrète.

26 juin. J'ai pu, avec l'aide de Dieu, me lever de bonne heure et avoir presque deux heures de prière avant le déjeuner, et maintenant je me sens mieux. Que Dieu dans sa bonté m'aide aujourd'hui à marcher devant sa Face et à faire son œuvre ; qu'il me garde de tout mal.

11 juillet. J'ai beaucoup prié pour trouver un maître qualifié pour l'école de garçons que je veux ouvrir, école qui dépendra de notre Institut. Huit personnes s'étaient présentées ; aucune ne m'avait paru convenir. Mais le Seigneur nous a enfin envoyé le maître qu'il nous faut, et celui-ci va se mettre à l'œuvre sans tarder. Dieu a permis que nous priions longtemps à ce sujet ; mais maintenant il nous a parfaitement exaucés.

18 août. Aujourd'hui frère Craik et moi avons engagé les services d'une institutrice pour une école de filles que nous avons l'intention d'ouvrir aussi, en regardant à Dieu pour les subsides nécessaires.

27 août. J'ai prié à plusieurs reprises et j'ai lu dix chapitres de l'Écriture pour trouver un texte, le tout sans résultats. Je suis donc parti ce soir pour la chapelle sans savoir sur quel texte le Seigneur désirait que je prêche. Au moment de commencer la réunion, ma pensée fut attirée sur le livre des Lamentations, chapitre 3, versets 22-26 ; le Seigneur m'a aidé et j'ai parlé sur ce texte avec joie.

28 octobre. J'ai entendu parler d'un pauvre petit orphelin qui, durant quelque temps, avait suivi l'une de nos écoles, et chez qui un travail intérieur avait commencé de se faire en m'entendant parler des tourments de l'enfer. Depuis on l'a mis à l'hospice situé à quelques kilomètres de Bristol ; et en partant, il a dit sa tristesse de nous quitter, de ne plus pouvoir revenir à notre école, et de n'avoir plus l'occasion de nous entendre. Si le Seigneur le veut que ceci me conduise à faire aussi quelque chose pour les besoins temporels des enfants pauvres. C'est l'extrême pauvreté qui a envoyé cet enfant à l'hospice.

1er novembre. Aujourd'hui, comme nous n'avions plus rien, voici ce que nous avons fait pour subvenir à nos besoins : nous avions des cuillères en argent qu'on nous avait offertes il y a quelque temps et que nous n'employions jamais pensant qu'il était préférable pour les serviteurs de Christ, à cause de l'exemple, de se servir de cuillères ordinaires. C'est pour cette raison que nous avons vendu notre argenterie que nous n'avions pas encore utilisée à Teignmouth. Maintenant la chose est faite ; et nous sommes certains que l'aimable donateur ne nous en tiendra pas rigueur, puisque le produit de la vente a servi à nous nourrir.

5 novembre. J'ai passé presque toute la journée en prière, et à lire la Parole de Dieu. Entre autres choses, j'ai exposé à Dieu nos besoins temporels. Jusqu'ici je n'ai pas reçu l'exaucement que j'espère.

8 novembre, samedi. À nouveau, le Seigneur a subvenu à tous nos besoins durant la semaine écoulée, bien que nous l'ayons commencée avec fort peu de chose. J'ai beaucoup prié cette semaine pour de l'argent, plus que je ne l'avais encore fait depuis que nous sommes à Bristol, pour autant que je puisse me souvenir. Le Seigneur n'a pas répondu à nos prières en nous envoyant un don, mais en nous amenant à vendre ce qui ne nous était pas nécessaire, et en faisant payer ce qui nous était dû.

10 décembre. Un frère a légué douze livres sterling à frère Craik et autant à moi.

31 décembre. Depuis que frère Craik et moi travaillons à Bristol, deux cent vingt-sept membres ont été ajoutés à nos communautés : cent vingt-cinq à l'église de Béthesda, cent trente-deux à Gideon Chapel. Le Seigneur m'a donné cette année deux cent quatre-vingt-huit livres sterling, huit pences et quart (sept mille deux cents francs quatre-vingt-cinq).

1er janvier. Nous avons eu hier soir une réunion de prière et d'adoration pour les deux églises réunies, invitant tous ceux qui voulaient joindre leurs louanges aux nôtres, en reconnaissance des bienfaits de Dieu durant l'année écoulée. Nous lui avons aussi demandé de continuer sa faveur envers nous. Tous les frères étaient libres de prier ; dix-huit l'ont fait. La prière, la louange, le chant des cantiques, la lecture de la Bible et les exhortations ont duré jusqu'à une heure du matin. Le service avait commencé la veille à dix-neuf heures du soir.

13 janvier. Aujourd'hui j'ai fait des visites de maison en maison dans la rue d'Orange, depuis dix heures jusqu'à treize heures ; puis de dix-huit heures à vingt heures et demie. J'ai visité les familles qui habitent dans neuf maisons, leur offrant une Bible tout en m'assurant que les gens pouvaient lire. J'ai aussi proposé aux parents de laisser venir leurs enfants à nos écoles de semaine ou du dimanche pour que nous puissions les aider de la sorte. J'ai abordé avec tous la grande question de l'âme et celle du salut. J'ai vendu à prix réduit huit Bibles et deux Nouveaux Testaments, et j'en ai donné un. J'ai inscrit une femme pour l'école d'adultes et un garçon pour l'école de semaine ; enfin j'ai eu l'occasion de converser avec une trentaine de personnes. Combien j'aimerais pouvoir faire ce travail plus souvent. Je le considère d'une grande importance !

17 janvier. Retour de M. Groves. Frère Groves est arrivé aujourd'hui. L'un de ses motifs en rentrant en Angleterre, c'est de trouver en Allemagne des frères missionnaires pour l'Inde. Il me demande de l'accompagner dans mon pays pour l'aider à trouver le personnel dont la Mission a besoin. C'est là une affaire bien délicate et très grave. Que le Seigneur me dirige et m'aide à vouloir ce qu'il veut.

28 janvier. J'ai beaucoup prié ces jours passés pour savoir si le Seigneur désire que je parte moi-même pour les Indes, comme missionnaire, je suis tout prêt à le faire s'il condescend à se servir de moi de cette manière.

4 février. Dernièrement, j'ai prié très souvent et avec intensité au sujet de ce voyage en Allemagne. Je veux y aller ou rester selon ce que Dieu voudra. Qu'il me conduise ! C'est aussi là mon état d'esprit au sujet des Indes. Comme moyen d'arriver à connaître la volonté de Dieu, je me suis mis à faire des lectures sur les Hindous pour me rendre mieux compte de leur état. Que le Seigneur incline mon cœur à penser davantage à eux, soit que j'aille travailler là-bas, soit que je reste à Bristol.

16 février. J'ai mentionné ce soir devant l'église de Béthesda, comme je l'ai fait le 13 à Gideon Chapel, que je croyais que

Fondation de l'Institut de Bristol

Dieu me demandait d'accompagner frère Groves en Allemagne, à cause de ma connaissance de la langue, pour l'aider à trouver les missionnaires nécessaires. Pas un seul membre n'a élevé d'objections, et plusieurs ont discerné un appel du Seigneur, ajoutant qu'ainsi, et par mon moyen, leurs églises seraient pour quelque chose dans la vocation et le départ de plusieurs missionnaires. Ceci m'a réconforté ; et l'unanimité des frères à ce sujet m'a affermi dans la pensée que le Seigneur désire que j'entreprenne ce voyage.

25 février. Au nom du Seigneur et en nous attendant uniquement à lui pour tout ce qui est nécessaire, nous avons ouvert aujourd'hui une cinquième école d'enfants pauvres. De sorte que nous avons maintenant cinq écoles : deux pour les garçons, trois pour les filles.

Voyage en Allemagne

26 février. J'ai quitté Bristol cet après-midi, et je suis en route pour l'Allemagne.

7 mars. J'ai quitté Londres hier soir et je suis arrivé à Douvres ce matin. Le Seigneur m'a aidé à le confesser devant les autres voyageurs.

9 mars. Impossible de s'embarquer aujourd'hui, tellement la mer est démontée. Aucun bateau n'est parti. J'ai écrit des lettres, j'ai lu la Bible et prié. Ce soir, à deux reprises, nous lui avons demandé de bien vouloir calmer le vent et les vagues.

10 mars. Le Seigneur nous a entendus. Nous nous sommes réveillés de bonne heure ce matin et avons constaté que la violence du vent était tombée. Nous avons quitté l'hôtel alors qu'il faisait encore nuit pour gagner le rivage. Tous les voyageurs se hâtaient en même temps vers le port, et je me suis aperçu tout à coup que je n'étais plus en compagnie des frères G. et Y. Comme Dieu m'aide généralement en semblables circonstances, j'ai élevé aussitôt mon cœur vers lui pour qu'il me guide vers le bateau qui devait transporter les voyageurs à notre navire, celui dans lequel nous avions pris passage, et je l'ai découvert presque instantanément... Très bonne traversée en exaucement à la prière. Arrivés à Calais, après la question des passeports et la visite aux douanes, nous avons retenu nos places dans la diligence qui, peu après dix heures, partait pour Paris. Quelle bénédiction, en de semblables circonstances, d'avoir un Père céleste à qui l'on peut recourir ! Et quelle différence entre le fait de voyager au service de Dieu et de voyager pour son plaisir ou ses affaires !

14 mars. Avons retenu nos places dans la malle-poste de Strasbourg, frère Grove et moi. Frère Y., souffrant, restera quelques jours à Paris.

15 mars. J'ai prêché ce matin dans une petite chapelle, au Palais Royal. Ai quitté Paris, ce soir à dix-huit heures.

17 mars. Depuis le 15 au soir, jusqu'au moment de notre arrivée à Strasbourg à treize heure trente cet après-midi, nous avons été à peu près constamment enfermés dans la malle-poste, à l'exception d'une demi-heure le matin vers 7 heures, et d'une autre demi-heure le soir vers 23 heures, pour les repas. J'ai pu avoir un temps de communion et de rafraîchissement spirituel avec mon bien-aimé frère. Ce voyage par malle-poste est le plus rapide en France et ne comporte que deux voyageurs. Nous avons donc pu librement parler et prier ensemble, ce qui m'a fortifié. À Strasbourg, nous n'avons eu que peu de choses à faire, et bien que nous ayons déjà roulé presque sans arrêt durant quarante-quatre heures, nous avons pris, le même soir, la voiture pour Bâle, comptant sur Dieu pour recevoir la force nécessaire à supporter cette troisième nuit de voyage. Nous étions à peine partis que notre équipage s'est embourbé sur une route nouvellement ouverte. Tout le monde a dû descendre : la nuit était froide, la neige tombait. J'ai élevé mon cœur vers Dieu qui nous a secouru, et le voyage a pu continuer. Pour la première fois depuis six ans, je me suis trouvé au milieu de voyageurs qui parlaient ma langue natale. Mais, hélas ! ce n'était pas à la gloire de Christ !

18 mars. Nous sommes arrivés à Bâle, où les frères nous ont reçus avec affection. Nous resterons ici quelques jours. J'ai assisté à une réunion présidée par un pasteur pieux et vénérable. Il s'est adressé à des frères qui se destinent à la Mission, et a expliqué 1 Pierre 3.1-2 en se servant du Nouveau Testament grec. À ce propos, il a raconté un épisode qui s'était passé à Bâle même, et dont il avait été témoin dans sa jeunesse. J'ai trouvé que ce récit comportait un tel encouragement pour ceux qui sont mariés à des incrédules, particulièrement pour les sœurs dont les maris ne sont pas croyants, et d'autre part, qu'il était une si belle illustration du passage cité ci-dessus, que je l'ai noté et le donne ici :

Il y avait à Bâle un homme très riche dont la femme était chrétienne ; mais lui-même ne craignait pas Dieu. Il passait toutes ses soirées à la taverne et y restait souvent jusqu'à vingt-trois heures, minuit, et même une heure du matin. En ces occasions, sa femme congédiait les domestiques et restait elle-même à attendre son retour. Quand il rentrait, elle le recevait avec bonté, sans lui faire le moindre reproche sur l'heure, sa fatigue ou le manque de sommeil. S'il avait trop bu et avait besoin de quelque assistance, elle lui rendait les services nécessaires. Les choses continuèrent de se passer ainsi pendant longtemps. Un certain soir, vers minuit, encore à la taverne avec ses amis, cet homme s'écria : « Je parie que si vous m'accompagnez à la maison, vous trouverez ma femme encore debout et m'attendant, je parie qu'elle viendra m'ouvrir elle-même et nous recevra aimablement. Bien plus, si je lui demande de nous préparer un souper, elle le fera tout de suite, sans murmure et sans reproches. » Ses compagnons de péché refusèrent de le croire. À la fin, ils se levèrent tous et le suivirent pour aller voir cette excellente femme. Ils avaient à peine frappé que la porte s'ouvrait, et la maîtresse de céans les reçut avec amabilité et courtoisie. Une fois qu'ils furent entrés, M. X. demanda à souper. Elle y consentit aussitôt, servit tout ce qu'il fallait sans manifester de désapprobation ou d'irritation, puis se retira dans sa chambre. Lorsqu'elle fut partie, l'un des amis dit au maître de la maison : « Quel homme méchant et cruel vous devez être pour vous amuser à tourmenter une femme si excellente ! » Puis, prenant sa canne et son chapeau, il s'en alla, sans prendre une seule bouchée de quoi que ce soit. Un second fit quelques remarques semblables, et partit aussi sans rien prendre ; et bientôt les autres suivirent ; personne ne toucha au repas servi. Peu après, le maître de la maison se trouvait seul ; et, sous l'influence du Saint-Esprit, repris en sa conscience, il comprenait enfin son effroyable méchanceté, et plus particulièrement, ses torts vis-à-vis de sa femme. Ses amis étaient partis depuis une demi-heure à peine, qu'il alla la trouver, la priant d'intercéder en sa faveur auprès de Dieu afin d'obtenir le pardon de ses péchés. Dès cette heure, il devint un disciple de Jésus...

25 mars. À l'hôtel des Postes, à Shaffhouse, j'ai rencontré un monsieur titré, qui, averti de mon passage par les frères de Bâle, m'invitait à passer chez lui les deux heures dont je disposais dans cette ville. Il restaura mon corps avec un déjeuner, et mon âme par la communion fraternelle avec ceux qu'il avait invités à l'occasion de mon passage. Ce matin, j'ai rencontré frère Gundert, l'étudiant en théologie pour lequel je suis venu jusqu'ici, et j'ai eu à peu près trois heures de conversation avec lui.

26 mars. Ce matin, frère Gundert et moi sommes partis en voiture pour Stuttgart. Je désire connaître ce frère un peu plus, et aborder le sujet de son futur départ avec son père. Celui-ci nous a fort aimablement reçus. Non, seulement il ne s'oppose pas au départ de son fils, mais considère que c'est un honneur que de pouvoir donner un fils au Seigneur. Je crois que frère Gundert est destiné à partir aux Indes.

30 mars, Halle. Depuis le 27 au soir jusqu'à cet après-midi, j'ai voyagé jour et nuit, avec les forces que le Seigneur m'a données. Je me suis senti profondément ému en repassant en mon cœur les bontés de Dieu à mon égard. J'ai eu de fréquentes occasions de confesser le Nom de Jésus devant les compagnons de route qui se succédaient pendant le parcours. Un étudiant m'a vanté le vin fameux et bon marché de Veinheim près de Heidelberg. Je lui ai répondu qu'autrefois, étudiant comme lui, j'avais traversé cet endroit, et que je m'étais alors intéressé à ces choses. Mais maintenant, j'avais trouvé ce qui valait infiniment mieux. Hier, un Français, après m'avoir entendu parler à une ou deux reprises de Jésus, a quitté l'intérieur de la voiture lorsqu'il a vu descendre le troisième voyageur. Il ne se souciait évidemment pas de rester seul avec moi. J'en ai profité pour prier à haute voix durant une heure à peu près, ce qui m'a rafraîchi spirituellement et fortifié.

J'étais trop fatigué pour pouvoir persévérer quelque temps dans la prière mentale, et je somnolais aussitôt. Hier après-midi, à Eisenach, situé au pied de la colline que couronnent les ruines de la Wartburg, où Luther a traduit la Bible, j'ai été le témoin de scènes d'une effroyable profanation. Comment le chandelier a-t-il été ôté de sa place ?

Rencontres bienheureuses

Cet après-midi, nous sommes enfin arrivés à Halle, la ville où il a plu au Seigneur de m'amener à sa connaissance. Je me suis rendu d'abord chez frère Wagner ; puis je suis allé voir le Dr Tholuck, lequel, après sept ans d'absence, m'a reçu avec la même bonté, le même amour fraternel, qu'il me montrait autrefois. Il m'a invité à demeurer chez lui, montrant ainsi que les divergences concernant certains aperçus de la vérité ne doivent pas élever de barrières entre les enfants de Dieu. (J'avais pris soin de l'avertir de l'évolution de ma pensée.)

31 mars. Aujourd'hui, nous sommes allés à cheval, le Dr Tholuck, deux frères et moi, jusque chez un pasteur fidèle qui vit dans les environs de Halle. Durant le parcours, le Docteur m'a appris bien des choses encourageantes, particulièrement celle-ci : que bon nombre de mes anciens camarades d'Université qui ne connaissaient pas le Seigneur, s'étaient depuis donnés à lui et s'étaient enrôlés à son service. D'autres, restés faibles en la foi, s'étaient fortifiés.

1er avril. Je suis allé jusqu'aux orphelinats de Francke pour voir le fils d'un voisin de mon père qui est professeur ici. Je ne l'avais pas vu depuis quinze ans, et j'ai eu la joie de découvrir en lui un frère ! Ce soir, nous nous sommes rencontrés dans cette même chambre où il a plu à Dieu de commencer en moi l'œuvre de sa grâce, avec quelques-uns des frères et des sœurs qui y venaient il y a sept ans. Et j'ai pu leur dire ce qu'avaient été pour moi, durant les années passées, la fidélité de Dieu, son amour, sa bonté, sa patience. En vérité, le Seigneur a répandu sur moi ses faveurs.

2 avril. J'ai quitté Halle cet après-midi pour gagner Sandersleben, distant de quelque vingt kilomètres. C'est là que demeure un cher et vieil ami dont l'affection n'a cessé de m'entourer pendant mes années en Angleterre. Il m'a reçu à bras ouverts ainsi que sa chère femme et le domestique. Celui-ci est aussi un frère bien-aimé dans le Seigneur.

3 avril, Sandersleben. Aujourd'hui, j'ai vu plusieurs frères et sœurs. Je retrouve l'un d'eux au même point qu'il y a huit ans : peu de joie en Dieu, peu de progrès, parce qu'il n'a pas obéi aux ordres de sa conscience, et conserve une situation qu'il aurait dû abandonner. L'apôtre nous exhorte à demeurer dans notre vocation, mais seulement si nous pouvons y rester avec Dieu (1 Co 7.24). Ce soir, avec un pasteur fidèle, les frères de cette ville et des villages environnants, nous nous sommes réunis chez frère Stahlschmidt. Ceux-ci voulaient m'entendre dire ce que Dieu avait fait pour moi depuis que je les avais quittés. J'ai essayé de les fortifier dans le Seigneur, et je les ai exhortés à se donner sans restriction et complètement à Dieu. Ce fut une soirée de rafraîchissement spirituel. J'en ai retiré du bien pour mon âme. Dieu me bénit chaque fois que je dis ses bontés et sa fidélité.

4 avril. J'ai laissé Sandersleben ce matin. S'inspirant de 3 Jean 5,6, mon hôte a voulu me conduire dans sa voiture jusqu'à Aschersleben, la dernière station avant l'endroit qu'habite mon père. En route pour Heimersleben, j'ai demandé au conducteur des nouvelles d'un ancien compagnon de péché qui avait étudié avec moi à Halle. Il est, paraît-il, toujours dans le même état. Quelle différence entre nous deux, uniquement parce que la grâce a agi en moi. Je pourrais être sur la route où il se trouve maintenant : encore dans la culpabilité et le péché ; et lui pourrait être à ma place à moi, qui suis un brandon arraché à la fournaise ! Que Dieu m'aide à l'aimer davantage. Ces pensées s'agitaient en mon cœur, alors que je commençais d'apercevoir la ville qu'habite mon père et où ne se trouvent à ma connaissance que deux personnes qui aiment le Seigneur... Comme toutes choses sont différentes pour moi, aujourd'hui. Mon cœur n'est pas ici ; il n'est pas non plus en Angleterre. En une certaine mesure, il est déjà dans le ciel, bien que je ne sois qu'un faible et misérable ver. Cette rencontre avec mon père, maintenant très âgé, cette joie de le revoir, ont été pour moi choses très solennelles. Je sentais aussi l'importance du retour en cette ville, témoin de mon orageuse jeunesse, et je voulais vivre les trois jours que je comptais y passer comme il convenait à un serviteur du Christ. J'en avais fait un sujet de prière avant de quitter Bristol.

5 avril. Cet après-midi, un ami de mon père qui ne connaît pas Dieu est venu. L'occasion se présentait donc pour moi d'exposer devant mon père, les vérités essentielles de l'Évangile, la joie et la consolation qu'elles apportent, et dont personnellement je jouissais. Je pus ainsi parler bien plus librement devant lui et mon frère que je ne l'avais fait jusqu'à maintenant. Dieu m'a assisté. Qu'il daigne prendre soin de la semence répandue !

6 avril. Je n'ai pas parlé directement à mon père de son âme ; mais j'ai eu plus d'une fois l'occasion d'annoncer la vérité devant lui. Dieu a été avec moi de façon manifeste et je crois que c'est lui qui m'a poussé à faire ainsi. J'ai agi différemment avec mon frère, à qui j'ai parlé directement de son âme. Durant la soirée, j'ai raconté à tous deux quelques-unes des choses que Dieu avait faites pour moi depuis que je suis en Angleterre, et en particulier, comment Il avait subvenu à tous mes besoins en réponse à la prière. Sur le moment, tous deux semblaient comprendre la joie qu'il y avait à vivre de la sorte.

7 avril. J'ai passé une bonne partie de la matinée en promenade avec mon père, Il m'a mené voir l'un de ses jardins, et quelques-uns de ses champs. Je savais que cela lui ferait plaisir, et je voulais lui témoigner toute l'attention, toute l'affection possibles, tout ce qui était compatible avec ma conscience. Demain, je pense lui dire adieu et reprendre le chemin de l'Angleterre. Dans sa grande bonté, le Seigneur a exaucé ma prière, et Il m'a aidé à me conduire de telle façon que mon père a dit aujourd'hui : « Que Dieu m'aide à suivre ton exemple, et à agir selon ce que tu as dit. »

9 avril, Celle. Hier matin, mon père a voulu m'accompagner en voiture jusqu'à Halberstadt, et c'est en versant bien des larmes qu'il m'a quitté... J'étais seul dans la voiture, ce qui a été un soulagement pour moi... Sur cette route de Brunswick que j'avais parcourue deux fois auparavant au service de Satan, je voyageais maintenant pour le nom de Jésus. J'ai aperçu en passant

Fondation de l'Institut de Bristol

l'auberge de Wolfenbüttel d'où j'avais essayé de me sauver et où j'avais été arrêté. Bien des pensées et des souvenirs se sont agités en moi ! Vers le soir, je suis arrivé à Brunswick d'où nous sommes repartis peu après. Durant la nuit, j'ai entendu une conversation abominable entre le conducteur et un étudiant : propos pervers, païens, sardoniques. Le seul témoignage que j'ai rendu a été de garder le silence. Nous sommes arrivés à Celle ce matin, la voiture ne repart que cet après-midi pour Hambourg. Mon âme est souffrante aujourd'hui. L'horrible conversation de cette nuit a agi sur moi comme un poison ! Comme le mal nous pénètre facilement, même lorsque nous n'en avons pas conscience !

10 avril, Hambourg. Je suis arrivé ici à dix heures !

15 avril. Arrivé à Londres le 15 avril, je trouve chez des amis une lettre de ma femme m'apprenant que frère Craik est malade. Il souffre d'une inflammation du larynx, et à vue humaine, ne pourra pas prêcher pour quelque temps. Je suis donc reparti aussitôt pour Bristol. J'ai trouvé frère Craik moins mal que je ne le craignais ; mais il lui est tout à fait impossible de prêcher.

> **Il y a eu des moments où nous n'avions presque plus d'argent, mais nous n'avons jamais été obligés de suspendre le travail.**

3 juin. Aujourd'hui, réunion publique de l'Institut pour répandre la connaissance de la Bible en Angleterre et sur le Continent. Voici quinze mois que nous l'avons fondé en regardant uniquement à Dieu : nous avons instruit des enfants, nous avons répandu la Bible, et aidé des missionnaires. Il y a eu des moments où n'avions presque plus d'argent, mais nous n'avons jamais été obligés de suspendre le travail. Trois écoles ont été ouvertes et nous en avons adopté deux qui étaient sur le point d'être fermées, faute de revenus suffisants. « Quatre cent trente-neuf enfants sont instruits dans nos écoles. »

L'épreuve frappe

À cette époque, l'épreuve visita le foyer de M. et Mme Müller. Leur père, M. Groves, déjà malade au mois de mai, mourut le 22 juin. Leurs deux enfants furent aussi très malades ; le plus jeune, atteint d'une fluxion de poitrine, mourut le 26 juin. Le 30 août, c'est M. Müller lui-même qui est obligé de garder la maison et de renoncer à la prédication. M. Craik mieux portant était bien revenu le 15 août, mais il était toujours aphone.
Un changement d'air s'imposait pour M. Müller. Dieu lui envoyant le nécessaire pour ce déplacement, il partit avec sa famille à Portishead.

14 septembre. Nous sommes toujours à Portishead. Mon état ne s'est guère amélioré. Je me sens très abattu à cause de ma corruption intérieure ; mon cœur est resté charnel. Quant le Seigneur me délivrera-t-il de cet état ! Ma vie présente est une grande épreuve. Avoir comme occupations principales de manger, de boire, de se promener, de se baigner, d'aller à cheval, tout ceci constitue un mode d'existence auquel je ne suis plus habitué, et me met à une dure épreuve. Je préférerais retourner à Bristol et travailler, si Dieu daigne encore employer un serviteur aussi indigne que moi.

16 septembre. Nous avons songé à accepter une invitation venue de l'île de Wight, invitation faite par des frères en Christ. Mais l'argent manque pour notre voyage ; nous sommes quatre : ma femme, notre enfant et notre domestique. Le courrier de ce soir nous a apporté deux lettres chargées : l'une avec six livres treize shillings, qui nous étaient dus, et l'autre avec deux livres sterling. Le Seigneur prend le plus tendre soin de ses enfants. (Le 19 septembre nous sommes arrivés chez nos amis).

Fondation de l'Institut de Bristol

29 septembre. Hier soir, après avoir pris congé des amis qui nous reçoivent, je me suis préparé aussitôt à me coucher. J'avais déjà prié auparavant. Je me sentais peu bien.... la nuit était froide...., autant de raisons pour aller au lit tout de suite. Mais Dieu m'a aidé à me mettre à genoux, et à peine ai-je commencé de prier qu'il resplendit en mon âme, me communiquant un esprit de prière que je n'avais plus depuis longtemps. Dans sa bonté, Il a fait revivre son œuvre en moi, me donnant le sentiment de sa Présence et ranimant ma ferveur d'esprit pour l'intercession. C'est après cela que mon âme soupirait depuis des semaines. Cette communion a duré plus d'une heure. Pour la première fois depuis que je suis malade, j'ai demandé instamment à Dieu de me guérir. Maintenant, il me tarde de retourner à Bristol ; toutefois je n'éprouve aucune impatience ; mais j'ai l'assurance que le Seigneur me rétablira. Je me suis levé plus tôt que d'habitude pour avoir quelques instants de communion avec le Seigneur avant le déjeuner. Que Dieu daigne continuer de faire habiter Sa joie dans le cœur de son indigne enfant.

9 octobre. Il m'est souvent venu l'idée de faire imprimer une brochure où je dirais les bontés de Dieu envers moi, afin que mes frères en retirent quelque instruction, quelque consolation, quelque encouragement. Cette pensée s'est souvent présentée à moi pendant que je lisais la biographie de Newton ces jours passés. J'ai pesé aujourd'hui toutes les raisons pour et contre. Contre, c'est à peine si j'en discerne ; pour, il y en a beaucoup.

15 octobre. Aujourd'hui, nous partons pour Bristol.

CHAPITRE
8

Ouverture des premiers orphelinats

Depuis quelque temps déjà, George Müller songeait à fonder un orphelinat. Durant son séjour en Allemagne, l'année précédente, il avait revu avec le plus vif intérêt les Établissements de Halle qu'avait fondés Francke. Dieu lui demandait-il aussi d'ouvrir une maison pour orphelins ? En ce cas, qu'il veuille bien l'y conduire. Était-ce à cause des enfants sans foyer, que cette fondation s'imposait à lui ? Non ! Et il le dit catégoriquement dans ses Mémoires où nous lisons ceci :

Lacune chez les chrétiens

« Mes travaux de pasteur, ma volumineuse correspondance et les conversations avec les frères m'obligent à constater chaque jour davantage que ce qui manque le plus aux chrétiens de notre époque, c'est la foi ; ils ont besoin d'être fortifiés dans la foi. Je m'explique : voici des frères qui travaillent de quatorze à seize heures par jour, et ceci nuit tout à la fois, à la santé physique et spirituelle ; leur âme est languissante ; les choses de Dieu les laissent indifférents. Si je leur conseille de moins travailler à cause de leur santé, et de se fortifier spirituellement, par la lecture de la Bible et la prière, ils me répondent généralement ceci : Moins de travail, c'est aussi moins d'argent pour l'entretien de la famille. Or nous pouvons à peine joindre les deux bouts maintenant ! On est si peu payé aujourd'hui... qu'il faut accepter le surmenage pour s'en tirer. N'est-il pas évident que ce qui manque à ces frères, c'est la confiance en Dieu ; et que ce raisonnement révèle leur manque de foi dans cette promesse du Sauveur : « Recherchez premièrement le royaume de Dieu, et sa justice et toutes choses vous seront données par surcroît. »

> ... ce qui manque le plus aux chrétiens de notre époque, c'est la foi

Je réponds à mon interlocuteur que c'est Dieu qui fait vivre sa famille et non son travail ; que celui qui les a nourris lui et les siens lorsqu'il était malade saura bien encore subvenir à ses besoins s'il diminue les heures de travail pour nourrir son âme : « Le matin, vous ne donnez que quelques instants à la prière ; et le soir vous êtes trop fatigué pour jouir de la lecture de la Parole de Dieu ; il arrive même que le sommeil vous surprenne dans votre lecture, ou à genoux quand vous priez. » On m'accorde généralement qu'il en est bien ainsi..., que mon conseil a du bon ; et c'est tout. Mais ce qu'on ne me dit pas et que je devine, c'est que mon cher frère pense qu'il n'y a pas moyen de faire autrement.

Ou bien encore, voici des enfants de Dieu qui se laissent épouvanter par le spectre de la vieillesse ; que deviendront-ils quand ils ne pourront plus travailler ?
La terreur de l'hospice les hante ; ils vivent dans l'inquiétude, à cause du lendemain. Si je leur fais voir que dans le passé, Dieu a constamment aidé ceux qui se confient en lui, ils ne se sentent pas toujours libres de répondre que les temps sont changés,

mais il est manifeste que le Père céleste n'est pas pour eux, le Dieu vivant.

Ou encore, voici des frères dans le commerce ; ils ne sont pas en règle avec Dieu parce qu'ils traitent leurs affaires comme les gens de ce monde, et leur conscience en souffre. Et pour s'excuser ils disent qu'il y a la concurrence et la surpopulation, que les temps sont difficiles ; que pour réussir il faut faire comme les autres, et que ce serait courir à la faillite que d'observer les commandements de Dieu, en affaires, etc. On exprimera peut-être le désir de changer de position ?

Mais j'ai rarement vu que, pour rester en paix avec sa conscience, on prenne la sainte résolution de s'attendre uniquement au Dieu vivant et de dépendre de lui seul.

D'autres frères et sœurs exercent des professions qui ne sont pas compatibles avec leurs principes chrétiens ; mais que deviendraient-ils s'ils y renonçaient ? Ils redoutent d'avoir à laisser une situation sur laquelle cependant, ne peut reposer la bénédiction de Dieu. Ils craignent de ne pas trouver d'autre emploi.

L'incrédulité que ces divers états d'esprit révèlent m'a souvent accablé ; et je souhaite ardemment pouvoir faire la preuve que Dieu est toujours le même, pour quiconque se confie en lui. Je désire pouvoir montrer aux faibles dans la foi, par des preuves qui ne soient pas uniquement tirées de l'Ecriture, que Dieu peut toujours et veut toujours les aider ; qu'il est encore aujourd'hui, ce qu'il était hier. Je sais parfaitement que les Saintes Écritures doivent suffire ; elles ont suffi pour moi, avec le secours de sa grâce ; toutefois si je puis aider mes frères en faisant devant eux la preuve de la fidélité immuable de Dieu, je dois la faire. Le récit de ce que le Seigneur a accompli par le moyen de son serviteur Francke, a été pour moi en bénédiction. Je crois donc que je dois servir l'Église concernant la chose pour laquelle il a plu au Seigneur de manifester sa faveur envers moi ; je veux parler de la capacité de le prendre au mot en me reposant uniquement et parfaitement sur sa Parole.

George Müller

Désir de venir en aide aux orphelins

Cette inquiétude qui ronge la plupart des chrétiens, leurs soucis, leur culpabilité en refusant de croire Dieu, ont été les moyens dont le Seigneur s'est servi pour allumer en moi l'ardent désir de donner en ce siècle, à l'Église et au monde, la preuve qu'il est toujours le même. Et cette preuve-là, il me semble que rien ne pourrait la faire aussi bien qu'un orphelinat, puisque ceci sera visible, tombera sous les sens ; or, si un homme pauvre peut fonder un orphelinat et le faire subsister uniquement par la prière et la foi, sans rien demander à personne, cela accompagné de la bénédiction de Dieu, fortifiera les faibles, augmentera leur foi, et de plus manifestera aux incrédules la réalité des choses divines et éternelles. Telle est la raison primordiale qui ramène constamment à ma pensée la fondation d'un orphelinat.

Certes, je désire de tout cœur que Dieu m'emploie pour faire du bien à de pauvres enfants sans père ni mère ; avec son aide, je m'occuperai de leurs corps et de leurs besoins temporels, et je veillerai à ce qu'ils soient élevés dans sa crainte. Cependant mon but principal, c'est que Dieu soit magnifié. Qu'il soit magnifié parce que les orphelins auront tout ce qu'il leur faudra, uniquement en réponse à la prière et à la foi, et sans que rien soit demandé à personne. Par là, il sera manifeste que Dieu est toujours fidèle, et qu'il entend toujours la prière[1].

20 novembre. Ce soir, j'ai pris le thé chez une sœur, et j'ai trouvé chez elle une vie de Francke. Je pense constamment à travailler comme lui, mais sur une moins vaste échelle ; non pour l'imiter, mais pour glorifier Dieu. Que le Seigneur me montre sa volonté.

---

1. Longtemps après, jetant un coup d'œil en arrière, Müller écrivit : « Les années qui ont suivi l'ouverture des Maisons pour orphelins montrent que je ne me suis pas trompé : nombre de pécheurs ont été convertis en lisant les rapports de l'œuvre ; quant aux croyants, ils ont été par là fortifiés et bénis. Dieu s'est servi de cette œuvre pour les amener à porter une abondance de fruits, et c'est du plus profond de mon cœur que je veux exprimer à Dieu ma reconnaissance. À lui seul, tout l'honneur, toute la gloire et avec son secours je fais monter l'un et l'autre vers son trône. »

Ouverture des premiers orphelinats

21 novembre. La pensée d'un orphelinat n'a cessé d'occuper mon cœur aujourd'hui. Le moment n'est-il pas venu de faire autre chose que d'y penser ; et d'agir ? J'ai instamment prié Dieu de me montrer sa volonté.

2 décembre. Ce matin, j'ai particulièrement demandé au Seigneur qu'il lui plaise de me révéler sa volonté par le moyen de frère Caldecott. Je suis allé voir celui-ci pour lui donner l'occasion de sonder mon cœur. Puisque ce que je désire, c'est la gloire de Dieu, il peut certainement se servir de ce frère aussi bien que de tout autre pour me montrer si ce projet vient ou non de lui. Or, frère et sœur C. m'ont fort encouragé. J'ai donc commandé l'impression de cartes d'invitations pour une réunion publique le 9 décembre. Voici le premier pas accompli. Je vais maintenant exposer mes projets devant les frères ; c'est encore là un moyen de me renseigner plus exactement sur la pensée du Seigneur.

5 décembre. Ce soir en lisant les Écritures j'ai été frappé par ces paroles : « Ouvre ta bouche et je la remplirai » (Psaume 81.11). Jusqu'ici je n'avais pas encore prié pour les ressources nécessaires, ni pour le personnel qu'il faudra trouver. Séance tenante je me suis approprié la promesse de ce verset pour l'orphelinat et, prenant le Seigneur au mot, je lui ai demandé un local, mille livres sterling, et des personnes qualifiées pour prendre soin des enfants.

> **Rempli de la joie du Seigneur, j'ai repris le chemin de la maison, tout à fait certain, maintenant, que l'oeuvre s'accomplira...**

9 décembre. J'ai reçu aujourd'hui le premier objet mobilier : une très grande garde-robe. J'ai été très abattu cet après-midi et ce soir en pensant à l'orphelinat ; mais une fois à la chapelle et dès que j'ai commencé à parler, Dieu m'a particulièrement soutenu. Il a versé en mon cœur sa paix et sa joie, et l'assurance que cette maison pour orphelins était bien selon sa volonté. À l'issue de la réunion, on m'a donné douze francs cinquante. Intentionnellement, j'avais fait supprimer la collecte. Je redoutais de faire vibrer l'émotion, d'agir sur les sentiments, voulant par-dessus tout connaître la pensée de Dieu. À l'issue de la réunion, une sœur m'a offert ses services. Rempli de la joie du Seigneur, j'ai repris le chemin de la maison, tout à fait certain, maintenant, que l'œuvre s'accomplira, bien que je n'aie actuellement que douze francs cinquante en poche pour sa réalisation.

Je dois dire que les voies de Dieu à mon égard, la manière dont il a subvenu à tous mes besoins durant les cinq années écoulées sans que j'aie eu de traitement fixe, les provisions et les vêtements reçus au moment qu'ils étaient nécessaires, tous dons qui n'ont pas été faits avec parcimonie mais avec largesse et par des donateurs dont quelques-uns sont certainement d'intimes amis, mais d'autres et dans une large proportion sont des inconnus, tout cela m'a conduit à penser que ce don de foi mis en mon cœur par Dieu n'était pas uniquement pour mon bénéfice particulier, mais aussi pour celui des autres. Déjà, à Teignmouth, lorsque je voyais de pauvres enfants courir par les rues, je me demandais si la volonté de Dieu n'était pas que j'ouvre des écoles pour eux ? Deux ou trois ans après, ces écoles ont été ouvertes et elles sont l'une des branches de notre Institut biblique.

Depuis, c'est la pensée d'un orphelinat qui s'est constamment imposée à moi, cela remonte à quatorze mois à peu près.

Si cela vient de Dieu, il peut amener ses serviteurs, en quelque endroit du monde qu'ils habitent, à nous envoyer, à frère C... et à moi, tout ce qui est nécessaire. Je ne regarde pas à Bristol en cette affaire, ni à l'Angleterre, mais au Dieu vivant. C'est à lui que l'argent et l'or appartiennent.

10 décembre. Ce matin j'ai reçu la lettre suivante d'un frère et d'une sœur :

« Si vous nous croyez qualifiés pour aider dans l'orphelinat, nous vous offrons nos services. Nous vous offrons aussi tout

Ouverture des premiers orphelinats

notre mobilier..., etc. Nous ne désirons pas de salaire, dans la conviction que Dieu, s'il nous appelle, subviendra à tous nos besoins... » Le même soir, un frère m'apportait de la part de plusieurs donateurs : trois plats, vingt-huit assiettes, trois cuvettes, un broc, quatre timbales, trois salières, une râpe, quatre couteaux et cinq fourchettes.

12 décembre. Tandis que je priais Dieu ce matin qu'il veuille bien nous donner une nouvelle marque de sa faveur, un frère a apporté trois plats, douze assiettes, une cuvette et une couverture. Après avoir remercié le Seigneur, je lui ai demandé un nouvel encouragement, et peu après nous avons reçu douze cent cinquante francs d'une personne dont je ne pouvais espérer cette somme, et cela pour plusieurs raisons. La direction du Seigneur était donc d'autant plus manifeste. Je me suis senti porté à prier à nouveau ce même jour, pour recevoir encore davantage, et le résultat, c'est qu'on a apporté dans la soirée vingt-huit mètres d'indienne. Enfin une autre sœur a offert ses services pour l'orphelinat.

18 décembre. Cet après-midi, j'ai reçu un couvre-pied, un support de fer à repasser, huit bols et soucoupes, un sucrier, un pot à lait, une tasse à thé, seize dés, cinq couteaux, cinq fourchettes, six cuillers à dessert, douze cuillers à thé, quatre démêloirs et deux petites râpes ; par un autre ami : un fer à repasser, un bol et la soucoupe. Il a apporté en même temps deux mille cinq cents francs, de la part d'une sœur très pauvre.

G. Müller ajoute au sujet de ce don dans une autre publication : Il a plu à Dieu de reprendre la donatrice ; il m'est donc possible de donner quelques détails sur elle, et sur le don qu'elle a fait. Je la connaissais depuis l'année de mon arrivée à Bristol, en 1832. Elle gagnait sa vie avec son aiguille, et recevait entre 2 F 50 et 6 F 50 par semaine, car elle était souvent souffrante et ne pouvait beaucoup travailler. Mais cette chère sœur, toujours si humble, était satisfaite de ce qu'elle avait ; je ne me souviens pas de l'avoir entendue se plaindre une seule fois. Peu de temps avant l'ouverture de l'orphelinat, son père mourait, et elle entrait, ainsi que son frère et ses deux sœurs, en possession de la part qui lui revenait de l'héritage d'une grand-mère : chacun reçut 12 000 francs. De son vivant, le père avait touché l'intérêt de la somme globale. Comme cet homme s'adonnait à la boisson et avait laissé des dettes, ses enfants ont alors décidé d'offrir vingt p. cent aux créanciers. Ceux-ci qui, légalement, n'avaient aucun droit se sont empressés d'accepter. A. L. pensa alors : « La culpabilité de mon père n'empêche pas qu'il soit mon père ; puisque j'ai de quoi payer ses dettes complètement et que mon frère et mes sœurs s'en désintéressent, je dois le faire en tant que chrétienne ». Elle était donc allée trouver les créanciers en secret, et elle les paya complètement. Puis son frère et ses sœurs ayant versé chacun douze cent cinquante francs à leur mère, A. L. se dit : « Comme enfant de Dieu, je dois donner le double » ; et elle lui versa deux mille cinq cents francs. Peu après, elle m'envoyait aussi la même somme pour l'orphelinat. J'en ai été extrêmement surpris ; je la savais pauvre, j'ignorais cet héritage, et ses vêtements n'indiquaient pas un changement de situation. Avant d'accepter le don, je suis allé la trouver et j'ai eu avec elle une longue conversation pour essayer de découvrir le mobile de son acte. N'avait-elle pas obéi à quelque impulsion du moment qu'elle regretterait ensuite ? Ce point était des plus importants car si elle avait donné pour quelque raison qui n'aurait pas été scripturaire, le moment des regrets serait venu tôt ou tard, et le nom du Seigneur en aurait été déshonoré.

Mais quelques instants de conversation m'ont suffi pour découvrir qu'en agissant ainsi cette sœur bien-aimée avait voulu suivre Jésus, et qu'elle le faisait délibérément, calmement, après avoir bien pesé son acte. En dépit des conseils de la raison, elle voulait obéir aux commandements du Seigneur : « Ne vous amassez pas des trésors sur la terre » (Matthieu 6.19). « Vendez ce que vous avez et donnez-le en aumônes » (Luc 12.33). Et lorsque j'ai essayé de l'en dissuader pour m'assurer qu'elle avait suffisamment pesé sa décision, elle m'avait répondu : « Le Seigneur Jésus a donné pour moi la dernière goutte de

Ouverture des premiers orphelinats

son sang, et je ne lui donnerais pas ces deux mille cinq cents francs ? Je donnerais plutôt tout ce qui me reste, si la fondation de l'orphelinat devait en dépendre ! » Ayant constaté qu'elle s'appuyait sur la Parole de Dieu et qu'elle avait bien pesé toutes choses, je n'ai pu qu'accepter le don en admirant les voies de Dieu qui se servait de cette sœur pauvre et souffrante, pour aider puissamment aux débuts de l'œuvre fondée en regardant uniquement à lui.

C'est aussi à ce moment qu'elle m'avait remis cent vingt-cinq francs pour les enfants de Dieu dans la pauvreté. Je veux souligner que notre bien-aimée sœur faisait le silence sur tous ses dons. Je crois bien que de son vivant, il n'y a eu que six frères et sœurs parmi nous qui savaient qu'elle avait hérité un certain jour de douze mille francs et qu'elle avait donné deux mille cinq cents francs à l'orphelinat. Mais ce n'est pas tout : frère C..., l'un des missionnaires de notre Institut biblique, visitait à cette époque tout le quartier habité par A. L., en allant de maison en maison. C'est ainsi qu'il a appris qu'elle avait donné à une pauvre femme un lit, à une autre de la literie, à une autre des vêtements, à une autre des vivres. Incidemment, ici et là, il apprenait ces actes d'amour. Le 4 août 1836, sept mois après le don si généreux fait à l'orphelinat, elle était venue me trouver et me dire que la veille elle s'était sentie poussée à prier afin que des fonds soient envoyés à l'Institut biblique. Et tandis qu'elle priait elle s'est dit : « De quelle utilité serait ma prière si personnellement je ne donnais rien quand je puis le faire ? » C'est pourquoi elle m'apportait cent vingt-cinq francs. À ce moment, j'avais bien des raisons de croire qu'elle avait donné la plus grosse partie de son héritage, aussi je lui ai parlé longuement pour m'assurer qu'elle donnait bien pour le Seigneur et après mûre délibération. Sa réponse faisait voir autant de résolution que précédemment et qu'elle était mue par l'amour de Dieu uniquement. « Et maintenant, dit-elle en guise de conclusion, vous devez prendre une seconde somme de cent vingt-cinq francs pour avoir l'assurance que la première était donnée avec joie. »

Je relèverai plus particulièrement les quatre points suivants qui se rapportent à la vie de notre sœur dans la période d'abondance : 1° Elle a tout fait pour qu'on ignore ses dons, montrant par là qu'elle ne recherchait pas la louange des hommes ; 2° Elle est demeurée dans l'humilité et dans la même situation... ; 3° Elle n'a rien changé à sa manière de se vêtir, alors qu'elle jouissait d'une abondance relative : toujours propre, sa mise est restée pauvre. Il en était de même pour son logement et sa façon de vivre. Pour tous, elle continuait d'être la pauvre servante du Seigneur ; 4° Et voici ce qui est aussi beau que tout le reste : elle a continué de travailler pour gagner ses trois à cinq francs par semaine, alors qu'elle donnait par billets de vingt-cinq ou de cent vingt-cinq francs !

Quelques années avant de s'endormir dans le Seigneur, elle avait donné tout ce qu'elle possédait. Comme sa santé physique avait toujours laissé à désirer et que son état s'aggravait, elle devint très particulièrement dépendante de son Père céleste qui subvint à tous ses besoins jusqu'au dernier moment. Alors que l'argent commençait à lui manquer, elle fit une première expérience qui fortifia beaucoup sa foi. Voici ce qu'elle me raconta. Elle n'avait plus un seul sou et sa petite provision de thé et de beurre était épuisée lorsque deux chrétiennes arrivèrent pour la voir. Elles restèrent quelque temps, puis dirent leur intention de prendre le thé avec elle. Notre sœur, pensait intérieurement que cela lui serait bien égal de se passer de thé, mais que c'était une dure épreuve que de ne pouvoir rien offrir à ses visiteuses. Elle essaya de leur faire comprendre que le moment n'était pas favorable. Mais les chères sœurs ne saisirent pas, ou n'en eurent pas l'air, et se mirent à sortir d'un panier : thé, sucre, pain et beurre, tout ce qui lui manquait, tout ce qu'il fallait, et elles laissèrent le reste des provisions en prenant congé...

Notre sœur n'avait jamais rien dit à personne de sa situation. Mais le Seigneur la connaissait, et subvenait à tous ses besoins. Aussi ne se fatiguait-elle point de dire les bontés de l'Éternel, et elle faisait monter vers lui ses actions de grâce et ses louanges,

Ouverture des premiers orphelinats

même aux heures de vive souffrance. Le Seigneur l'a pris à lui en janvier 1844.

C'est en l'année 1835, alors que Mme Müller était en visite chez une amie à Stoke Bishop, qu'elle fut victime d'un accident assez grave. En voulant éviter une voiture qui tournait à toute allure du côté où elle se trouvait, Mme Müller courut et tomba. Elle eut la vie sauve ; mais dans sa chute elle se blessa grièvement. Bien des années après, elle devait ressentir les suites de cet accident...

Une autre année s'achevait. Dans son fidèle amour, écrit Müller, Dieu a subvenu à tous mes besoins. Pendant 1835, il m'a été envoyé sept mille cent vingt-six francs quarante.

George Müller avait apporté à Dieu tous les détails de l'orphelinat qu'il fondait ; mais il avait cependant oublié un point : les orphelines ! Il allait sans dire, pensait-il, qu'il recevrait de nombreuses demandes d'admission.

L'orphelinat fin prêt

Tout était prêt. Le jour de l'ouverture était arrivé. Personne ne vint. « Je me suis profondément humilié devant Dieu, dit Müller, et j'ai passé toute la soirée du 3 février en prière ; je sondais mon cœur ; j'analysais à nouveau mes motifs. Vraiment, je n'avais aucune ambition personnelle en cette affaire. Je ne voulais que la gloire de Dieu d'abord, et en second lieu, faire du bien à des enfants sans parents...

Dès le lendemain 4 février, je recevais une demande d'admission, qui fut suivie peu après par quarante-deux autres. »

21 avril. J'avais loué pour un an, au moins, l'immeuble n° 6 de la rue Wilson. Il est vaste et bon marché. Je l'ai occupé jusqu'au 25 mars[2].

11 mars. Frère et sœur Groves, accompagnés des douze missionnaires hommes et femmes qui partent avec eux, nous ont quittés cet après-midi pour les Indes. Ce soir, nous avons eu une réunion de prière spéciale pour les voyageurs. Quand verrons-nous quelqu'un d'entre nous se lever, et partir aussi ? Mon voyage en Allemagne a été le moyen dont Dieu s'est servi pour donner six missionnaires : quatre frères et deux sœurs. Deux sont déjà partis en octobre dernier, les quatre autres sont partis aujourd'hui.

M. Bergin ajoute cette note dans *l'Autobiographie du Centenaire* : Aujourd'hui, en 1905, des fils et des petites filles de deux des missionnaires partis alors, travaillent encore dans le district du Godavery, et la bénédiction de Dieu repose sur leurs travaux.

Maintenant le voici aménagé pour recevoir les vingt-six petites filles admises depuis le 2 avril. La journée du 21 avril, celle de l'ouverture de l'orphelinat, fut mise à part pour la prière et l'action de grâce. Nous avions décidé de ne prendre que les fillettes de sept à douze ans. Mais nous avons déjà reçu plusieurs demandes pour fillettes de quatre à six ans. Ne devons-nous pas les recevoir aussi, puisqu'il y a encore de la place, et que Dieu a répondu avec munificence à nos requêtes, en nous donnant au delà de tout ce que nous pensions ? Après avoir beaucoup prié à ce sujet, nous avons décidé devant Dieu que nous ouvririons aussi une maison pour les « petits » : filles et garçons, dès que nous aurions l'immeuble, le mobilier et le personnel nécessaires.

---

2. Le lecteur pourrait s'étonner à bon droit que M. Müller ait jamais occupé pour lui, sa femme et deux enfants des locaux si vastes, qu'ils purent se transformer en orphelinat. Quelques lignes du journal de George Müller nous aideront à comprendre ; elles nous feront voir en même temps ce que devait être la maison de cet homme de Dieu.

Ouverture des premiers orphelinats

6 mai. Aujourd'hui, j'ai commencé la rédaction de ce que Dieu a fait pour moi.

16 mai. Depuis plusieurs semaines, nous n'avons presque rien, bien que j'aie prié Dieu à plusieurs reprises. Je n'ai donc pas pu mettre de côté la somme requise pour les impôts. Ce qui me tranquillise, c'est la pensée que Dieu enverra le nécessaire avant l'époque voulue. Mais une épreuve bien plus sérieuse pour moi que nos besoins personnels est de ne plus pouvoir aider ceux de nos frères qui sont dans la pauvreté. Aujourd'hui, Dieu nous a envoyé cent quatre-vingt-dix francs. Il nous a exaucés en temps voulu, et avant qu'on ne vienne percevoir la somme due.

3 juin. Depuis le 16 mai, je suis obligé de garder la maison et même le lit, puisque je ne dois pas marcher. Mais j'ai pu écrire presque chaque jour et continuer le « Récit » commencé. J'avais dû le laisser à cause de très pressantes occupations. Il est à noter que je n'ai pu rédiger ce travail jusqu'ici, faute de temps. Je crois qu'il pourra faire du bien. À cause de la maladie, j'ai maintenant les loisirs requis et la liberté d'esprit voulue, de sorte que j'ai pu écrire cent pages *in quarto*. Que Dieu me dirige dans sa bonté.

11 juin. Grâce à Dieu, l'amélioration continue, mais l'inflammation m'empêche de marcher. J'ai donc encore pu écrire la semaine passée.

12 juin. Aujourd'hui, j'ai pu prêcher. C'est beaucoup plus tôt que je n'osais l'espérer.

18 juin. Toutes ces semaines passées, nous n'avons eu que peu d'argent pour nos dépenses personnelles. J'en suis affligé parce que nous ne pouvons pas aider les frères pauvres, autant que nous le voudrions. Aujourd'hui samedi, il ne nous reste que les trois francs soixante-quinze nécessaires pour payer la voiture dont j'ai besoin pour aller à Béthesda demain dimanche, puisque je dois éviter de marcher. S'il nous reste ce peu d'argent, c'est que le boulanger a offert le pain qu'il apportait, refusant d'en accepter le prix.

21 juin. Ce soir, frère C... et moi avons eu la joie de constater que durant la semaine écoulée, Dieu ne nous avait pas seulement envoyé les quatre cent trente-sept francs cinquante nécessaires au loyer des deux écoles, mais cent vingt-cinq francs de plus.

1er octobre. À cause des nombreuses délivrances qui nous ont été accordées dernièrement, nous n'avons pas hésité à agrandir notre champ d'action par l'ouverture d'une nouvelle école de garçons dont le besoin se faisait sentir. Nous avons des demandes d'admission qui remontent à plusieurs mois.

19 octobre. Aujourd'hui, j'ai trouvé une sœur comme directrice pour l'orphelinat des « petits ». Jusqu'ici, je n'avais rencontré personne qui semblait qualifié. Voilà quelque temps déjà que nous avons en mains l'argent suffisant pour cette œuvre et plusieurs demandes d'admission.

25 octobre. Par la bonté de Dieu, nous avons pu acquérir aujourd'hui et sans difficulté aucune, un immeuble très propre qui pourra être transformé en orphelinat pour « les petits ». Si nous avions dépensé des milliers de francs à construire, nous n'aurions pu difficilement faire mieux que ce que nous avons trouvé tout fait.

30 novembre. Je suppose que c'est à cause d'autres demandes urgentes, d'autres occupations pressantes que, ces temps passés, je n'ai pas prié pour les fonds nécessaires. Et hier matin, à cause du très grand besoin d'argent, je me suis senti poussé à prier avec instance à ce sujet. En réponse, j'ai reçu le même soir deux cent cinquante francs d'un frère qui voulait faire ce don depuis quelque temps, mais en avait été empêché parce qu'il n'avait pas eu les moyens jusqu'ici. Ces moyens, Dieu les lui a fournis

Ouverture des premiers orphelinats

juste au moment que nous avions le plus besoin de son aide ; et par là, il est venu à notre secours. Puis, nous avons encore reçu hier soir cent vingt-cinq francs d'une sœur que je n'ai jamais vue et dont Dieu s'est souvent servi pour suppléer à nos besoins. Voici ce qu'elle m'a écrit : « Dernièrement, j'ai eu constamment l'impression que je devais vous envoyer quelque chose ; il me semble que vous devez avoir quelque besoin, et que le Seigneur veut me faire l'honneur d'être son instrument en vous donnant par moi le nécessaire. Je vous envoie donc cent vingt-cinq francs, tout ce que j'ai à la maison en ce moment. Mais si vous avez l'occasion de m'écrire et voulez bien me dire ce qu'il en est, je vous enverrai à nouveau cent vingt-cinq francs. »

10 décembre. Du 26 mars à ce jour, il a été dépensé pour les orphelins neuf mille neuf cent vingt francs quinze centimes.

15 décembre. Ce jour a été mis à part pour la prière et les actions de grâce, à l'occasion de l'ouverture de l'orphelinat des petits, qui a eu lieu le 28 novembre. Le matin, réunion de prière. L'après-midi, prières et actions de grâce, puis réunion pour les enfants de nos écoles et des orphelinats : trois cent cinquante environ. Je leur ai parlé sur ce texte : Ecclésiaste 12.1 : « Jeune homme réjouis-toi, pendant ton jeune âge, livre ton cœur à la joie pendant les jours de ta jeunesse... mais sache que pour chacun de tes actes Dieu t'appellera en jugement. » Ce soir, rapport sur l'œuvre des orphelinats...

31 décembre. Nous avons maintenant cent quatre vingt et un membres d'église à Gideon Chapel et cent soixante-huit à Béthesda ; en tout, trois cent quarante neuf frères et sœurs.

Il a plu à Dieu de me donner durant l'année écoulée cinq mille huit cents francs pour mes besoins personnels.

22 avril. Deux cas de typhus à l'orphelinat. Dieu exauçant nos prières a empêché que la maladie s'étende, et les deux petits malades sont en convalescence.

28 mai. Le récit de ce que Dieu a fait pour moi va être publié. Et ceci m'a conduit à demander à Dieu avec instance qu'il veuille bien m'accorder ce qui manque aux vingt-cinq mille francs que je lui ai demandés pour l'orphelinat à l'origine (c'est-à-dire le 5 décembre 1835, dix-huit mois auparavant). Pour moi, j'ai déjà l'exaucement, et la chose est faite ; de sorte que souvent déjà, j'ai pu bénir et louer Dieu par anticipation. Mais pour les autres, cela n'est pas suffisant. J'aimerais que mon livre ne sorte pas de presse sans que j'aie reçu le dernier franc, pour avoir le précieux privilège d'en témoigner dans cette publication. Le 22, j'ai reçu cent quatre-vingt-neuf francs cinquante, le 23 : soixante-quinze francs ; le 24, une dame que je n'avais jamais vue auparavant m'a apporté mille francs. Ceci m'a puissamment encouragé.

15 juin. J'ai à nouveau ardemment prié aujourd'hui pour obtenir ce qui manque aux vingt-cinq mille francs, et ce soir même j'ai reçu cent vingt-cinq francs de sorte que la somme est acquise et au delà.

C'est pourquoi je veux répéter à la gloire de Dieu à qui je suis, et que je sers, que chacun des shillings de cette somme et que tous les objets mobiliers ont été reçus sans que rien n'ait été demandé à personne qu'à lui.

La chose à laquelle nous devons très particulièrement prendre garde en priant, c'est de croire que nous recevrons comme il est dit dans l'Évangile de Marc (11.24) : « Tout ce que vous demanderez en priant, croyez que vous le recevrez et il vous sera accordé, » Il arrive souvent que ceci manque à mes prières. Mais quand je suis capable de croire que je reçois, Dieu agit en conséquence.

Tandis que je rédige ces notes (28 juin 1837), j'attends du Seigneur les quatre cent trente-sept francs cinquante qu'il me faut pour le loyer de nos deux écoles, loyer dû dans trois jours, et je n'ai en mains que soixante-quinze francs. Je crois que Dieu peut donner cette somme, je crois que Dieu veut la donner si c'est pour notre bien, et j'ai souvent demandé qu'il la donne ; mais ma foi n'est pas triomphante et je ne puis dès maintenant le remercier de ce qu'il m'a exaucé et accordé cette petite somme. J'attends le secours à chaque courrier, à chaque coup de sonnette ; certes, je compte sur Dieu et sur Dieu seul, mais jusqu'ici je n'ai pas cette assurance de pouvoir payer le loyer, au même point que je l'aurais si j'avais déjà l'argent en poche.

Le ministère prend de l'expansion

Comme jusqu'ici le Seigneur a daigné exaucer mes prières, comme je crois que l'un des principaux talents qu'il m'a confiés c'est de pouvoir saisir par la foi l'effet de ses promesses pour mes besoins temporels et ceux des autres ; à cause de la nécessité d'un orphelinat pour garçons au-dessus de sept ans dans cette ville de Bristol, et parce que sans cette « Maison » nous ne saurions comment placer les enfants qui ont atteint cet âge ou vont l'atteindre dans l'orphelinat des « petits » ; pour toutes ces raisons, je caresse le projet d'ouvrir une nouvelle Maison qui pourra recevoir quarante garçons.

Toutefois, il y a entre ce projet et sa réalisation, trois difficultés qui doivent avoir leur solution avant que je puisse aller de l'avant.

1° J'ai déjà plus à faire que je ne puis accomplir. Je ne puis donc élargir mon champ d'action, à moins qu'il ne plaise à Dieu de m'envoyer un frère qui remplirait les fonctions d'économe et me déchargerait de tout le travail de bureau : les livres de comptes, l'achat des Écritures ou portions de la Bible pour la vente ou les distributions, les comptes à tenir de ce chef ; les conseils à donner pour les orphelinats sur des questions toute matérielles, la correspondance ou les entrevues pour les demandes d'admission, etc. Un économe est d'ailleurs nécessaire tout de suite, qu'un orphelinat de garçons soit ouvert ou non. C'est pourquoi je place ce besoin d'un aide sur le cœur de ceux qui liront ces lignes, afin qu'ils prient à ce sujet et que le frère qualifié pour ce poste soit trouvé.

2° Avant d'ouvrir un nouvel orphelinat, il faut trouver l'homme pieux qui pourra en prendre la direction, et le personnel nécessaire.

3° Si Dieu veut que j'aille de l'avant, j'aimerais qu'il me le montre clairement en m'envoyant tout ce qu'il faut. Si d'une part, je suis prêt à confesser à la louange de Dieu qu'il m'a donné la foi requise pour m'attendre à lui, d'autre part je demande qu'il me garde de toute présomption et d'un enthousiasme inconsidéré. Je n'ai pas l'intention d'attendre qu'il m'envoie des milliers et des milliers de francs ou qu'il assure la vie de l'œuvre par des legs, mais j'attendrai qu'il donne le nécessaire pour meubler une maison de quarante garçons, pour les vêtir, et la petite somme voulue pour commencer...

1er juillet. Dans sa bonté, Dieu continue de bénir la prédication de sa Parole pour la conversion de nombreux pécheurs. Voilà cinq ans qu'il poursuit sans arrêt son œuvre dans les cœurs. Actuellement le nombre de ceux qu'il a convertis à Bristol par notre moyen est de cent soixante-dix-huit.

12 juillet. La dame qui m'avait remis le 24 mai mille francs et que je n'avais jamais vue auparavant m'a donné à nouveau onze mille cinq cents francs.

15 août. J'ai reçu aujourd'hui le premier envoi (cinq cents exemplaires) de la première partie du « Récit[3] ». Et tout aussitôt, un tumulte de pensées diverses s'est élevé en moi. N'est-ce pas une erreur que de publier cela ? Une sorte de

---
3. Le titre donné par G. Müller à ses « Mémoires » est celui-ci : *Récit de la manière dont Dieu a conduit George Müller.*

Ouverture des premiers orphelinats

tremblement m'a saisi avec le désir de pouvoir défaire ce que j'ai fait. Cependant comme j'avais constamment scruté mon cœur avant de commencer la rédaction de ce travail, me faisant subir une série d'examens et de contre-examens sur la question de mes motifs, comme j'avais recherché avec ardeur en prière la pensée du Seigneur et reçu l'assurance que sa volonté était bien que je serve aussi l'Église par le moyen de cette publication, j'ai attribué à l'adversaire les sentiments contradictoires qui m'assaillaient. Ce tremblement, ces doutes, ces regrets, je les ai considéré comme une tentation, et, allant délibérément vers la caisse, je l'ai ouvert, j'ai pris quelques brochures et en ai donné une presque aussitôt, afin de me couper la retraite[4].

15 septembre. Le premier legs. Ce matin, nous avons reçu d'une sœur éloignée un colis contenant des vêtements pour les orphelins, et un paquet d'argent. Parmi les dons, il y avait une petite somme de huit francs soixante léguée par un jeune garçon qui venait de mourir. Le cher enfant avait reçu de temps à autre quelques sous durant sa dernière maladie, et il les avait mis de côté. Peu avant de s'endormir en Jésus, il avait demandé qu'on nous envoie la petite somme ainsi réunie. Ce précieux petit legs en faveur des orphelins est le premier que nous ayons reçu.

19 septembre. Deux choses ont fait, plus spécialement aujourd'hui, une profonde impression sur moi. Que Dieu daigne rendre encore plus profonde cette impression : 1° Que je dois me ménager des moments de solitude, même si, en apparence, l'œuvre semble devoir en souffrir ; 2° Qu'il faut prendre tels arrangements utiles pour que je puisse visiter davantage les frères. Une église qui n'est pas visitée s'anémie tôt ou tard.

28 septembre. Depuis longtemps, j'ai beaucoup trop d'occupations au dehors. Hier matin, je me suis retiré durant trois heures à la sacristie de « Gideon Chapel » pour avoir un

---
4. Cela a été la dernière lutte que j'ai eu à soutenir pour cette publication. Depuis, je n'ai jamais regretté même un instant de l'avoir fait paraître.

peu de solitude. J'avais l'intention de recommencer l'après-midi, mais avant de quitter la maison on est venu m'appeler, puis les visites se sont succédées. Aujourd'hui cela a été la même chose.

21 octobre. Il y a quelques semaines, j'avais loué, à très bon compte, un très grand immeuble pour l'orphelinat des garçons. Lorsque j'ai appris que les gens du quartier menaçaient le propriétaire d'un procès parce qu'il avait loué à un établissement charitable, j'ai renoncé aussitôt à mes droits. Et voici ce qui m'a guidé en cette affaire : ces paroles de l'Écriture, « Pour autant qu'il dépend de vous, vivez en paix avec tous les hommes ». En renonçant à cette maison, j'avais l'assurance que le Seigneur m'en trouverait une autre. Ceci se passait le 5 octobre de bonne heure ; or, ce matin-là, pour manifester qu'il continuait de nous bénir, Dieu nous a envoyé mille deux cent cinquante francs par une sœur qui est loin d'être riche, argent destiné au mobilier de l'orphelinat des garçons. Aujourd'hui, il nous donne pour cet orphelinat une autre maison située, comme les deux précédentes, rue Wilson. À son heure, Dieu nous a donc encore aidés en cette circonstance. En vérité, chaque fois que dans cette œuvre, je n'ai eu affaire qu'à lui, je n'ai jamais été déçu.

1er novembre. Nous n'avons presque plus rien pour l'Institut biblique, pour les écoles et la caisse des Missions, et voici déjà quelque temps que je demande à Dieu de bien vouloir nous envoyer avec largesse ce qu'il nous faut. Je lui ai parlé à plusieurs reprises de deux mille cinq cents francs. Jusqu'ici il ne semble pas que Dieu ait entendu, les dons sont minimes. Mais hier, il y a eu un don de deux mille deux cent cinquante francs et aujourd'hui un autre de deux cent cinquante, ce qui fait la somme de deux mille cinq cents francs que j'avais demandée. Nous pouvons donc augmenter notre stock de Bibles, lequel était fort diminué...

Ouverture des premiers orphelinats

La santé décline

7 novembre. Ma tête est si faible que je comprends la nécessité absolue de laisser l'œuvre pour quelque temps. J'ai à peine pris la décision de quitter Bristol pour prendre le repos nécessaire que je reçois d'Irlande une lettre anonyme contenant cent vingt-cinq francs pour mes besoins personnels. Dieu m'envoie donc les moyens de ce déplacement. Je ne peux plus travailler, ma tête est dans un grand état de faiblesse provoquée par un labeur incessant, et je me sens heureux de partir. Cependant, humainement parlant, tout s'oppose à ce déplacement ! L'orphelinat de garçons va être ouvert. Il faudrait mettre au courant le personnel. Certaines questions d'églises sont pendantes et attendent toujours une solution. Mais Dieu sait tout cela mieux que moi, et il prend soin de son œuvre mieux que je ne le pourrais faire, mieux que je ne le puis faire.

16 novembre. Aujourd'hui je suis allé à Weston super Mare.

17 novembre. Weston super Mare. Ce soir, ma femme, l'enfant et la servante sont arrivées. Hier une sœur a placé cinquante francs dans le portefeuille de ma femme. Que le Seigneur est bon de nous envoyer les moyens suffisants. Qu'il est bon aussi de nous avoir envoyé l'aide nécessaire en frère T. pour s'occuper du travail qu'entraînent les écoles, les orphelinats, etc., de même qu'il avait envoyé frère C... il y a deux ans lorsque j'ai dû prendre un repos prolongé !

25 novembre. Nous sommes revenus à Bristol.

30 novembre. Je ne vais pas mieux. J'ai écrit à mon père, peut-être pour la dernière fois. Tout est bien, et tout sera bien ; tout ne peut être que bien puisque je suis en Christ. Qu'il m'est précieux, maintenant que je suis malade, de n'avoir pas à chercher Dieu, mais de l'avoir déjà trouvé.

17 décembre. Jour du Seigneur. J'ai vu passer sous mes fenêtres, ce matin, les trente-deux orphelines qui ont plus de sept ans. Quand je les ai vues avec leurs robes propres, leurs chauds manteaux et la sœur qui les accompagnait à la chapelle, je me suis senti reconnaissant envers Dieu qui m'avait choisi comme son instrument dans cette œuvre ; car toutes sont beaucoup mieux avec nous sous tous les rapports : spirituel et matériel, qu'elles ne le seraient dans les milieux d'où elles sortent. J'ai senti que pour un tel résultat, il valait la peine d'avoir travaillé non seulement quelques jours, mais encore durant des mois et des années, et que ceci répondait suffisamment aux amis qui me disent : « Vous faites trop. »

24 décembre. Voici le septième dimanche que je suis immobilisé. Aujourd'hui j'ai décidé que je ne joindrais plus de lettres aux paquets puisque la loi le défend ; car je comprends maintenant que le disciple de Jésus doit se conformer à la législation en tout ce qui ne s'oppose pas à la conscience.

31 décembre. Il y a maintenant quatre-vingt-un enfants dans nos trois orphelinats, et neuf frères et sœurs pour prendre soin d'eux. Total : quatre-vingt-dix personnes à table tous les jours. Nos écoles de semaine ont toujours autant besoin de nous, et même davantage, puisqu'elles comptent trois cent vingt enfants, et les écoles du dimanche trois cent cinquante. « Ô Dieu, ton serviteur n'est qu'un pauvre homme ! mais il s'est confié en toi, il s'est glorifié de toi devant les enfants des hommes, ne permets donc pas qu'il soit confondu. Ne permets pas qu'on puisse dire de ton œuvre qu'elle est le fruit d'un enthousiasme sans lendemain, un feu de paille qui ne peut durer ! »

Ce matin, j'ai gravement déshonoré le Seigneur en me laissant aller à l'irritation avec ma chère femme. Or, peu d'instants auparavant, j'étais agenouillé devant Dieu et le bénissais de m'avoir donné une telle compagne !

Ouverture des premiers orphelinats

Cette année, il a été dépensé dix-huit mille cinq cents francs pour les orphelinats, dix mille pour les écoles et l'achat des Écritures saintes, et j'ai reçu pour mon entretien sept mille six cent soixante-dix-huit francs vingt.

George Müller ne s'occupait pas seulement des écoles, de la diffusion des Écritures, des missions, de son église, il avait encore demandé à Dieu des ressources particulières pour les pauvres de Bristol. Nous lisons à ce sujet dans son journal :

Les cent paires de couvertures de laine sont arrivées aujourd'hui. Que le Seigneur est bon de faire de nous ses instruments pour subvenir aux besoins des pauvres parmi les frères, et dans le monde. Elles arrivent bien à propos ; les informations prises révèlent des cas d'extrême détresse... Que le Seigneur m'accorde de renoncer à moi-même pour subvenir aux besoins des pauvres. Que de choses on peut faire avec le renoncement ! Seigneur, aide-moi ! Les couvertures sont de très bonne qualité : quiconque veut imiter Jésus en aidant les malheureux ne se demandera pas comment faire pour s'en tirer à bon compte, mais il s'exercera à donner avec largesse.

6 janvier. Maladie et bénédiction. Il me semble que l'état de ma tête ne s'améliore pas, bien que l'état général soit plus satisfaisant ; mais mon bon docteur assure que je vais mieux et conseille un changement d'air. Or, ce même jour, une sœur qui habite à quelque cinquante-quatre kilomètres d'ici (elle ne sait donc rien de l'ordonnance du docteur) m'a envoyé trois cent soixante-quinze francs en spécifiant que c'était pour un changement d'air. Dieu prend soin des siens de façon merveilleuse ! J'ai donc les moyens de suivre l'avis du docteur. Aujourd'hui j'ai entendu parler d'une remarquable conversion provoquée par la lecture du « Récit ».

7 janvier. Ma tête est dans un état pitoyable et aussi malade que jamais, me semble-t-il. Les nerfs doivent être touchés ;

et ceci provoque en moi une forte tendance à l'irritabilité, mêlée de je ne sais quel sentiment satanique, qui est étranger à ma nature. Ô Seigneur ! veuille garder ton serviteur de te déshonorer ! Mieux vaudrait que tu me prennes à toi.

10 janvier. Aujourd'hui nous sommes partis pour Trowbridge, ma famille et moi.

12 janvier. Trowbridge. J'ai commencé la lecture de la « *Vie de Whitefield* » par M. Philip.

13 janvier. La lecture de cette biographie m'a déjà été en bénédiction. Il est évident qu'il faut attribuer les grands succès de la prédication de Whitefield à sa vie de prière intense et au fait qu'il lisait la Bible à genoux. Je sais depuis quelques années déjà l'importance de ce dernier point ; mais jusqu'ici je ne m'y suis que très peu conformé. J'ai eu aujourd'hui plus de communion avec Dieu que je n'en avais eue ces temps passés.

14 janvier. Jour du Seigneur. J'ai continué la lecture de la *Vie de Whitefield*, et Dieu continue de bénir celle-ci pour mon âme. J'ai passé plusieurs heures en prière aujourd'hui. À genoux, j'ai lu le psaume soixante-troisième, ce qui a été pour moi l'occasion de deux heures de méditation et de prière. Mon âme est maintenant parvenue à ce point, qu'elle fait ses délices de la volonté de l'Éternel, quelle qu'elle soit. Oui, du plus profond du cœur, je puis dire maintenant que je ne voudrais pas guérir, aussi longtemps que je ne jouis pas pleinement de la bénédiction que Dieu veut me dispenser par ce moyen. Hier et aujourd'hui, il a puissamment attiré mon âme vers lui. « O Dieu ! continue de manifester tes bontés envers moi, et remplis moi d'amour ! » Je voudrais te glorifier davantage ; pas tellement

> **Mon âme est maintenant parvenue à ce point, qu'elle fait ses délices de la volonté de l'Éternel, quelle qu'elle soit.**

par une activité extérieure que par la conformité intérieure à l'image de Christ. Qu'est-ce qui empêcherait Dieu de faire d'un être aussi vil que moi un autre Whitefield ? Il est certain que Dieu pourrait faire reposer sur moi autant de grâce, qu'il en fit reposer sur lui.

15 janvier. Les douleurs de tête ont été bien moins vives depuis hier après-midi. Cependant, je suis loin d'être bien. Mais à cause des bénédictions spirituelles que le Seigneur m'a déjà accordées, j'ai l'assurance que par cette maladie il veut me purifier pour son service béni, et qu'il me rendra bientôt, avec la santé, la possibilité de travailler encore pour lui.

16 janvier. Journée bénie ! Oh ! que le Seigneur est bon ! Sa grâce entretient en moi la ferveur d'esprit. Le psaume soixante-six a fait l'objet de mes méditations, et plus spécialement les versets dix, onze et douze, qui s'appliquent à mes circonstances particulières. Par le moyen de cette maladie, Dieu m'a déjà « mis au large et dans l'abondance », et je crois qu'il veut me bénir encore davantage. Que n'a-t-il pas fait déjà pour moi durant les dix-huit années écoulées ! Si j'établis un parallèle entre ce 16 janvier 1838 et le 16 janvier 1820, jour de la mort de ma chère mère, je puis mesurer la grandeur de son Amour à mon endroit. Aujourd'hui j'ai pris la résolution, si Dieu me rend la santé, d'avoir une fois par semaine ou tous les quinze jours, avec les enfants de nos écoles et les orphelins, une réunion spéciale à la chapelle pour étudier avec eux les Écritures. Le Seigneur incline mon cœur à prier pour bien des choses ; celle-ci par exemple : qu'il veuille allumer en moi un saint désir de lui gagner des âmes et un plus grand amour pour les perdus. C'est la lecture de la *Vie de Whitefield* qui m'a fait sentir mon devoir sur ces points particuliers.

17 janvier. Dieu continue de me manifester sa faveur en maintenant en moi la ferveur d'esprit. À plusieurs reprises aujourd'hui, je me suis senti attiré par la prière, et j'ai prié longuement. J'ai lu à genoux le psaume soixante-huit en priant et en méditant. Au verset sixième, le qualificatif de « Père des orphelins » donné à Jéhovah m'a été en bénédiction. Je me suis approprié immédiatement tout ce qu'il comportait en pensant aux enfants qui me sont confiés ; jamais encore je n'avais réalisé comme aujourd'hui la vérité contenue dans ce passage. Dieu aidant, elle deviendra mon argument pour les heures difficiles. Il est leur Père, Il s'est engagé à pourvoir à leurs besoins, à prendre soin d'eux. Je n'ai donc qu'à lui rappeler les besoins des orphelins pour qu'il donne le nécessaire. Mon âme s'est encore élargie pour les malheureux enfants sans parents. Cette expression : « le Père des orphelins » recèle assez d'encouragement pour que je puisse sans crainte placer des milliers d'orphelins sur le cœur du Père, et les remettre à son amour.

11 février. Ce matin, j'ai lu les versets cinq à douze du chapitre trois des Proverbes, pendant les quelques instants libres que j'avais avant le déjeuner. Et ces mots m'ont particulièrement frappé : « Ne te rebute pas quand l'Éternel te reprend ». Certes, je n'ai pas méprisé le châtiment du Seigneur, mais il m'arrive de temps à autre d'être las d'être repris. « Ô Dieu, aie pitié de moi, ton serviteur inutile ! Tu sais bien que l'homme intérieur veut endurer l'affliction avec patience, et que même il ne voudrait pas qu'elle se retire avant qu'elle n'ait parfaitement accompli son œuvre et porté les fruits paisibles de justice qu'elle doit porter. Mais tu sais aussi quelle épreuve c'est pour moi que de continuer à vivre comme je le fais maintenant. Viens à mon secours, Seigneur ! »

CHAPITRE
9

Temps de maladie et d'épreuves de la foi

À nouveau, la possibilité d'un voyage en Allemagne se présenta pour G. Müller. Il hésita, il pesa le pour et le contre ; il pria pour connaître la pensée de Dieu. Les maux de tête continuaient... parfois si atroces qu'on craignit pour sa raison. Un changement d'air, le retour au pays natal, lui seraient peut-être favorables ? Enfin il pourrait aider frère X. dans sa mission. Voici ce qu'il a écrivait à ce sujet :

11 mars. Après avoir beaucoup prié, j'ai décidé d'accompagner frère X. en Allemagne : 1° Je pourrai l'aider à atteindre le but de son voyage ; 2° Avec la bénédiction de Dieu, ce déplacement et l'air natal pourront concourir à mon rétablissement ; 3° J'aurai par là une nouvelle occasion d'exposer la vérité devant mon père et mon frère.

3 avril. J'ai quitté Bristol ce matin. Avant de partir, j'ai choisi pour le lire à ma chère femme le psaume 121, et tous deux nous avons senti combien il était approprié.

6 avril. J'ai pris passage ce soir à bord du vapeur en partance pour Hambourg.

7 avril. J'ai souffert toute la journée du mal de mer.

8 avril. Jour du Seigneur. J'ai pu me lever ce matin et prendre les repas. Je croyais être le seul à bord qui servait Dieu, mais ce matin, j'ai découvert une sœur en Christ parmi les passagers, et nous avons conversé tous deux longuement. Au déjeuner, elle a eu plus de courage que moi pour s'élever contre le mal. Au thé, le Seigneur m'a aidé, et j'ai reçu assez de grâce pour parler de Jésus à mes compagnons de voyage, pour le confesser devant eux.

9 avril. Hambourg. Nous sommes arrivés ici à une heure ce matin après une très rapide traversée de quarante-huit heures. À sept heures, je suis descendu à terre.

C'est pendant cette absence que George Müller écrivit une lettre pleine de tendresse aux frères de Bristol. Il y mentionne la bonté de Dieu à son égard, sa longanimité, sa fidélité, et ce qu'il a appris dans l'épreuve. Par-delà la maladie, il a pu discerner l'amour du Père céleste. Il ne peut plus célébrer le service divin ; même la simple lecture ou la seule conversation ou la prière avec quelques frères le fatiguent. Mais la prière secrète est toujours une force qui le soutient, et apporte quelque soulagement aux douleurs de tête si vives dont il souffre ; il y trouve toujours quelque allégement et quelque rafraîchissement pour son âme. Dans sa grande affliction, il ne saurait s'en passer. Comme l'a dit Hudson Taylor, « Satan peut bien élever une barrière tout autour des chrétiens, mais il ne peut construire un toit au-dessus de leurs têtes et les empêcher de regarder vers Dieu ». Ainsi, dans son cas, la maladie l'oblige à une retraite momentanée, mais elle ne peut l'empêcher de s'unir à ceux qui, à l'avant-garde, livrent les batailles de l'Éternel, et supportent l'effort du combat. (D'après Pierson.)

14 avril. Berlin. Ici depuis avant-hier. J'ai rencontré quelques frères qui désirent partir comme missionnaires. Nous avons prié ensemble et lu les Écritures. J'ai reçu ici deux lettres de ma chère femme. Dieu a repris à lui Harriett Culliford, l'une de nos orphelines qui avait l'un des caractères les plus difficiles. Elle est morte en chrétienne. Voilà certes qui dédommage de bien des peines. Ma femme mentionne aussi de nouvelles bénédictions accordées à la publication du « Récit ».

21 avril. Aujourd'hui, après avoir beaucoup prié à ce sujet, j'ai décidé de quitter Berlin pour aller chez mon père. Il y a trop à faire ici pour moi ; plus que je n'en puis supporter, car je souffre beaucoup de la tête.

22 avril. Jour de confirmation à Berlin. Le fils de la personne chez qui nous logeons a été confirmé, et on célèbre le fait ce soir avec un violon et des danses ! Que c'est affreux !
On m'a parlé ces jours-ci de l'un de mes chers amis, un frère, qui a été mis en prison pour ses idées religieuses. Ceci m'a fait penser à nouveau aux privilèges dont jouissent les enfants de Dieu en Angleterre.

24 avril. J'ai quitté Berlin hier soir. Je suis arrivé cet après-midi à Heimersleben. J'ai revu mon cher père, maintenant très âgé, qui semble s'incliner rapidement vers la tombe. Je me demande s'il passera l'hiver ?

25-28 avril. J'ai eu de nouveau l'occasion d'exposer devant mon père, de façon plus complète, plus simple, et qui, je crois, a touché son cœur, le plan du salut. J'ai obtenu ce résultat qu'il est bien convaincu maintenant qu'il lui manque quelque chose. Il s'est montré plein d'affection pour moi. J'ai aussi parlé très nettement à mon pauvre frère qui vit ouvertement dans le péché... Quelle dette n'ai-je pas contractée envers Dieu.

28 avril. Le moment du départ venu, mon père a voulu m'accompagner la distance de dix kilomètres à peu près. Comme notre séparation serait moins douloureuse si mon cher père était chrétien ! Ce soir j'ai pris passage à bord d'un vapeur qui descend l'Elbe jusqu'à Hambourg, où nous arriverons le 30 au matin.

M. Müller quitta Hambourg le 2. Arrivé à Bristol le 7, il assista le même soir à la réunion de prière de Gideon Chapel et remercia Dieu pour l'épreuve qu'il lui avait envoyée.

11 juin. J'ai eu la visite d'un étranger qui m'a demandé de remettre de sa part, avec les intérêts, une petite somme qu'il a dérobée il y a quelque temps. Il avait lu le « Récit », ce qui l'amenait à se confier en moi et à me demander ce service. Il me donna donc les noms et adresses des deux personnes lésées, cent francs pour chacune, plus vingt-cinq francs à mon intention comme gage d'amour chrétien. J'ai fait l'envoi de cet argent ; non par la poste, comme il me l'avait demandé, mais par une banque, afin d'avoir les reçus en cas de besoin. En ce genre d'affaires, on ne saurait être trop prudent. Peut être quelque lecteur ayant sur la conscience une indélicatesse lira-t-il ces lignes ? En ce cas, qu'il n'hésite pas à rendre ce qu'il a pris, comme Zachée, et s'il en a les moyens qu'il le rende avec les intérêts simples, et même les intérêts composés.

Le 13 juin 1838, Mme Müller donna naissance à un enfant mort-né. Ce fut une douloureuse épreuve pour le père et la mère. Mme Müller fut quinze jours entre la vie et la mort. Une fois de plus, Dieu exauça la prière fervente qui montait vers lui en sa faveur, et ses jours furent prolongés. (Pierson)

Temps de maladie et d'épreuves de la foi

Besoins constants pour les orphelinats

12 juillet. La foi mise à l'épreuve. Depuis la fondation des orphelinats jusqu'à la fin de juin 1838, Dieu n'a cessé de nous montrer sa faveur en subvenant très largement à tous les besoins de l'œuvre. Mais maintenant, il semble que le « Père des orphelins » veuille nous dispenser les ressources d'une autre manière. Il y a un an nous avions en caisse dix-neuf mille cinq cents francs ; aujourd'hui nous n'avons plus que cinq cents francs. Cependant, grâce à Dieu, ma foi est aussi ferme aujourd'hui qu'auparavant, et même elle est peut-être encore plus affermie. Jamais je n'ai douté du Seigneur.

Toutefois, comme il veut que nous allions à lui, et comme la foi véritable conduit à la prière, je me suis adonné plus particulièrement à la prière avec frère T., de l'orphelinat des garçons, afin de recevoir le nécessaire. Il est la seule personne à qui je parle de l'état de nos finances, en dehors de ma femme et de frère Craik.

Tandis que nous vaquions à la prière, on amena un orphelin de Frome ; quelques chrétiens de l'endroit s'étaient cotisés et envoyaient avec lui cent vingt-cinq francs. Ce fut la première réponse à nos requêtes.

Nous venons de décider l'admission de sept enfants ; et nous pensons en recevoir cinq autres, bien que la caisse soit presque vide ; mais nous comptons que Dieu subviendra à nos besoins.

22 juillet. Je me suis promené ce soir dans notre petit jardin en méditant sur ces paroles : « Jésus-Christ est le même, hier, aujourd'hui, et éternellement » (Hé 8.8). Et tandis que je réfléchissais à cet amour, à cette puissance, à cette sagesse immuables, je me disais que ceux qui avaient dispensé jusqu'ici tout ce qu'il fallait à nos orphelins continueraient de le faire, puisqu'ils sont toujours les mêmes. Un courant de joie remplit alors mon âme, tandis que je réalisais l'inaltérable amour de mon adorable sauveur. Une minute après, on m'apportait une lettre contenant cinq cents francs accompagnés de ces lignes : « Veuillez employer au mieux le montant du billet inclus : pour l'Institut biblique ou les orphelins, ou de quelque façon que le Maître vous l'indiquera. Ce n'est pas une grosse somme, mais elle est suffisante.

26 juillet. Aujourd'hui, trois sœurs et douze frères allemands se sont embarqués à Liverpool à destination de l'Inde. C'est ici le résultat du voyage en Allemagne que frère X. et moi avions fait au printemps.

6 août. J'aurai à payer au moins huit cent soixante quinze francs pour les orphelins cette semaine et je n'ai en mains que quatre cent soixante-quinze francs. Mais j'ai les yeux fixés sur « le Père des orphelins », et je crois qu'il nous aidera, bien que je ne sache pas comment.

7 août. Dieu s'est manifesté à nouveau. Et si promptement en envoyant le secours du côté où nous ne l'aurions pas attendu. J'ai prié avec ardeur hier et aujourd'hui, suppliant Dieu d'agir, de manifester sa puissance, afin que les ennemis ne puissent pas dire : « Où est maintenant son Dieu ? » Je lui ai rappelé comment j'avais commencé l'œuvre pour manifester à notre siècle qu'il est toujours prêt à répondre à la prière, et que la subsistance des orphelins était cette preuve. Et maintenant, voyez ! Hier, frère Craik m'a annoncé qu'on lui avait remis deux cent cinquante francs pour l'Institut biblique, les orphelinats, et le fonds missionnaire. Comme il y avait six cent vingt-cinq francs, à payer aujourd'hui et que je n'avais pas assez d'argent, j'ai pris avec moi les clefs des boîtes placées dans nos Maisons,

> J'ai prié avec ardeur... suppliant Dieu d'agir... afin que les ennemis ne puissent pas dire : « Où est maintenant son Dieu ? »

Temps de maladie et d'épreuves de la foi

et je suis passé voir frère T. à l'orphelinat des garçons, sachant qu'il avait aussi reçu quelque chose. Dans la boîte de l'orphelinat des garçons, j'ai trouvé trente-quatre francs cinquante ; de son côté, frère T. avait reçu quatre cent neuf francs. Tout cela réuni me donnait plus que la somme nécessaire. Encore une fois, notre adorable Sauveur avait envoyé la délivrance. J'ai en mains plus qu'il ne me faut pour les dépenses courantes.

29 août. Aujourd'hui, seize chrétiens ont reçu le baptême. Parmi eux, un frère de quatre-vingt-quatre ans, et un autre de soixante-dix ans pour lequel sa femme priait depuis trente-huit ans !

5 septembre. L'épreuve continue. Dieu donne jour après jour le nécessaire, et presque heure après heure. Il semble qu'il dise que « son moment n'est pas encore venu ». Mais j'ai foi en lui, et je sais qu'il enverra le secours... Tandis que j'étais en prière cet après-midi, j'ai reçu l'assurance de l'exaucement, et j'ai loué le Seigneur par anticipation... Hier, j'avais demandé à Dieu que ma foi ne défaille point. Frère T. est arrivé, apportant cent un francs, produit de plusieurs dons. Il m'a annoncé en même temps qu'il allait m'envoyer les comptes de la Maison des Petits, qui a besoin d'argent pour les dépenses courantes. Un instant, j'ai pensé à garder la somme apportée en prévision de ces dépenses. Mais « à chaque jour suffit sa peine ». Le Seigneur peut donner à nouveau pour demain, et j'ai envoyé soixante-quinze francs à une sœur pour le paiement du trimestre échu, et le reste pour l'orphelinat de garçons. Je suis donc derechef sans le sou. Mon espoir est en Dieu. Il pourvoira.

8 septembre. L'épreuve continue. Avant-hier, j'ai assisté au service de frère Craik ; il a prêché sur Abraham (Genèse 12) et a montré que tout allait bien pour lui aussi longtemps qu'il marchait par la foi, et selon la volonté de Dieu. Mais dès qu'il perdait confiance, et qu'au lieu de regarder à Dieu il suivait ses propres pensées, il rencontrait la détresse. Je me suis aussitôt appliqué les paroles entendues : que Dieu me garde de prendre les chemins de traverse, ou de recourir à quelque moyen qui ne serait pas « le sien ». J'ai cinq mille cinq cents francs en banque, somme que m'ont remise un frère et une sœur pour une autre branche de l'œuvre. Je pourrais en distraire une partie et les en avertir. Ils aiment les orphelinats et l'ont souvent montré par leurs dons généreux ; le frère m'a même dit de lui laisser savoir si j'avais besoin d'argent. Mais ce serait là une délivrance de ma façon ; ce ne serait pas celle de Dieu. Et quelle pierre d'achoppement pour la foi, lorsque l'épreuve surviendrait à nouveau. En entendant frère Craik, j'ai aussi discerné le danger de déshonorer le Seigneur sur le point même que je veux le glorifier. J'ai plaidé avec Dieu hier et aujourd'hui, lui présentant onze arguments, onze raisons d'envoyer du secours ! Mon esprit jouit maintenant d'une grande paix, d'une paix qui devient de la joie. Je dois ajouter que « le fardeau » de ma prière ces jours passés, la pensée dominante de mes requêtes, c'était que dans sa bonté, le Seigneur veuille bien empêcher ma foi de chanceler. Mes yeux sont sur lui. Il peut intervenir à tout instant. Et je suis sûr qu'il le fera à sa manière et à son heure. Voici les onze arguments que j'ai plaidés devant lui :

1° L'œuvre des orphelinats est pour la gloire de Dieu, pour donner la preuve visible que par le seul exaucement de la prière, il subvient aux besoins des orphelins. Qu'il se révèle donc comme le Dieu vivant qui, encore aujourd'hui, entend la prière et qu'il lui plaise d'envoyer des secours.

2° Il est le « Père des orphelins ». Qu'il veuille donc bien les assister en conséquence (Psaume 68.6).

3° J'ai reçu les enfants au Nom de Jésus. C'est donc Jésus que j'ai reçu en les recevant, en leur donnant la nourriture et le vêtement. Qu'il plaise à Dieu de le prendre en considération (Marc 9.36,37).

4° L'œuvre de l'orphelinat a jusqu'ici fortifié la foi de beaucoup. Si Dieu n'intervient pas, la foi des faibles en sera ébranlée, au lieu que s'il envoie le secours, elle en sera fortifiée.

5° S'il n'envoyait pas le nécessaire, il donnerait aux ennemis l'occasion de rire et de dire : « N'avions-nous pas annoncé que toute cette affaire finirait ainsi ? ».

6° Si le Seigneur n'envoyait pas le secours, les enfants de Dieu encore peu développés ou encore charnels se sentiraient justifiés à s'allier au monde pour l'œuvre du Seigneur ; ils s'autoriseraient de notre échec pour continuer de recourir à des moyens non scripturaires, afin de trouver les subsides nécessaires aux œuvres similaires.

7° Plaise au Seigneur de se souvenir que je suis son enfant. Qu'il veuille donc avoir pitié de moi puisque je ne puis pas nourrir tous ces orphelins. Qu'il ne permette pas que ce fardeau pèse plus longtemps sur moi, et qu'il daigne envoyer le secours.

8° Qu'il daigne aussi se souvenir de mes collaborateurs qui, eux aussi, ont mis leur confiance en lui ; mais qui seraient extrêmement éprouvés, s'il ne venait pas à notre aide.

9° Qu'il veuille bien se souvenir que, faute de secours, j'aurais à renvoyer les orphelins auprès de leurs anciens compagnons, alors qu'ils sont élevés chez nous dans la connaissance de sa Parole.

10° Qu'il lui plaise de montrer l'erreur de ceux qui ont dit : « C'est fort bien au début, et tant que la chose est nouvelle, mais cela ne durera pas ».

11° Que s'il refusait maintenant de nous envoyer les secours nécessaires, je ne saurais plus comment interpréter les si nombreux et remarquables exaucements de prières accordés jusqu'à maintenant dans l'œuvre, exaucements qui m'ont donné la preuve qu'elle procédait de lui.

Je comprends maintenant mieux que je ne le faisais jusqu'ici, l'expression qu'emploie si souvent le psalmiste : « jusques à quand ». Même maintenant, en cette extrémité, et avec son aide, je garde les yeux attachés sur Dieu, et je crois qu'il enverra le secours.

10 septembre. Lundi. Nous n'avons pas reçu d'argent hier, ni avant-hier. Il me semble urgent de prendre une décision et d'avertir nos collaborateurs. À l'exception de frère T., ils ignorent l'état de nos finances. Il faudrait aller aux orphelinats pour leur exposer la situation, examiner avec eux ce qu'il convient de faire, recommander qu'on cesse les achats d'objets divers ; mais que rien ne soit supprimé à la nourriture et aux vêtements des orphelins. Je préférerais renvoyer ceux-ci que de les voir manquer de quoi que ce soit. Enfin, il faudrait visiter nos maisons et s'assurer qu'il ne s'y trouve rien d'inutile et qui puisse être vendu. Je voudrais aussi dire à mes collaborateurs ma parfaite confiance en Dieu, malgré cette grande épreuve, et leur proposer que nous nous réunissions pour prier. Ce moment est très solennel.

À neuf heures et demie, j'ai reçu soixante centimes, j'y vois la preuve que Dieu aura compassion et qu'il donnera davantage. J'ai vu frère Craik et lui ai ouvert mon cœur. Vers dix heures, alors que je m'adonnais à nouveau à la prière, une sœur est venue et elle a donné cinquante francs à ma femme, et peu après, autant à moi. Le Seigneur a donc envoyé un peu d'aide, ce qui a puissamment fortifié ma foi. Quelques instants après on venait demander de l'argent pour la Maison des Petits, j'ai remis cinquante francs ; puis j'ai envoyé vingt-cinq francs soixante à l'orphelinat de garçons et vingt-cinq francs à celui des filles. J'ai rencontré aujourd'hui un jeune frère qui fut amené au Seigneur, ainsi que l'une de ses sœurs, par le moyen du « Récit ».

13 septembre. À nouveau, la nécessité d'exposer la situation des orphelinats à mes collaborateurs s'est imposée à moi. Il faut bien qu'ils soient avertis à cause des achats et pour empêcher les dettes. Aujourd'hui, je les ai donc réunis, et je les ai mis au courant en leur demandant le secret. Puis nous avons prié ensemble. Il n'y a eu ni gêne, ni contrainte. J'ai trouvé quinze francs soixante dans les boîtes des orphelinats, l'un de nos collaborateurs m'a donné quinze francs ; la vente de menus travaux à l'aiguille, faits par les enfants, a produit vingt-six francs vingt-cinq. L'une des sœurs m'a fait dire de ne pas me mettre

Temps de maladie et d'épreuves de la foi

en peine de son salaire ; elle avait tout ce qu'il lui fallait pour douze mois. Quelle bénédiction d'avoir de tels collaborateurs.

Dieu donne chaque jour

14 septembre. Nous nous sommes encore réunis pour la prière, ce matin, car Dieu ne nous secourt qu'instant après instant. Un frère m'a donné vingt francs, tout ce qu'il possède, considérant qu'il ne serait pas convenable de demander de l'argent à Dieu tout en conservant par devers lui ce qu'il avait. Une sœur m'a dit qu'elle me donnerait cent cinquante francs dans quelques jours ; elle les avait mis à la banque pour un temps comme celui-ci. Que Dieu soit loué qui m'a donné de si précieux collaborateurs ! Les directrices de nos trois maisons avaient pris l'habitude de payer les boulangers et le laitier à la semaine parce qu'ils préféraient cela. On a parfois agi de même avec le boucher et l'épicier.

Mais maintenant que le Seigneur ne nous secourt plus qu'au jour le jour, nous pensons qu'il serait mal de continuer à régler à la semaine. À partir d'aujourd'hui, on paiera donc comptant.

De retour à la maison, j'ai trouvé un gros colis de vêtements neufs, expédiés de Dublin pour les orphelins. Cet envoi nous apporte la preuve que le Seigneur se souvient toujours de nous. Nous avons encore prié ce soir ; nous sommes pleins de courage, et croyons que Dieu enverra le nécessaire.

15 septembre. Nous nous sommes réunis ce matin pour prier. Dieu soutient nos cœurs. Les provisions suffisent encore, mais l'argent manque pour le pain de demain ; nous le prenons toujours la veille pour qu'il soit rassis le lendemain. Avons reçu aujourd'hui d'un de nos aides et d'ailleurs, trente-huit francs, ce qui a permis l'achat de pain. Que Dieu soit loué !

17 septembre. L'épreuve continue ; et elle se fait chaque jour plus douloureusement sentir. Je suis assuré que Dieu poursuit l'accomplissement de ses desseins, en nous imposant cette attente prolongée. Il enverra le secours si nous savons l'attendre. L'un de nos collaborateurs apporte quinze francs soixante, une autre, quatorze francs soixante-dix, tout ce qui lui restait. Nous avons pu acheter le nécessaire. Ce soir en considérant qu'il y avait si longtemps que nous n'avions plus reçu de grands dons, je me suis senti abattu. Comme j'en ai l'habitude, lorsqu'il en est ainsi, je suis allé à la Bible pour être réconforté ; et mon âme a trouvé un grand rafraîchissement dans la lecture du psaume trente-quatrième, en même temps que ma foi s'en trouvait fortifiée. Tout joyeux, j'ai rejoint mes chers collaborateurs pour l'heure de la prière. J'ai relu avec eux ce psaume en essayant de réchauffer leurs cœurs avec les si précieuses promesses.

18 septembre. Frère T. a trente et un francs vingt-cinq et moi trois francs soixante-quinze ; le total suffit pour acheter les provisions nécessaires, un peu de thé pour l'un des orphelinats et du lait pour les trois Maisons. Il y a du pain pour deux jours. Nous sommes réduits à l'extrémité ; nos fonds sont épuisés et nos collaborateurs ont donné le peu qu'ils possèdent. Et bien, voyez comment Dieu nous a secourus. Nous avions déjà pensé à vendre certaines choses qui ne sont pas indispensables, toutefois j'ai demandé au Seigneur qu'il ne le permette pas. Or une dame des environs de Londres, venue à Bristol où elle habite près des orphelinats depuis quelques jours, avait reçu de sa fille une somme pour nous de quatre-vingts francs à peu près. Elle est venue cet après-midi et m'a apporté l'argent. Le fait que cette somme était depuis plusieurs jours si près des orphelinats sans être apportée, n'est-ce pas la preuve que Dieu voulait nous aider dès le début ? Mais comme il prend plaisir aux prières de ses enfants, il a permis que nous intercédions aussi longtemps. Il a voulu mettre à l'épreuve notre foi pour que la réponse soit pour nous le sujet d'une plus grande joie. C'est une précieuse délivrance. Je n'ai pu m'empêcher d'éclater en louanges, et d'exprimer à haute voix mes remerciements dès que j'ai été seul. Nous nous sommes à nouveau réunis ce soir, mes collaborateurs et moi, pour la prière et la louange ; ils se sont sentis puissamment encouragés.

27 septembre. Les douze francs reçus avant-hier ont été donnés à la « Maison des Petits ». J'étais allé aux informations et je savais qu'il y avait tout ce qu'il fallait dans les trois maisons pour deux jours, même de la viande. Comme je suis souffrant aujourd'hui et ne puis me rendre à la réunion de prières, j'ai envoyé à frère T. les vingt-quatre francs que j'ai reçus pour qu'il les partage entre les trois directrices. Cet après-midi, j'ai appris la nouvelle délivrance que le Seigneur nous accorde. Il y a quelques semaines, j'avais répondu à un fermier qui me demandait d'admettre sa fillette, orpheline de mère, que je la prendrais s'il payait une pension annuelle de deux cent cinquante-deux francs au minimum, puisqu'il en a les moyens et que cette somme représente à peu près les frais d'entretien d'une enfant de son âge ; somme payable par trimestre et d'avance. Ce matin il a amené l'enfant et payé les soixante-trois francs du trimestre ajoutant vingt-cinq francs au prix convenu. Que le Seigneur conserve dans nos âmes, le vivant souvenir de ces délivrances ; et que chaque nouvelle marque de sa fidélité serve à augmenter notre confiance en lui...

29 septembre. Voici plusieurs jours que nous prions pour avoir l'argent du loyer des maisons. Comme nous n'avons toujours rien, frère T. et moi nous avons continué de prier depuis dix heures jusqu'à midi moins le quart. Midi a sonné. À cette heure le loyer aurait dû être payé. Je me suis demandé à plusieurs reprises si, par son silence, Dieu ne voulait pas nous conduire à mettre de côté l'argent du loyer, chaque semaine ou chaque jour ? C'est ici la seconde fois, et seulement la seconde que nous ne sommes pas exaucés depuis quatre ans et demi. La première fois, c'était aussi à propos du loyer d'une salle de classe. Je suis convaincu maintenant qu'il faut mettre quelque chose de côté chaque jour, ou chaque semaine, pour cela...

Les jours se suivent, l'épreuve continue ; Dieu continue aussi de secourir... mais les secours semblent mesurés, et ne survenir qu'à la dernière extrémité. Quiconque lit attentivement le journal de George Müller, à cette époque, est presque accablé par cette épreuve incessante qui tient la foi en haleine, et laisse à peine aucun répit. George Müller, lui, n'est pas du tout accablé ; et le lecteur est émerveillé par les explosions d'amour et de reconnaissance, par les louanges et les actions de grâce démontrés dans les lignes tracées durant ces jours d'épreuve pour le moindre don reçu. (Nous ne pouvons parler de jours de disette, puisque les orphelins ne manquèrent jamais de rien.) Énergie, volonté, foi, fidélité, endurance, tout cela, toutes ces qualités sont mises à l'épreuve, fortifiées, décuplées, pendant ces semaines, ces mois, ces années d'intimité avec Dieu, obtenant jour après jour la nourriture et l'entretien des orphelins et de leurs directeurs. Presque chaque journée ramène l'obligation de l'intercession pour que Dieu envoie le nécessaire. Mais jamais le Père des orphelins ne fit défaut. Ainsi le 21 novembre, il n'y avait plus un seul sou, absolument plus rien entre les mains des trois directrices des orphelinats. L'heure semblait tout particulièrement sombre. George Müller était venu prier avec ses collaborateurs comme il en avait pris l'habitude. La réunion de prière terminée, sentant qu'il avait besoin d'exercice, car il faisait très froid, il prit le plus long chemin pour rentrer chez lui, et c'est ainsi qu'il rencontra un frère qui avait déjà passé deux fois inutilement à son domicile dans la matinée. Ce frère lui remit cinq cents francs pour les diverses œuvres, dont cent vingt-cinq francs pour les orphelinats.

Une semaine après, la situation est de nouveau très grave : « Il y a de quoi déjeuner dans les trois Maisons, écrit Müller, mais pour le soir, le pain, le thé et le lait manquent chez les petits et chez les garçons. Nous n'avons jamais été plus pauvres, et même jamais aussi pauvres. Nous nous sommes assemblés pour la prière et nous avons exposés nos besoins à Dieu en toute simplicité. Pendant que nous priions, on frappa à la porte et une des sœurs sortit. Après un temps de prière à haute voix, mes deux frères et moi continuions à intercéder silencieusement. Personnellement, je demandais à Dieu de me faire voir l'issue de l'épreuve ; y avait-il autre chose que je puisse faire en toute bonne conscience, que de m'adonner à la prière pour donner du pain aux enfants ? En ce cas qu'il veuille bien me le montrer. Nous nous sommes enfin relevés, et j'ai aussitôt dit : « je suis certain que Dieu nous enverra du secours ». Je n'avais pas achevé ma phrase que j'aperçus sur la table une lettre qu'on avait apportée pendant que nous priions. C'était un pli de ma femme qui en contenait un second avec deux cent cinquante francs pour les orphelins. Un frère m'avait demandé la veille au soir si nous aurions encore cette année, comme l'année dernière, une forte encaisse une fois les comptes arrêtés ? Et je lui avais répondu que l'encaisse serait ce que Dieu voudrait bien qu'elle soit. Le lendemain, ce frère se sentit pressé de nous envoyer deux cent cinquante francs qui arrivèrent chez moi, après mon départ. Et à cause de notre situation extrême, ma femme envoyait la lettre sans retard. De sorte que je pus donner cent soixante-deux francs cinquante pour les achats nécessaires, et mettre quatre-vingt-sept francs cinquante de côté pour le loyer. »

29 novembre. Dieu bénit abondamment nos réunions de prières et il y répond en nous envoyant les subsides nécessaires. Ce matin, j'ai trouvé à l'orphelinat douze francs cinquante envoyés hier après-midi ; de retour à la maison, on me remit successivement deux dons de vingt-cinq francs. Enfin le soir, j'ai reçu mille deux cent cinquante francs d'une sœur qui habite Suffolk et avait souvent dit combien elle aimerait nous aider plus largement si elle en avait les moyens. Et quand nous en avions le plus grand besoin, Dieu lui avait donné ces moyens, de sorte qu'elle avait pu satisfaire ce désir de son cœur. Je me suis très particulièrement réjoui de ce don pas tant à cause de son importance, mais parce que je puis ainsi payer les traitements des aides. Bien qu'ils soient prêts à travailler sans rémunération, cependant « l'ouvrier est digne de son salaire ».

Ce don prouve aussi que Dieu veut bien nous aider à nouveau avec des sommes importantes. J'en attends de plus grandes encore. Notre sœur de Suffolk envoie en même temps sept cent cinquante francs pour frère Craik et moi... Dieu pourvoit avec largesse à tous nos besoins. En vérité, nous servons un bon Maître.

Il semble évident que Dieu permit cette longue épreuve, durant laquelle il ne donnait le nécessaire que jour après jour, pour amener George Müller à établir une collaboration plus étroite avec ses aides et à partager avec eux les responsabilités de l'œuvre à laquelle il l'avait appelé. Il semble aussi que Dieu ait voulu par là amener tous les collaborateurs de Müller à une consécration plus entière, et provoquer cette union de tous dans la prière, union qui fut une source féconde de très grandes et nombreuses bénédictions.

11 au 13 décembre. Durant ces trois jours nous avons eu des réunions publiques au cours desquelles nous avons exposé, devant les frères, ce que Dieu avait accompli en faveur des orphelins, et donné les résultats des autres branches de l'Institut biblique. Comme notre travail, et particulièrement l'œuvre des orphelinats, a pour but d'enrichir l'Église en général, il nous semble utile de dire de temps à autre ce que le Seigneur accomplit. Et puisque la troisième année s'achève, il nous a paru bon de convoquer l'Assemblée.

Si quelqu'un s'imaginait, après avoir lu les détails des quatre mois que nous venons de traverser, que j'ai été déçu dans mon attente, je lui dirais qu'il n'en est pas ainsi, bien au contraire. Je savais que les heures difficiles viendraient, et longtemps avant que le temps de l'épreuve soit là. J'avais souvent dit en public que c'étaient justement ces réponses à la prière à l'heure des difficultés qui manifestaient que Dieu entendait, et que sa main pouvait toujours secourir quiconque s'attendait à lui. C'est dans ce but que l'orphelinat avait été fondé.

Temps de maladie et d'épreuves de la foi

J'ajouterai ici que les orphelins n'ont jamais manqué de rien. Si j'avais eu des centaines de mille francs en mains, ils n'auraient pu recevoir davantage, car ils ont toujours eu une bonne nourriture, des aliments nutritifs, et rien n'a manqué à leur habillement.

Du 10 décembre 1836 au 10 décembre 1838, les dépenses se sont élevées à quarante et un mille six cent cinq francs cinq centimes. Il y a deux ans l'encaisse était de neuf mille trois cent trente francs soixante-quinze ; aujourd'hui, elle est de douze cent cinquante-six francs cinquante.

16 décembre. Un pli anonyme déposé dans le tronc de Béthesda Chapel contenait cent douze francs cinquante avec cette indication : « pour le loyer des orphelinats du 10 décembre au 31 décembre 1838 ». « Ô goûtez et voyez combien le Seigneur est bon ; heureux est l'homme qui se confie en lui ! » Si le lecteur veut comprendre la portée de ce don, qu'il se reporte aux quelques lignes que j'ai écrites le 29 septembre de cette même année, à propos du loyer[1].

Il avait fallu faire d'assez gros achats pour le ravitaillement général des orphelinats et ceci avait à peu près vidé la caisse. George Müller écrit à ce sujet dans son journal, en 1838 :
On aurait pu supposer que les cœurs de tous ceux qui avaient entendu le rapport de l'œuvre avaient été touchés en apprenant de quelle manière remarquable Dieu nous avait secourus jusqu'ici ; et par conséquent nous aurions pu nous attendre à des subsides abondants... Il n'en fut pas ainsi. L'encaisse de douze cent cinquante francs que nous avions au commencement du mois a peut être empêché qu'on soupçonne nos besoins sitôt après la clôture des comptes ? Quoi qu'il en soit, le 20 nous n'avions plus rien pour les dépenses du 21. Mes collaborateurs et moi n'en étions pas autrement surpris car nous avions appris

---

1. La personne qui avait payé ces trois semaines de loyer continua durant quatre ans et jusqu'au 10 décembre 1841 à nous faire chaque semaine un don anonyme de 37.50, ce qui représentait la somme hebdomadaire nécessaire au loyer des trois maisons. C'est ainsi que Dieu récompensa notre fidélité.

à ne rien attendre de la créature, mais à regarder uniquement au Dieu vivant.

22 décembre. Jour solennel. Je reçois une lettre de mon père qui m'annonce la nouvelle de la mort de mon frère. Le décès remonte au 7 octobre. Je n'ai rien appris qui montrait que sa fin avait été autre que sa vie, aussi éprouvais-je une grande tristesse. La mort d'un parent non converti est l'une des plus grandes épreuves qui puissent survenir au chrétien...

Au cours de ces mois de disette, l'œuvre de l'orphelinat s'était développée comme au temps de l'abondance.

Jamais on ne s'était occupé de ce qu'il y avait en caisse lorsqu'il y avait eu des demandes d'admission. Aussi longtemps qu'il y avait de la place, on recevait tous ceux qui étaient pauvres et dans l'abandon. Les autres branches de l'Institut biblique n'avaient pas été négligées non plus. Dès le commencement de l'hiver, on avait distribué aux chrétiens dans la pauvreté du charbon et des vêtements chauds. Puis des milliers de francs avaient été consacrés aux achats de vivres qu'on avait distribués au cours de l'hiver, et un grand nombre de veuves avaient été largement assistées.

22 janvier. Un frère, autrefois officier de marine et qui avait renoncé à son grade et à sa solde pour l'amour de Jésus, nous a donné de l'argenterie (cuillères et fourchettes), pour que nous les vendions au bénéfice de l'orphelinat.

7 février. Journée remarquable. Ce matin nous n'avions plus d'argent. Frère T. est allé à Clifford pour les arrangements nécessaires à l'admission de trois orphelins ; car même lorsque nous n'avons rien, l'œuvre continue, et notre confiance n'est pas diminuée. L'un de nos collaborateurs a donné six francs vingt-cinq et j'ai reçu la même somme vers seize heures, avant de quitter la maison pour la prédication. J'avais demandé au Seigneur mon texte, et il m'a conduit à choisir Matthieu 6.19-34, passage des mieux appropriés à nos circonstances.

Temps de maladie et d'épreuves de la foi

Le service terminé, je suis allé à l'orphelinat des filles pour prier avec le personnel et donner l'argent reçu. Une caisse à mon adresse y était arrivée ; l'expéditeur en avait payé le port... Heureusement ! car l'argent manquant, nous n'aurions pu le payer nous-mêmes. (Voyez comme Dieu prend soin des plus petits détails !) On a ouvert la caisse : elle contenait un don de deux cent cinquante francs que nous envoyait une sœur de Barnstaple ; un autre don de soixante-quatre francs de quelques frères du même endroit ; enfin un troisième de six francs vingt-cinq. La caisse contenait aussi des vêtements et quelques bijoux de peu de valeur à vendre. J'ai alors demandé à mes collaboratrices comment la journée s'était passée ? « Il y avait eu le nécessaire pour le déjeuner ; après le repas, une visiteuse de Thornbury était venue et avait acheté un exemplaire du « Récit » et un autre du « Rapport » ; en payant, elle avait donné trois francs soixante-quinze de plus. Cinq minutes après, le boulanger arrivait chez les garçons, et la directrice de l'orphelinat des filles l'apercevant se hâta d'aller porter l'argent nécessaire, huit francs vingt, pour qu'on ne le renvoie pas sans rien prendre (faute de fonds). Ce qui lui restait avait servi à acheter du pain pour l'orphelinat des filles[2]. »

Les divers dons que je venais de recevoir m'avaient permis de donner d'abondants subsides aux trois maisons.

Qu'il est doux de constater de quels tendres soins nous sommes entourés par notre Père céleste. Pour quiconque a quelque discernement spirituel, une journée comme celle-ci manifeste cette Providence divine qui entre dans les plus petits détails de nos vies. Et combien de journées semblables !

13 février. Aujourd'hui, j'ai donné à frère T. tout ce qui me restait, en lui disant qu'il fallait à nouveau regarder à Dieu. Et ce soir nous avions cent vingt-cinq francs ! Voici comment : un monsieur et une dame sont venus visiter les orphelinats.

---

2. Le pain était toujours acheté un jour, et même deux jours, à l'avance.

Ils se sont rencontrés à la maison des garçons avec deux autres visiteuses venues dans le même but. L'une d'elles se tournant vers la directrice dit : Et naturellement vous ne pouvez continuer cette œuvre sans un gros capital ! Ce à quoi le monsieur ajouta : « Avez-vous un capital ? » « Nos fonds sont déposés à une banque qui ne peut faire faillite, répondit la directrice. » Des larmes vinrent aux yeux de la personne qui avait posé la première question. Au départ, le monsieur donna cent vingt cinq francs. Nous n'avions plus un seul sou en caisse.

5 mars. En plus des subsides pour la dépense quotidienne ordinaire, il me faut plusieurs centaines de francs pour l'achat du charbon. Il faut aussi renouveler les barils de mélasse vides de deux orphelinats[3]. Tandis que j'étais en prière, exposant à Dieu nos besoins, G. envoyait un chèque de cent quatre-vingt-sept francs cinquante. C'est ainsi que le Seigneur nous donnait à nouveau le secours en temps opportun. À cette somme, nous avons pu ajouter cinquante francs provenant de la vente d'articles donnés dans ce but.

18 mars. Reçu hier soir cent vingt-cinq francs avec ce verset : Ecclésiaste 9.10. Ceci nous a permis de faire face aux dépenses du jour.

Cher lecteur, arrête-toi un instant. Considère que le Seigneur envoie toujours le secours quand le besoin s'en fait sentir. Pas une seule fois, il ne nous a oubliés ! Pas une seule fois, il n'a envoyé que la moitié du nécessaire ! Pas une seule fois le secours n'est arrivé trop tard ! Cher lecteur, si tu n'as pas fait une expérience analogue des soins vigilants du Seigneur, considère sa bonté, « Ô viens et vois combien le Seigneur est bon ! »

---

3. Sorte de sirop qui est le résidu de la fabrication du sucre, et qui, chez les Anglais, entre couramment dans l'alimentation plus particulièrement dans les desserts, les puddings, etc.

Temps de maladie et d'épreuves de la foi

23 mars. J'ai reçu aujourd'hui une lettre de frère T. qui avait dû partir dans le Devonshire pour des raisons de santé. Il a donné l'un des rapports de l'œuvre à un frère qui, extrêmement intéressé, s'est mis à prier pour que sa sœur, une chrétienne, donne ses bijoux pour les orphelinats ; et il sera exaucé. C'est ainsi que frère T. a pu m'envoyer une chaîne de montre en or, une bague avec dix diamants et deux bracelets en or de la part de cette dame ; le frère a joint une somme de cinquante francs à l'envoi. Ces dons couvriront les dépenses courantes en fin de semaine, et me permettront de régler les traitements en retard des aides, soit trois cent soixante-quinze francs. Mes collaborateurs ne demandent rien ; bien plus, si quelque besoin se fait sentir, ils sont prêts à donner ce qu'ils possèdent ; mais je n'en ai pas moins demandé à Dieu qu'il m'envoie la possibilité de payer la rémunération convenue. Il m'a exaucé et j'en ai de la joie.

11 avril 1839. Il y a aujourd'hui trois ans que les premiers orphelins ont été reçus. Ces trois années ont été remplies des bontés de Dieu à notre égard. Nous n'avons manqué de rien ! Aujourd'hui il nous envoie cent vingt-cinq francs de façon peu ordinaire ; voici une copie de la lettre qui accompagne ce don :

« Mon cher ami. Nous avons une domestique qui a servi autrefois comme fille de cuisine dans une grande maison : Monsieur, membre influent du Parlement, Madame, fille de comte. Les pourboires étaient interdits ; mais, imitant les autres domestiques, notre bonne vendait à son profit des fournitures de cuisine. Elle estime que le préjudice causé à ses anciens patrons, de ce chef, peut s'élever à une centaine de francs, et que cent vingt-cinq francs couvriront l'intérêt et le principal. Cette somme était due à ses anciens maîtres et j'ai eu avec eux plusieurs entrevues à ce sujet. Or, ils désirent que

> **Pas une seule fois, il ne nous a oubliés ! Pas une seule fois le secours n'est arrivé trop tard !**

cela soit versé à une œuvre quelconque. La coupable a lu le « Rapport » que vous m'avez aimablement envoyé, et elle a le plus grand désir que le produit de sa repentance aille à votre œuvre de foi et d'amour. Il est remarquable que notre servante, qui est foncièrement chrétienne depuis un an et demi, se soit souvenue tout récemment seulement de ce péché des jours d'autrefois... »

15 juillet. Lundi. Il nous fallait aujourd'hui cinquante-neuf francs cinquante pour les orphelins et nous n'avions rien. Comment se procurerait-on, le nécessaire pour les repas ? Je n'aurais pu le dire... Mais mon cœur était dans une paix parfaite, et j'avais très particulièrement l'assurance d'un prompt secours, sans pour cela avoir la moindre idée de la façon dont il se produirait. Or, avant que frère T. vienne demander les fonds nécessaires, je reçois une lettre de l'Inde contenant un chèque de mille deux cent cinquante francs pour les Maisons d'orphelins. L'envoi avait été fait en mai. Il est à noter que l'avant-veille j'avais exactement indiqué cette somme à frère T. en lui disant qu'elle était nécessaire. Car nous avons à payer le traitement des aides, à acheter trois barils de mélasse, à remplacer quelques autres provisions épuisées, à acheter des vêtements, et enfin de la laine pour que les garçons puissent continuer le tricotage. Ainsi le Seigneur envoyait juste à point la somme que j'avais nommée ; et je lui en fus d'autant plus reconnaissant que je me préparais à quitter Bristol.

Visite à Teignmouth. Arrivés *le 16 septembre* à Teignmouth, mon premier champ de travail ; nous y avons passé douze jours. Depuis mai 1833, je n'avais pas revu les frères. Le Seigneur m'a donné à plusieurs reprises la force suffisante pour le ministère de la Parole... Bien des choses m'ont réjoui, entre autres celle-ci : certaines des vérités que j'avais prêchées ici dans la faiblesse, et confusément, sont maintenant bien appliquées et de façon intelligente. Les frères nous ont témoigné beaucoup d'affection.

Temps de maladie et d'épreuves de la foi

Recommandation du matin

La bénédiction du lever matinal. Plymouth, *28 septembre*. C'est ici que ma pensée a été ramenée de nouveau sur la bénédiction qu'il y a à se lever de bon matin (une habitude que je n'ai plus abandonnée par la suite, écrit-il plus tard[4]. Le frère qui nous reçoit se lève de bonne heure, et je l'ai entendu faire quelques applications fort justes à la vie du chrétien à partir des sacrifices lévitiques. Celles-ci ont retenu mon attention et je les donne ici. : « C'était le meilleur de leur troupeau, les prémices de leurs récoltes que les Israélites devaient offrir en sacrifice à l'Éternel. Il convient donc aussi que le meilleur de nos journées lui soit consacré, qu'il soit mis à part pour la communion avec Dieu. » En général, je m'étais toujours levé d'assez bonne heure ; mais depuis que ma tête était si faible, je me disais que la journée serait toujours assez longue pour mes forces, qu'il était donc préférable de rester au lit plus longtemps. Aussi je me levais entre six et sept, et parfois après sept heures. Lorsque j'ai entendu mon frère, j'ai décidé que, malade ou non, plus jamais je ne passerai au lit la partie la plus précieuse de mon temps. Par la grâce de Dieu, j'ai pu commencer le jour suivant, et je continue depuis[5]. Je m'accorde maintenant sept heures de sommeil, et bien que je ne sois pas fort et que j'aie en général bien des sujets de fatigue, cela me procure le repos suffisant.

Que chacun fasse cette expérience, et qu'il passe une, deux ou trois heures à méditer et à prier, avant le déjeuner du matin, soit dans sa chambre, soit dans les champs avec sa Bible à la main, et il expérimentera rapidement les bienfaits de cette habitude sur l'être extérieur et l'être intérieur. Je supplie tous

---

4. C'est parce qu'il est à nouveau malade que George Müller a dû quitter Bristol. Or c'est quand il est extrêmement faible, épuisé par l'œuvre multiple de Bristol et condamné au repos complet, qu'il fait la chose la plus contre-indiquée en apparence, et revient à l'habitude de se lever de très bonne heure.
5. C'était en 1839. G. Müller venait donc d'avoir trente-quatre ans.

mes frères et sœurs qui liront ces lignes et n'ont pas la coutume du lever matinal d'en faire l'essai, et ils ne tarderont pas à louer le Seigneur à ce sujet.

George Müller, après quelques semaines de repos, revint à Bristol. Dieu continuait de pourvoir aux multiples besoins des orphelins dont le nombre allait croissant.

Dans l'abondance et la pauvreté, écrit Warne, par temps ensoleillé ou en pleine tempête, l'esprit et le cœur de George Müller restaient en repos ; tellement il était persuadé que d'une façon ou d'une autre, Dieu pourvoirait à tout ce qu'il fallait pour les orphelins qu'il avait accueillis au Nom de Jésus... Et il lui fut fait selon qu'il avait cru.

CHAPITRE
10

La marche avec Dieu
(1839-1842)

Dans ce travail qui est nécessairement un résumé de la vie de George Müller, il est impossible de suivre celui-ci semaine après semaine, mois après mois ; de signaler tous les exaucements, toutes les délivrances de ce chemin de la foi où il marchait d'un pas résolu, les yeux uniquement fixés sur Dieu et sur ses promesses. Depuis que Dieu « l'avait saisi », pour employer l'expression du prophète, George Müller n'avait plus qu'une ambition : glorifier l'Éternel et manifester qu'il est toujours le Dieu vivant, qui entend la prière. Mais cette sainte ambition devait avoir comme corollaire une vie complètement vécue dans la communion du Père céleste, en la présence de celui dont les yeux sont trop purs pour voir le mal. Effectivement, pour que Dieu réponde à tout instant à son enfant, il ne fallait pas que le péché s'immisce, qu'aucun nuage ou qu'aucune barrière s'élèvent pour en empêcher l'exaucement. Aussi voyons-nous de plus en plus chez George Müller, cette constante recherche de la volonté de Dieu, et cette résolution d'obéissance absolue, dans la mesure qu'il discerne ce que Dieu veut. Peu importe les chemins battus, les habitudes prises, les conseils de prudence, les doctrines qui ont cours, les règles et les méthodes admises par les Sociétés de Mission ou d'Évangélisation. Que dit Dieu ? Que révèle-t-il dans sa Parole ? Pour lui tout est là.

Et nous voyons cet homme qui autrefois, dans les sentiers du monde, avait poursuivi avec opiniâtreté l'accomplissement de sa volonté propre, poursuivre maintenant avec non moins d'énergie, mais dans l'humilité, le sentier de l'obéissance et de la foi ; celui de la volonté de Dieu.

Autrefois, il avait chéri l'indépendance, ignoré les scrupules, choisi sa route, dilapidé son argent et celui des autres, méprisé toute autre loi que celle de son bon plaisir. Aujourd'hui il a les yeux fixés sur Jésus-Christ. Jésus est son but, sa loi, son mobile, sa force, son tout. Comme l'apôtre Paul, il aurait pu dire, s'il ne l'a pas fait, George Müller, « esclave de Jésus-Christ ». Il n'oserait faire un seul pas de son propre mouvement ; il est pauvre, et cependant il possède toutes choses. Aujourd'hui, sa conscience est devenue si délicate qu'il n'accepte pas toujours l'argent qu'on veut lui donner : lui, qui autrefois, puisait sans scrupules dans la bourse des autres. Ô merveilles de l'amour rédempteur ! Fruits merveilleux de la vie du cep qui se communique aux sarments !

Ainsi au service de fin d'année du 31 décembre 1839, alors qu'il recevait d'une dame une certaine somme pour les orphelins, il se rappela tout aussitôt que la donatrice avait des dettes non encore payées, malgré toutes les réclamations des créanciers. Il prit donc la résolution de rendre ce qu'elle avait donné, puisque personne n'a le droit de disposer de ce qui est dû. « Et je le fis, dit-il, tout en sachant qu'il n'y avait pas assez dans la caisse des orphelinats pour faire face aux dépenses du 1er janvier ».

D'aucuns s'imaginaient que les difficultés de toutes sortes, l'anxiété, les soucis, faisaient peser sur George Müller un accablant fardeau. Ainsi, un certain jour, sous le toit d'un ami qui avait réuni quelques frères, une dame chrétienne lui dit « qu'elle pensait souvent à la lourde charge que l'œuvre des orphelinats faisait peser sur ses épaules ». George Müller note cette réflexion dans son « Journal » puis il ajoute :

« Comme il est possible que d'autres personnes partagent cette façon de voir, je tiens à dire ici que, par la grâce de Dieu, il n'en est rien ; et que je n'ai aucune espèce d'inquiétude ni de souci. Les enfants, je les ai remis à Dieu dès longtemps. Quant à l'œuvre, c'est la sienne ; il convient donc que j'aie confiance et sois sans crainte. Si en bien des choses je ne suis pas ce que je devrais être, en cette affaire du moins, et avec le secours de sa grâce, je puis déposer aux pieds du Père Céleste tout ce qui pourrait devenir un fardeau ou un sujet de souci. »

C'est cette foi toujours agissante qui lui fit envisager la possibilité d'ouvrir un quatrième orphelinat, quand les nombreuses demandes auxquelles on ne pouvait donner satisfaction, en firent sentir la nécessité. C'est elle qui l'amena à ouvrir ce quatrième asile, et à accepter les dépenses que cet agrandissement de l'œuvre entraînerait. C'est par elle qu'il faisait descendre ici-bas, d'auprès du Trône des Miséricordes, tout ce qui était nécessaire à la subsistance et à l'entretien des orphelins et de ceux qui s'occupaient d'eux.

C'est à cause de cette foi toujours puissante, toujours en éveil, que le quatrième orphelinat fut ouvert, malgré la longue période de pauvreté que l'œuvre venait de traverser. Si la foi de George Müller et de ses collaborateurs ne s'était pas développée, fortifiée, élevée pendant la période difficile qui la mit à l'épreuve, jamais plus on n'aurait ouvert de nouvelles « Maisons », ni rien ajouté à l'œuvre existante. Bien plutôt, on aurait envisagé la possibilité des restrictions.

Mais retournons à l'*Autobiographie*, pour y noter rapidement les faits saillants qui nous permettent de suivre la vie de Müller, en même temps que son développement spirituel, et les phases successives de l'œuvre qu'il fonda ; monument élevé par sa foi au Dieu qui entend la prière.

George Müller

Les yeux toujours fixés vers Dieu

25 janvier 1840. J'ai beaucoup prié cette semaine au sujet d'un nouveau voyage en mon pays : 1° il s'agit de rencontrer les frères qui offrent de partir pour l'Inde comme missionnaires ; 2° ceci me permettra de revoir mon père ; 3° ma santé laisse beaucoup à désirer, et il semble préférable que je quitte Bristol. Je pourrais ainsi me reposer, sans cesser de travailler pour Dieu. « Seigneur ! garde-moi d'errer en cette affaire ! »

3 février. J'ai maintenant la certitude que je dois quitter Bristol et aller en Allemagne. Je pars demain.

Dernière rencontre avec M. Müller père. Après un séjour à Berlin, George Müller partit pour Heimersleben. Il trouva son père très affaibli et toussant beaucoup, et il eut le pressentiment que c'était la dernière rencontre qu'il avait avec lui ici-bas. Il occupa chez son père les deux mêmes chambres qu'il avait habitées, autrefois, alors qu'il vivait sans Christ. Cette fois, le temps qu'il y passa fut surtout consacré à la prière, à l'étude de la Parole de Dieu, et à confesser le nom de Jésus.

« À nouveau j'ai eu l'occasion d'exposer l'œuvre du salut devant mon père, en parlant longuement avec une visiteuse, écrit-il dans son journal. J'ai montré, d'après les Écritures, que ce ne sont pas les œuvres qui nous sauvent ; mais la seule foi au Seigneur Jésus, lequel a porté la peine de nos péchés, et accompli la loi à notre place. Mon père pouvait suivre toute la conversation de la place où il se trouvait.

« Je l'ai quitté le 26 février. C'est un grand privilège pour moi d'avoir encore pu le voir pour lui témoigner mon amour filial et mon respect, et d'avoir annoncé la vérité à ses côtés. Quant à lui, il s'est montré plein d'affection et d'attentions à mon égard, comme il l'avait déjà fait lors des précédentes rencontres. J'aurais eu le cœur moins gros en le quittant ce matin, si j'avais eu la certitude qu'il se reposait uniquement sur Christ ».

George Müller se rendit ensuite à Sandersleben pour y rencontrer quelques frères. Comme les lois de cette époque interdisaient les réunions privées, celles-ci se tenaient en secret et dans les endroits les plus divers pour éviter toute surprise. Les frères risquaient effectivement, soit une très lourde amende qui dépassait leurs moyens, soit l'emprisonnement. Cette fois, c'était chez un pauvre tisserand qu'on se réunissait. On offrit à G. Müller le seul siège de la chambre. Les autres personnes, une trentaine, s'étaient casées dans le métier ou autour ; le métier tenait à lui seul la moitié de la petite pièce.

Ces instants de réunion furent très précieux, écrit G. Müller, et je crois que Dieu fit reposer sur nous une double bénédiction. J'ai parlé aussi longtemps que je l'ai pu, et mes chers auditeurs semblaient boire la Parole de Dieu. Si je note ces faits, c'est afin que les enfants de Dieu en Angleterre apprécient comme il convient leurs très grands privilèges, et qu'ils sachent en profiter pendant qu'ils les possèdent[1]...

9 mars. Je suis rentré en paix à Bristol. J'y ai retrouvé ma bien chère femme en bonne santé, et toutes choses avaient bien marché pendant mon absence. Dieu a abondamment béni le voyageur et ceux qui étaient restés.

26 mars. J'ai reçu il y a quelque temps d'un frère qui nous a souvent aidés dans le passé la lettre suivante : « J'ai une petite somme d'argent venant de... En avez-vous besoin maintenant pour votre établissement ? Je sais que vous ne demandez rien qu'à Celui dont vous faites l'œuvre ; mais répondre à quiconque demande, ce n'est pas la même chose, et c'est même une chose juste. J'ai des raisons pour désirer ce renseignement ; car si vous n'aviez pas besoin de la somme susdite, je pourrais l'affecter à

---

1. Ces paroles de Müller ne s'adressent-elles pas aussi actuellement aux populations protestantes de langue française ? Que de privilèges dont ne jouissaient pas nos pères, et dont elles n'usent même pas, elles qui les possèdent. Attendront-elles qu'un régime de restriction s'étende sur le monde, et que ces privilèges soient retirés ?

quelque autre branche de l'œuvre du Seigneur, ou à d'autres serviteurs de Dieu, à qui elle est peut-être nécessaire ? Ayez donc la bonté de me dire combien il vous faut, c'est-à-dire la somme nécessaire pour maintenant, ou pour toute autre dépense prévue. » En vérité, au moment de la réception de cette lettre nous avions grand besoin d'argent : 1° pour l'école maternelle qui allait être ouverte ; 2° pour l'achat de Bibles ; 3° pour les orphelinats, dont l'encaisse n'était que de deux francs quatre-vingt-cinq à ce moment-là ! Mais puisque le but de l'œuvre, c'était justement de fortifier la foi des saints et de les amener à vivre dans une plus grande dépendance de Dieu, il me sembla ne pouvoir répondre à la question posée sans nuire au but que je poursuivais, et j'écrivis donc comme suit : « Tout en vous remerciant pour la marque d'amour chrétien que vous me donnez, et bien que je reconnaisse la différence qu'il y a entre demander de l'argent, ou répondre à une question au sujet de l'œuvre, cependant je ne me sens pas libre de vous donner le renseignement demandé puisque le premier objet de l'Œuvre des orphelins, c'est justement d'amener les faibles en la foi à constater que ce n'est pas en vain qu'on s'adresse à Dieu seul, et qu'on place en lui seul son attente... »

Ma réponse une fois expédiée, je me sentis pressé à plusieurs reprises de faire monter vers Dieu cette prière : « Seigneur, tu sais que c'est par amour pour toi que je n'ai pas dit à ce frère nos besoins. Et maintenant Seigneur, montre que ce n'est pas en vain que nous nous adressons uniquement à toi, et parle à ce frère pour qu'il nous vienne en aide ». Aujourd'hui, en réponse à ma prière, il nous a envoyé deux mille cinq cents francs.

7 avril. J'ai reçu ce soir une lettre de mon demi-frère m'annonçant la nouvelle que mon père était mort le 30 mars. Son état a empiré quelques jours après mon départ. Dieu est bon de m'avoir permis de le revoir... Je ne sais pas comment il est mort ; je ne sais pas s'il s'est endormi dans la foi... À aucune époque je n'avais prié avec plus d'intensité et aussi fréquemment pour la conversion de mon cher père, que durant la dernière année de sa vie. Il n'a pas plu au Seigneur de me laisser voir l'exaucement.

4 mai. Depuis le 1er avril, quarante et une personnes sont venues nous trouver pour nous parler de leurs âmes. Que le Seigneur suscite des aides dans son œuvre. En vérité, la moisson est grande.

6 mai. Nous avons en ce moment quatre chrétiens sous notre toit ; et je n'ai plus que quelques francs. J'ai donc demandé à Dieu le nécessaire, il m'a envoyé cent vingt-cinq francs.

22 juin. Demain, Dieu voulant, nous nous proposons ma femme et moi d'accompagner jusqu'à Liverpool les huit missionnaires qui partent pour l'Inde : cinq sœurs et trois frères allemands... Le soir, réunion de prière spéciale, à l'occasion de ce départ. Nous avons très particulièrement remis à Dieu les partants.

2 juillet. J'ai accompagné mes frères et sœurs jusqu'au vaisseau. Au moment de monter à bord, l'un des frères m'a remis cent soixante-deux francs cinquante pour les orphelinats. Il avait vendu son argenterie à Bristol parce qu'il avait pensé qu'un serviteur du Maître qui veut prêcher Christ à de pauvres hindous n'en a pas besoin. Il s'était acheté des livres et me donnait le surplus. « La somme que nous avons en commun, mes frères et moi, pour le voyage nous suffit, dit-il ; durant les mois de la traversée nous n'aurons besoin de rien, et cet argent peut vous être utile... Le Seigneur a très particulièrement placé l'œuvre des orphelinats sur mon cœur, ainsi vous ne pouvez refuser d'accepter. » Ce frère ignorait que j'avais à plusieurs reprises demandé a Dieu des subsides pour les orphelins. De quelle façon remarquable le Seigneur m'exauçait en se servant de lui ! En partance pour l'Inde, il donnait tout ce qui lui restait, s'attendant uniquement au Seigneur pour ses besoins temporels. J'ai immédiatement envoyé cent vingt-cinq francs à Bristol.

4 juillet. Ce matin, j'ai reçu de Bristol la lettre dont je donne ci-après la copie :

Mon cher frère,
Après les derniers comptes que je vous ai envoyés nous étions extrêmement pauvres. Nous avions assez pour le présent, mais l'argent manquait pour l'achat de pain. L'après-midi, quelqu'un nous a envoyé un habit de cheval pour que nous le vendions au profit de l'œuvre. J'en ai eu dix francs soixante-quinze ; j'ai aussi vendu quelques livres dont on m'a donné six francs vingt-cinq, deux vieux dés d'argent et une bague pour un franc, quatre-vingt-cinq. Le total nous a permis d'acheter le déjeuner pour les trois maisons. À midi, nous nous sommes réunis pour prier. Nous avions le plus grand besoin de fonds. Il fallait du pain, du lait, la provision de charbon des trois maisons est épuisée et d'autres stocks sont aussi bien près de l'être. En réalité jusqu'à présent nous n'avions manqué de rien, mais il ne nous restait presque plus rien. Or, tandis que nous priions, votre lettre est arrivée. L'une des sœurs est allée à la porte, et on la lui a remise ; la réunion terminée, on me l'a donnée. Vous comprendrez notre joie en l'ouvrant et en découvrant le contenu ; je ne puis dire tout ce que j'ai ressenti... L'argent est très précieux pour ceux qui comme nous voient derrière le don, la pensée et le cœur du Père céleste... Votre frère affectionné,

R. B.

29 août. Pour les autres branches d'activité aussi, nous sommes très pauvres. Nos principales rentrées proviennent de la vente des Bibles. Samedi dernier, je n'ai pas pu payer tous les salaires de nos aides dans les écoles de semaine ; toutefois je ne suis pas leur débiteur, puisqu'il est entendu qu'ils doivent s'attendre au Seigneur pour leurs traitements. J'ai vu là une indication à leur dire notre situation, comme je l'ai fait pour le personnel des orphelinats, afin qu'eux aussi puissent prendre part à l'épreuve de la foi, comme aux joies de la foi. Je les ai donc réunis et leur ai parlé. Puis après avoir placé sur leur conscience la nécessité du silence à cause du Seigneur, et l'importance qu'il y avait à ce qu'ils gardent secret l'état de nos finances, nous avons prié ensemble.

8 septembre. Comme le Seigneur est bon d'avoir dispensé toutes choses de telle façon que j'ai été amené à exposer la situation aux aides des Écoles qui partagent aujourd'hui nos joies comme aussi les épreuves de notre foi. Il y a deux ans que j'ai dû faire cette communication au personnel des orphelinats, ce qui a été un moyen de bénédictions pour tous. Pour moi, cela m'a permis de quitter Bristol, et l'œuvre n'en a pas souffert. Je ne doute pas que nos aides des écoles de semaine ne trouvent aussi de grandes bénédictions à partager notre très précieux secret.

21 septembre. Aujourd'hui, un frère qui habite les environs de Londres m'a donné deux cent cinquante francs pour que je les emploie à ce qui est le plus urgent. Depuis plusieurs jours nous priions pour recevoir les subsides nécessaires aux Écoles, au Fond Missionnaire, et à notre stock de Bibles ; j'ai donc versé la totalité de la somme pour ces trois branches d'activité. Jusqu'à ce qu'il vienne à Bristol, c'est-à-dire trois jours auparavant, ce frère ignorait tout à fait notre activité. Ainsi le Seigneur, pour nous montrer

> **si... nous nous appuyions sur l'homme, nous pourrions être confondus ; mais puisque nous nous attendons à Dieu seul, les déceptions ne peuvent nous atteindre...**

qu'il continue de nous entourer de ses soins nous envoie de nouveaux concours. Ceux qui s'attendent à Dieu ne seront jamais confondus. Quelques-uns de ceux qui nous ont aidés pendant un certain temps se sont endormis dans le Seigneur ; d'autres ont laissé leur zèle se refroidir ; d'autres qui désirent aider autant que jamais n'en ont plus les moyens ; d'autres dont le cœur est bien disposé et qui possèdent peuvent être conduits par Dieu à aider d'autres œuvres ; bref, si pour une cause ou l'autre nous nous appuyions sur l'homme, nous pourrions être confondus ; mais puisque nous nous attendons à Dieu seul, les déceptions ne peuvent nous atteindre et nous ne risquons pas d'être oubliés du fait que les premiers amis de l'œuvre sont morts, ou n'ont plus de ressources, ou à cause du manque d'amour de quelques-uns, ou parce que d'autres œuvres les sollicitent qui ont aussi besoin d'être soutenues. Qu'il est précieux d'avoir appris en une certaine mesure à s'appuyer uniquement sur Dieu, et d'être heureux dans l'assurance que celui qui marche dans *ses voies* ne manquera jamais d'aucun bien.

8 novembre. Jour du Seigneur. Jéhova-Jiré. Dieu nous a montré sa bonté ; il a pris garde à notre pauvreté. En plus des trente-sept francs cinquante versés pour les loyers, j'ai reçu cent vingt-cinq francs, accompagné de ce passage de l'Ecclésiaste 9.10. J'ai aussi reçu l'avertissement que deux grands sacs de farine d'avoine destinés aux asiles étaient partis de Glasgow. C'est un cadeau. D'autre part, un frère m'offre de choisir chez lui pour une valeur de deux cent cinquante francs de lainages, à mon choix, pour confectionner des vêtements d'hiver. Enfin quelqu'un a déposé dans l'une des boîtes de Béthesda un franc vingt-cinq pour les orphelins, petite somme enveloppée d'un papier sur lequel étaient écrits ces mots, « Jéhova-Jiré ». J'aime ces paroles qui, depuis plusieurs années, sont un rafraîchissement pour mon âme. Je les ai écrites avec les diamants d'une bague de grand prix sur l'une des vitres de ma chambre. Ceci me rappelle de quelle façon remarquable cette bague a été donnée, ce qui m'a souvent fortifié quand aux heures de grande pauvreté, mes yeux s'arrêtaient sur les mots gravés « Jéhova-Jiré », c'est-à-dire : « l'Éternel y pourvoira » (Genèse 22.14).

31 décembre 1840. Janvier 1841. Depuis le 20 décembre, Dieu a abondamment pourvu à tous nos besoins ; et nous pouvons penser à faire imprimer le rapport de l'œuvre.

19 mars. Voici quelque temps que je me sens très faible physiquement. Je crois qu'un changement d'air m'est nécessaire, mais ces jours passés, je manquais d'argent. Or ce matin j'ai reçu un chèque de trois cent soixante-quinze francs, dont cent vingt-cinq pour moi personnellement. Je vais donc pouvoir quitter Bristol.

20 mars. À Nailsworth. Aujourd'hui, à mon arrivée, une fois mis au courant de l'état de choses existant parmi les frères de Nailsworth et des environs, je n'ai pu m'empêcher de penser que le Seigneur m'avait envoyé pour travailler quelque temps au milieu d'eux.

Précisions sur le pardon

Comment avoir l'assurance du pardon de ses péchés. Une sœur irlandaise qui n'a pas l'assurance d'être une enfant de Dieu, d'être née de nouveau et pardonnée, qui ne possède pas la certitude du salut, m'a écrit pour m'exposer sa détresse. Son cas n'est pas unique malheureusement ; il y a bien des enfants de Dieu qui ignorent leur état de fils et de filles... C'est pourquoi je donne ici quelques réflexions sur cet important sujet.

Comment puis-je avoir l'assurance d'être enfant de Dieu, d'être né de nouveau, que mes péchés sont pardonnés, que je ne mourrai point et que j'aurai la vie éternelle ? C'est la Parole de Dieu qui donne la réponse à cette question, et elle est la seule règle, le seul code du chrétien... Que dit-elle ? « Vous êtes les enfants de Dieu par la foi en Jésus-Christ. (Galates 3.26). « À tous ceux qui l'ont reçu (Jésus), il a été donné le droit (ou le privilège) d'être faits enfants de Dieu, savoir ceux qui croient en son nom et ne sont point nés du sang, ni de la volonté de la chair, ni de la volonté de l'homme, mais qui sont nés de Dieu » (Jean 1.11-13).

La question qui se pose est donc celle-ci : Ai-je reçu Jésus ? Est-ce que je crois en son Nom ? Si oui, je suis né de Dieu, je suis son enfant. Comment puis-je savoir que mes péchés sont pardonnés ? Dois-je, attendre de le sentir. Ou bien faut-il que quelque passage de l'Écriture, qui affirme le pardon, se présente à mon esprit avec puissance ? C'est encore la Parole de Dieu qui nous donne la réponse : Non ; nous n'avons pas à tenir compte de ce que nous ressentons. Personnellement, voilà plus de dix-neuf ans que je suis croyant[2]. Depuis combien de temps n'ai-je aucun doute sur le pardon de mes péchés ? Je ne puis le dire exactement. En tout cas depuis que je suis en Angleterre (il y a de cela seize ans), je n'ai jamais eu l'ombre d'un doute à cet égard ; or, je n'ai jamais ressenti ce pardon. Savoir est une chose, et sentir en est une autre. Pour savoir, allons à la Parole de Dieu. Nous lisons dans le livre des Actes au sujet du Seigneur Jésus : « Tous les Prophètes rendent de lui ce témoignage que quiconque croira en lui recevra la rémission de ses péchés par son nom » (Actes 10.43). Quiconque s'attend à lui pour être sauvé, et non à soi-même, quiconque croit qu'il est ce que Dieu déclare dans sa Parole, reçoit la rémission de ses péchés. La question est donc celle-ci : Est-ce que je vis sans Christ ? Est-ce que je compte sur mes efforts pour être sauvé ? Est-ce que je crois que mes péchés seront pardonnés parce que j'amenderai ma vie à l'avenir ? Ou bien ma seule attente est-elle en Jésus, mort sur la croix pour sauver les pécheurs ? En Jésus qui a accompli la loi pour que les pécheurs soient justifiés ? Si je suis de ceux qui regardent uniquement au Sauveur, mes péchés sont pardonnés, que je le sente ou non. Le pardon m'est acquis d'ores et déjà. Je n'ai pas à attendre de mourir, ou que Jésus revienne... Mais je dois prendre Dieu au mot, croire que ce qu'il dit est vrai... Et quand je crois ce que Dieu dit j'en éprouve aussitôt de la paix et de la joie...

Lorsque ceux qui ne placent pas leur confiance en eux-mêmes ni dans leur bonté naturelle, mais regardent uniquement aux mérites et aux souffrances du Christ, ne savent pas s'ils sont enfants de Dieu, si leurs péchés sont pardonnés, et s'ils sont

---

2. Ces lignes ont été écrites en 1845.

sauvés, cela provient généralement de l'une ou de l'autre des causes énumérées ci-après : 1° Ils ignorent la simplicité de l'Évangile ; 2° Ils veulent régler la question avec ce qu'ils ressentent, ce qu'ils éprouvent ; 3° Ils attendent une puissante impulsion, ou un rêve, ou une voix du ciel, ou quelque passage qui se précisera avec force à leur esprit pour leur donner l'assurance du salut. Ou bien ils vivent dans le péché.

S'il s'agit de cette dernière cause, c'est bien inutilement qu'ils comprendraient parfaitement l'Évangile, et qu'ils chercheraient dans la Parole de Dieu quelque assurance de salut... Aussi longtemps qu'il y a péché, la joie et la paix ne peuvent habiter le cœur. Il peut y avoir chez le chrétien beaucoup de faiblesse et d'infirmités, mais le Saint-Esprit ne console pas, et ne consolera jamais quiconque se laisse aller à faire le mal, quiconque se console de pécher... Il est très important d'avoir un cœur droit et honnête devant Dieu, pour posséder l'assurance du salut, du pardon des péchés, de la nouvelle naissance.

> La première chose que je dois rechercher,... [c'est] comment je pourrai remplir mon âme de joie, nourrir l'être intérieur.

Nourrir l'être intérieur

7 mai. Nous quittons aujourd'hui Nailsworth, où je suis arrivé le 20 mars. J'y ai travaillé au service de la Parole, et j'ai écrit pour l'impression la deuxième partie du « Récit ».

Il a plu au Seigneur de m'enseigner durant ce séjour à Nailsworth que la priorité de chaque jour est que mon âme soit heureuse en Dieu mon Sauveur. La première chose que je dois rechercher, ce n'est pas comment je pourrai servir le Seigneur durant la journée, ou comment je pourrai le glorifier, mais comment je pourrai remplir mon âme de joie, nourrir l'être intérieur.

Car même si j'annonce la vérité aux inconvertis, et si j'essaye de la communiquer aux fidèles ; si je secours les affligés, si je me conduis en citoyen des cieux, et qu'en même temps, je ne sois pas heureux en Christ, parce que je n'ai pas nourri l'être intérieur, il est impossible que mon activité procède d'un esprit joyeux, bien équilibré.

Jusqu'à ce temps de séjour à Nailsworth, j'avais toujours commencé mes journées en priant, aussitôt habillé. Maintenant, je lis immédiatement la Parole de Dieu, en demandant au Seigneur son aide. Je viens de commencer la lecture du Nouveau Testament, et je m'applique à trouver une bénédiction dans chaque verset ; non pas en pensant à de futures prédications, mais dans le seul but de nourrir mon âme. Le résultat presque constant, c'est que je me trouve conduit à la confession ou à l'action de grâce, à l'intercession ou à la supplication. Je commence par la méditation et je suis conduit à prier.

Je passe ensuite au verset suivant, cherchant ce qu'il tient en réserve pour moi, George Müller ; gardant comme pensée dominante que mon but, c'est de nourrir mon âme. Et lorsque sonne l'heure du déjeuner, mon être intérieur ayant été nourri, fortifié, éprouve une grande paix, et même une grande joie. De cette manière, Dieu me donne aussi ce qui deviendra nourriture pour les autres.

Autrefois, quand je priais aussitôt levé, il arrivait que ma pensée vagabondât longtemps, avant qu'il me soit possible de la fixer dans la prière. Aujourd'hui, il est bien rare que ceci se produise encore. Et comme je me nourris de la vérité qui procède de Dieu, j'entre aussitôt en communion avec mon Père céleste, Je lui parle de ce qu'il vient de me dire par sa très précieuse Parole. De même que nous ne saurions travailler longtemps sans donner au corps la nourriture qu'il réclame, et que cette nourriture est l'une des premières choses de la journée, il en est ainsi pour l'être intérieur. L'homme doit se nourrir ; et sur ce point tout le monde est d'accord. Mais quelle est la nourriture de l'âme ?

Ce n'est pas la prière, mais c'est la Parole de Dieu. Non pas une simple lecture de celle-ci, de sorte qu'elle traverse seulement la pensée comme l'eau, la conduite qui la transporte ; mais une méditation du texte qui devient un sujet de réflexions et que nous appliquons à notre âme.

La vraie prière, celle qui n'est pas purement formaliste, ne peut se prolonger sans une certaine somme de puissance et de saints désirs ; c'est donc lorsque nous avons nourri notre âme par la méditation de la Parole, que nous pouvons le mieux prier[3].

Modifications pour les offrandes

29 mai. J'ai reçu aujourd'hui deux mille cinq cents francs de l'Inde. En réponse à la prière, le Seigneur daigne nous envoyer de temps à autre de fortes sommes ; elles proviennent même, comme celle-ci, des endroits les plus éloignés.

7 juin. Depuis quelques temps nous nous demandions, frère Craik et moi, s'il était utile, dans les circonstances actuelles, que nous laissions encore les troncs dans la chapelle, avec la mention de nos noms. Était-ce la meilleure manière de faire ? Après réflexion, nous avons rédigé une lettre, communiquant celle-ci à nos paroissiens par la presse ; lettre que nous donnons ci-après :

Aux saints en Jésus-Christ qui se réunissent à Béthesda Chapel, Bristol,

---

3. Si j'insiste sur cette pratique de la méditation de la Parole, c'est que j'en reçois le plus grand bien, que j'en tire un immense profit spirituel, et qu'elle est un moyen de rafraîchissement unique pour l'âme. Aussi je supplie mes frères en Christ de bien vouloir l'essayer. C'est par elle, avec la bénédiction de Dieu, que j'ai reçu les secours et la force nécessaire pour traverser en paix, par la suite, de très douloureuses épreuves ; des épreuves qui ont dépassé tout ce que j'avais connu jusqu'ici. Voici quarante ans que je fais ainsi. C'est donc en toute connaissance de cause et dans la crainte du Seigneur que je recommande cette méditation matinale de la Parole. Quelle différence lorsque l'âme s'est rafraîchie, rassasiée, lorsqu'elle a été rendue joyeuse dès le matin ! Alors elle n'est pas débile pour le service, et elle est prête pour la rencontre des épreuves et des tentations quotidiennes. (Ces lignes ont été ajoutées en 1881 à l'occasion d'une nouvelle édition. Müller avait alors 76 ans.)

George Müller

Chers frères,

Il nous a semblé bon d'enlever de la Chapelle les troncs qui recevaient les offrandes volontaires destinées à nos frais d'entretien. C'est pour éviter les malentendus, et empêcher que cet acte soit dénaturé que, dans un sentiment d'affection, nous exposons aujourd'hui nos raisons devant vous :

En arrivant à Bristol, nous avons refusé d'accepter un salaire régulier, ou un quelconque produit de la location des bancs. Ce n'était pas que nous ayons aucune objection à être assistés dans le domaine temporel par ceux que nous servons dans le domaine spirituel. Mais nous ne voulions pas que la libéralité des frères soit contrainte, forcée ; elle doit être libre, volontaire. D'autre part, la location des sièges est contraire à l'enseignement de l'Écriture (Jacques 2.1-6). Nous avons donc eu recours à des troncs où chacun pouvait déposer ses dons, selon ce que Dieu lui mettait à cœur. « Que celui à qui l'on enseigne la Parole de Dieu fasse part de tous ses biens à celui qui l'enseigne (Galates 6.6) ».

À cette époque, il semblait que nous devions être les seuls à travailler parmi vous au service de la Parole et de la doctrine. Depuis, les circonstances ont bien changé. À cause de cela et aussi parce que nous avons reçu plus de lumière, il nous a semblé bon de supprimer ces troncs. Qu'il soit bien entendu toutefois que nous n'avons pas changé, quant aux grands principes qui ont dicté notre première manière de faire. Au contraire, une expérience de dix ans a fortifié notre jugement d'alors, sur la question du traitement, et celle de la taxe sur les bancs. Voici pourquoi nous avons enlevé les troncs :

1° Aussi longtemps qu'ils existaient, il fallait indiquer l'affectation des dons ; il fallait donc mettre nos noms au-dessus des troncs. Ceci nous donnait l'apparence de nous élever au-dessus des autres frères, de nous arroger un pouvoir sur eux, alors que nous cherchons uniquement à remplir l'emploi que le Saint-Esprit nous a départi dans l'Assemblée.

2° Il est possible que le Seigneur veuille appeler et qualifier de plus en plus d'autres frères, pour diriger l'Église et y enseigner.

Aussi longtemps qu'on nous considérait comme spécialement préposés sur l'Assemblée, parce que nos noms étaient apposés sur ces boîtes, cela pouvait créer des difficultés pour ceux que les saints reconnaissent ouvertement et pleinement comme occupant avec nous, la place que le Seigneur leur donne.

3° Il était possible qu'on pose cette question (et même maintenant on pourrait la poser) : Sont-ils les seuls ouvriers ? Et voici la réponse : d'autres travaillent aussi qui ne sont pas aidés de la même manière. À ceux qui ne nous connaissent pas, cela pourrait donner l'impression que nous essayons de garder une place prépondérante par quelque marque extérieure, alors que nous voulons l'occuper uniquement dans l'obéissance au Seigneur, en laissant à son Esprit le soin d'amener les saints à reconnaître notre direction.

4° Enfin, du fait que nos noms étaient affichés de la sorte en public, quelques frères (nous avons des raisons de le croire) nous considèrent comme les seuls ministres, et ils se tiennent pour négligés parce que nous ne les visitons pas personnellement. Or c'est une erreur que de supposer que deux personnes peuvent suffire, pour faire les visites pastorales et s'occuper de la cure d'âme de cinq cent cinquante fidèles à peu près. En ce qui nous concerne, nous n'oserions pas assumer cette responsabilité. Selon le don et la force qui nous sont départis, nous désirons conduire, enseigner, nourrir de façon générale les brebis du Seigneur, mais nous n'osons pas entreprendre la direction spirituelle personnelle de tous ceux qui se sont joints ou se joindront à nous, sur la base de la foi au Seigneur Jésus.

Voici, résumées, les raisons qui nous amènent à supprimer les troncs de Béthesda. Nous demandons à Dieu la grâce de vous servir plus fidèlement que dans le passé, et nous nous confions (comme nous l'avons fait jusqu'ici) en celui qui a dit : « Si quelqu'un me sert... mon Père l'honorera ». Jean 12.26.

Henry Craik, George Müller. *Bristol, ce 7 juillet 1841.*

Du fait de cette décision, il m'a été donné une nouvelle preuve des bénédictions qu'entraîne l'obéissance de la foi. En d'autres circonstances, je me serais demandé : Que va-t-il se passer ? Comment les offrandes seront-elles transmises ? Y aura-t-il encore des offrandes ?

Pas un seul instant une seule de ces questions ne m'a troublé ! Et comme par le passé, on nous a apporté ou envoyé des dons en nature, des vêtements, des provisions diverses, dons provenant des saints parmi lesquels nous travaillons et de ceux qui sont au loin. De petits paquets d'argent avec les noms des destinataires, celui de frère Craik ou le mien, ou les deux réunis, ont été déposés dans le tronc qui reçoit les offrandes pour les pauvres, parmi les saints ; ou dans celui qui reçoit les dons pour les frais du culte, l'entretien de la chapelle, etc., et les diacres nous ont remis ces offrandes. Parfois des frères et des sœurs m'ont remis directement de l'argent ; enfin le Seigneur a continué d'incliner le cœur de bien des chrétiens éloignés et même d'inconnus à m'envoyer des dons.

La seule chose que je craignais, lorsque la décision d'enlever les troncs fut prise, ce n'était pas de perdre quelque secours, mais que des enfants de Dieu en prennent prétexte pour ne rien donner ; ou que les pauvres hésitent à donner les oboles qu'ils pouvaient mettre de côté ; les uns et les autres se privant par là d'une bénédiction. Par la grâce de Dieu, je puis dire avec l'apôtre Paul : « Ce n'est pas que je recherche les dons, mais je cherche à faire abonder le fruit qui vous en doit revenir » (Ph 4.17). Je vise aussi à atteindre, avec l'aide de Dieu, cet état d'esprit que manifestent ces paroles de l'Apôtre : « Et pour moi je dépenserai très volontiers pour vous tout ce que j'ai, et je me donnerai encore moi-même pour vos âmes, bien que vous aimant avec tant d'affection, je sois moins aimé » (2 Co 12.15). C'était donc pour ceux qui s'abstiendraient de donner, que je craignais un préjudice ; pour ceux que Satan tenterait à ne plus rien faire à cause de la suppression des troncs. Toutefois, tout bien considéré, nous avons agi selon ce qui nous paraît être la pensée du Seigneur en cette affaire...

La marche avec Dieu

Secourus au quotidien

2 *septembre 1841*. Durant les quatre derniers mois, nous avons reçu au delà du nécessaire pour les orphelins. Les cours d'eau des bienfaits de Dieu n'ont cessé de couler vers nous, apportant de l'argent et des dons en nature. Ceci succède à une longue période qui a commencé en juillet 1838 et durant laquelle notre foi a été souvent mise à l'épreuve...

« Pauvreté ». À nouveau, un temps de disette succéda à la période d'abondance. Dieu dispensait le secours jour après jour, souvent repas après repas, et cela dura six mois. George Müller écrivit dans son journal à la fin de l'année 1841 :

À cause de notre grande pauvreté et bien que le moment de l'Assemblée générale de l'œuvre soit venu, nous avons décidé de remettre à plus tard sa convocation, et de ne pas publier de rapport financier. Il nous semble que nous donnons ainsi la meilleure preuve que nous regardons uniquement au Dieu vivant.

Cette période de pauvreté se prolongea assez longtemps. À la date du 8 février 1842, après quelques remarques sur les conditions dans lesquelles l'œuvre se poursuivait, George Müller écrit :
Si le Seigneur ne nous envoie pas le nécessaire avant neuf heures, demain, son nom sera déshonoré. Mais j'ai l'assurance qu'il ne nous abandonnera pas.

Effectivement, avant huit heures, le lendemain, le secours était arrivé.
Ce même matin, un monsieur se rendant à ses affaires avait déjà fait deux kilomètres à peu près, lorsque sa pensée fut absorbée par les orphelins, au point qu'il s'arrêta : « Je ne puis cependant retourner sur mes pas maintenant, se dit-il, je leur porterai quelque chose ce soir » ; et il continua son chemin. Toutefois, sa conscience parlant très haut, et

comme cette pensée qu'un secours immédiat était nécessaire ne lui laissait pas de repos, il revint sur ses pas pour aller aux orphelinats. Chemin faisant, se souvenant qu'une très importante affaire l'attendait au bureau, il partit derechef dans cette direction. Cependant il ne pouvait trouver la paix ; ces paroles ne cessaient de résonner en lui : « Va maintenant, va maintenant, n'attends pas à ce soir », de sorte qu'il prit résolument le chemin des orphelinats et remit soixante-quinze francs pour l'œuvre. Müller arriva aux asiles ce même matin, avant le déjeuner, pour s'assurer que Dieu avait secouru ; il y trouva la petite somme que M. X. venait de remettre.

Quinze jours plus tard, un samedi soir, l'argent manquait pour acheter le pain du dimanche. Il était vingt heures trente ! Un visiteur arrive, qui ne sait rien ; il laisse à M. Müller douze francs cinquante, ce qui permet de se procurer le pain du lendemain, avant la fermeture des magasins. Le surlendemain, les provisions sont extrêmement réduites, et on manque de thé. Un visiteur vient qui, pressé par l'heure, parcourt rapidement les trois maisons, et laisse vingt-cinq francs dans chacune des boîtes.

S'il avait eu plus de temps, dit G. Müller, il aurait parlé plus longtemps et nous n'aurions pas eu son don au moment voulu pour l'heure du thé. Quiconque connaît ces détails ne peut que s'écrier : C'est ici l'œuvre du Seigneur, et c'est une chose admirable à nos yeux.

Plus tard, quand l'abondance fut revenue, jetant un coup d'œil en arrière sur ces journées durant lesquelles il fallait s'attendre à Dieu instant après instant, George Müller écrit :

L'épreuve de notre foi a été si prolongée, si aiguë, que c'est uniquement par la grâce de Dieu que la confiance de nos collaborateurs n'a pas sombré, qu'ils ne se sont pas fatigués de donner leur concours à une œuvre comme la nôtre[4] qu'ils

---

4. Sans fonds de roulement, sans banquiers ici-bas, et devant tout attendre de Dieu instant après instant.

ne sont pas retournés aux coutumes et aux maximes de ce monde mauvais. Je ne puis dire ce qu'ils ressentaient alors, ni ce qu'ils pensaient ? mais je puis parler pour moi et dire à la louange de Dieu que, durant tout ce temps, ma foi n'a pas bronché ! Cependant elle fut souvent si durement éprouvée que ma requête se réduisait alors à demander à Dieu qu'il daigne me la conserver, et qu'il prenne pitié de moi comme un père prend pitié de son enfant. Au milieu de l'épreuve, je conservais l'assurance inébranlable que Dieu interviendrait à son heure, et que s'il permettait ces semaines et ces mois durant lesquels nos circonstances étaient si difficiles, c'était pour que cela concoure de quelque façon au bien de l'Église et que ces paroles de l'apôtre Paul se vérifient par ma vie : « Si nous sommes affligés, c'est pour votre consolation ».

En parcourant ces pages, plus d'un lecteur aura pensé sans doute : « Et s'il n'y avait plus d'argent ? S'il arrivait que vous n'en ayez plus, et vos aides non plus, et que l'heure du repas soit là, sans que vous ayez rien à donner aux orphelins ? » En vérité, la chose n'est pas impossible, car nos cœurs sont désespérément mauvais ! Et je dis que si nous étions laissés à nous-mêmes, que nous ne nous attendions plus au Dieu vivant ou que nous tolérions l'iniquité dans nos cœurs, cela pourrait arriver. Mais, bien que nous soyons loin d'être ce que nous devrions être, aussi longtemps que nous nous confions en Dieu et que nous ne vivons pas dans le péché, cette chose-là est impossible.

5 mars. « Envoyé ». Ce n'est pas une petite délivrance que celle que nous a accordé aujourd'hui le Seigneur : Entre dix et onze heures, j'ai reçu soixante-deux francs cinquante d'Édimbourg, alors que nous n'avions pas assez d'argent pour acheter ce qu'il fallait pour le déjeuner. Le soir, à vingt heures, un visiteur s'est présenté en me disant ceci : « Je viens bien tard, mais j'espère être reçu quand-même. Je vous apporte un peu d'argent pour les orphelins. » Et il m'a tendu cinquante francs. Quand je lui ai demandé son nom, il m'a répondu qu'il le donnerait volontiers s'il en voyait une utilité. Ce n'était pas le cas. « Pour le « Rapport», dit-il, vous n'avez qu'à mettre à côté du don « Envoyé», car je suis certain que c'est Dieu qui m'a envoyé. »

Certes je le crois aussi ; car ce don se produisait à un moment des plus opportuns, et en réponse à la prière.

17 mars. « Il vaut la peine d'être pauvre ». Ce matin, nous sommes extrêmement pauvres. Je quitte la maison peu après sept heures pour me rendre aux orphelinats et voir si on a assez d'argent pour prendre le lait que le fournisseur apporte vers les huit heures. Je prie en marchant, demandant à Dieu qu'il ait pitié de nous, comme un père a pitié de ses enfants. Certainement il ne veut pas nous imposer un fardeau dépassant nos forces ;

> ... il vaut la peine d'être pauvre et d'avoir de ces grandes épreuve de la foi pour avoir aussi... les preuves si précieuses de l'amour du Père qui s'intéresse aux détails de nos vies.

qu'il daigne donc verser en nos âmes quelque rafraîchissement en nous envoyant le secours. Je lui rappelle aussi que l'interruption de l'œuvre, faute d'argent, aurait les répercussions les plus déplorables sur les croyants et les incrédules. Enfin je m'humilie à nouveau devant Dieu, confessant que je suis indigne d'être son instrument dans l'œuvre des orphelinats. Tandis que je suis ainsi en prière, et presque arrivé à destination, je rencontre un frère qui se rendait à ses affaires à cette heure matinale. Nous échangeons quelques paroles et je continue mon chemin ; mais il court après moi, et me remet vingt-cinq francs pour les orphelins. Le Seigneur avait répondu immédiatement à ma requête. En vérité, il vaut la peine d'être pauvre et d'avoir de ces grandes épreuve de la foi pour avoir aussi, jour après jour, les preuves si précieuses de l'amour du Père qui s'intéresse aux détails de nos vies. Celui qui nous a envoyé la preuve la plus éclatante de son amour en nous donnant son propre Fils, nous donnera aussi toutes choses avec lui. Il vaut la peine d'être pauvre et que la foi soit éprouvée si, par là, le cœur d'autres enfants de Dieu est réjoui, et leur foi affermie ; si ceux qui ne connaissent pas le Seigneur, apprenant ce qu'il a fait en se servant de nous, constatent que la foi en Dieu n'est pas une simple notion, mais une puissance, et que le christianisme est une réalité.

George Müller dira plus tard au sujet de cette époque de la vie des orphelinats pendant laquelle Dieu n'exauçait que dans l'instant même :

Il est impossible de raconter avec détails comment, jour après jour, repas après repas, Dieu étendait sa main pour donner tout ce dont nous avions besoin.

CHAPITRE
11

Évangéliste en Allemagne
(1843-1844)

L'abondance revenait enfin avec un don de douze mille cinq cents francs. Ce don a toute une histoire que nous voulons essayer de résumer en quelques lignes :

Le 25 octobre 1842, une sœur était venue voir M. Müller et lui avait ouvert son cœur. Comme elle prenait congé, il lui avait dit sa sympathie, et que si jamais elle en avait besoin, sa maison et sa bourse étaient à sa disposition ; qu'il serait enchanté si elle voulait accepter de ne faire qu'une bourse avec lui.

« À cause d'une chose qui s'était passée deux jours auparavant, j'avais tout lieu de croire qu'elle ne possédait rien ou à peu près », écrit G. Müller dans son journal. Ma visiteuse me prit au mot. Tout aussitôt elle me dit qu'elle en serait enchantée et ajouta qu'elle a douze mille cinq cents francs. En entendant cela je revins sur mon offre, lui expliquant que je la croyais pauvre, et je lui donnai les raisons que j'avais eues de le croire. Eh bien non ! elle possédait ces cinq cents livres sterling... Dieu avait mis cette somme entre ses mains sans qu'elle le recherche, elle considérait donc que c'était lui qui avait constitué cette réserve à son intention, et elle n'y touchait pas. » C'est à peine si je répondis quoique ce soit, et toute la conversation sur cette question d'argent ne dura que quelque secondes ; mais en partant elle ajouta : « Voulez-vous prier pour moi à ce sujet ? »

Après son départ, je demandai donc au Seigneur de la combler de joie, de cette joie que lui seul peut donner, et de lui faire réaliser les richesses de son héritage éternel, à ce point, que pressée par l'amour de Christ, elle puisse déposer avec joie son argent aux pieds de son Sauveur. À chaque jour, je présentais cette chère sœur à Dieu, et parfois plusieurs fois par jour, mais je me gardai bien d'aborder à nouveau le sujet avec elle, considérant qu'il était préférable qu'elle conserve sa réserve plutôt que de la donner sous quelque influence autre que celle du Seigneur, ce qui ne manquerait pas de provoquer des regrets. En rentrant un soir à la maison, après vingt-quatre jours de prière pour elle, je la trouvai qui m'attendait. Elle me dit qu'après avoir étudié les Écritures à propos de cette somme d'argent, elle était maintenant convaincue que le Seigneur la lui demandait. » Je lui conseillai de ne rien faire avec précipitation, d'attendre encore une quinzaine avant de prendre une décision définitive.

Dix-huit jours après, je reçus cette lettre :

« Cher frère, Je crois que Dieu n'a pas permis que vous vous fatiguiez de prier pour moi, et qu'il vous a aidé à continuer de le faire. Tout va bien à mon endroit. Votre requête a été entendue et exaucée. Je suis heureuse et j'ai la paix. En vérité, Dieu m'a manifesté ses tendres soins et son grand amour en Jésus, et il a incliné mon cœur à déposer joyeusement aux pieds de mon Sauveur, tout ce que jusqu'ici, j'avais considéré comme mien. C'est un grand privilège.

J'écris à la hâte pour vous demander (puisque maintenant nous n'avons plus qu'une bourse) de bien vouloir toucher cette somme à une banque de Bristol. Je fais le nécessaire pour que l'argent vous soit remis, etc. »

Évangéliste en Allemagne

Je répondis longuement à cette lettre et je reçus à nouveau, le 18 décembre, un message de notre sœur, dont voici quelques extraits :

« Depuis, je n'ai pas le moindre doute sur ce que j'ai à faire... La Parole de Dieu est claire... je me repose sur elle. À cause de vos prières, aucune tentation n'a prévalu, je crois même pouvoir dire qu'aucune ne s'est élevée. Mais ceci pourrait survenir... Mon cœur est si mauvais, et ma foi si faible ! C'est pourquoi j'aimerais que vous demandiez à Dieu qu'il me garde de l'offenser en regrettant, ne serait-ce qu'un instant, l'acte d'obéissance que je peux accomplir par sa grâce....

Avant de vous avoir jamais vu, j'avais demandé au Seigneur qu'il incline mon cœur à vous offrir cette somme, si la chose était selon sa volonté ; et elle vous était léguée par testament... celui-ci contresigné par deux témoins... »

À la fin de la lettre, elle m'avertissait que quelques obstacles étaient survenus et qu'elle ne pouvait toucher immédiatement ce qui lui était dû, et que probablement la somme ne me serait versée qu'à la fin janvier 1843. L'annonce de ce retard aurait pu me jeter dans une grande perplexité. Mais le Seigneur m'a aidé à m'approprier la promesse du verset : « Nous savons que toutes choses concourent ensemble au bien de ceux qui aiment Dieu » (Ro 8.28), de sorte que j'ai continué de jouir d'une grande paix ; bien que nous n'ayons plus qu'un ou deux jours de vivres aux orphelinats. Dès le lendemain, le 19 décembre, je recevais de A. B. une somme de deux mille cinq cents francs ; le 22, d'un frère de Bristol, une autre de douze cent cinquante francs, et plusieurs autres dons. Dieu m'avait donné le secours de sa grâce, de sorte que j'ai pu faire de sa volonté mes délices ; et maintenant il m'envoyait environ cinq mille francs pour couvrir les grosses dépenses des stocks de vivres à renouveler, etc., ce qui semblait impossible lorsque j'avais appris ne pouvoir compter immédiatement sur les douze mille cinq cents francs offerts...

George Müller

De nouveaux défis se présentent

Depuis quelque temps déjà, la question de l'ouverture d'un nouvel orphelinat occupait George Müller qui en faisait un sujet de prière : une quinzaine de fillettes auraient dû quitter la Maison des enfants en bas âge, elles y étaient restées parce que la place manquait dans l'orphelinat des filles ; il fallait refuser de nombreuses demandes d'admission ; deux « sœurs » qualifiées étaient prêtes à prendre la direction de la maison à fonder ; un local libre à côté des autres orphelinats pouvait être aménagé avec les fonds qui restaient du don de douze mille cinq cents francs. Enfin, George Müller sentait que l'ouverture d'une nouvelle Maison après les cinq années d'épreuves de la foi serait la meilleure des réponses et montrerait que loin d'être las de cette façon de vivre, qui attendait tout de Dieu, il était prêt à aller de l'avant. Cependant il pria longuement à ce sujet jusqu'à ce qu'il ait la certitude que ce projet répondait à la pensée de Dieu.

Alors que tout était en bonne marche pour l'ouverture du quatrième orphelinat, Müller reçut une lettre de Stuttgart, où il vit un appel à se rendre en Allemagne. L'auteur de cette missive, une dame allemande venue en Angleterre pour y apprendre la langue, avait vécu un an à Bristol. La première fois qu'elle était venue voir M. Müller, elle lui avait demandé son concours à titre de compatriote : « Ne voulait-il pas l'aider à trouver des leçons ? » - Après lui avoir donné quelques informations utiles, M. Müller avait amené le grand sujet du salut, et s'était aperçu « qu'elle pouvait avoir eu des impressions religieuses de temps à autre, mais qu'elle ignorait le Seigneur ». Quand elle prit congé il lui remit les deux premières parties du « Récit » que cette dame, après lecture, proposa de traduire en allemand. Bien qu'il ne la crût pas qualifiée pour cela, Müller avait accepté, en pensant que cela lui ferait du bien.

Par la suite, elle apporta son travail. Le moment de son départ pour l'Allemagne étant arrivé, elle vint prendre congé de Müller. À nouveau, il lui parla du salut en Christ et découvrit

Évangéliste en Allemagne

que son cœur était brisé par le sentiment de son péché. Il fit tous ses efforts pour amener Mme G. à regarder à Jésus, dont le sang purifie de tous péchés. Lorsqu'elle repartit pour l'Allemagne, elle avait trouvé le pardon et la paix auprès de son Sauveur.

C'était elle qui écrivait maintenant à G. Müller. Elle lui disait qu'elle avait inutilement cherché autour d'elle des chrétiens comme ceux de Béthesda Chapel. Après réflexion, elle s'était jointe à l'Église baptiste de Stuttgart. Mais bien des choses la rendaient perplexe, choses sur lesquelles elle désirait connaître sa pensée.

Or, à plusieurs reprises déjà, écrit G. Müller, on m'avait demandé pourquoi je n'allais pas évangéliser mes compatriotes ? Peu auparavant, frère R. C. Chapman avait placé la question sur mon cœur à son retour du Danemark. Il avait vu l'état spirituel des églises du Continent. Presque à chaque fois qu'il exposait quelque vérité devant les frères, on lui répondait : « Sans doute, ceci est scripturaire ; vous avez raison. Mais si nous le mettions en pratique, quelles en seraient les conséquences ? Que deviendrions-nous, nous, nos femmes et nos enfants ? » ceci ou quelque chose d'analogue. Aussi, dès son retour, frère Chapman était venu me faire une visite à ce propos. Il lui semblait que mon devoir était de consacrer un certain laps de temps à l'Allemagne après tout ce que le Seigneur avait fait pour moi. Il pensait aussi que je devrais publier le « Récit » en allemand, ce qui, avec la bénédiction de Dieu, pourrait fortifier la foi des frères, et les amener à vivre en conséquence...

Cette lettre de M. G. plaçait à nouveau toute la question sur mon cœur. Où est la volonté de Dieu ? Je vais à lui, lui demandant qu'il daigne me la révéler. Tant de choses paraissent s'opposer à mon départ :

1° Le quatrième orphelinat qui est à la veille de s'ouvrir, où bien des travaux sont encore inachevés, et ma présence nécessaire ;
2° Avant de partir, il faut que je laisse, une certaine somme pour

l'œuvre, me semble-t-il. 3° De l'argent est aussi nécessaire pour les frais de voyage et de séjour en Allemagne. Frais doubles cette fois ; car j'ai décidé que ma femme m'accompagnera, l'état de sa santé ne me permet pas de laisser retomber sur elle, en mon absence, la responsabilité de l'œuvre des orphelinats ; 4° Pour la publication du « Récit » en allemand, il me faut aussi une assez forte somme ; car je pense à un gros tirage de 4000 volumes.

J'éprouve une secrète satisfaction, à repasser en mon esprit la grandeur et le nombre des obstacles qui barrent la route. Au lieu de m'accabler, ils remplissent mon cœur de joie. Plus ils sont grands, et plus la preuve de la volonté divine en l'un ou l'autre sens, sera manifeste...

La prière et la foi, remèdes universels à tous les besoins et à toutes les difficultés ; et la lecture de « la Parole » qui nourrit la prière et la foi, surmontent tous les obstacles[1].

D'abord ceux-ci avaient grandi ; les dépenses dépassaient les prévisions, l'argent ne rentrait pas... Mais le 12 juillet, un papier était placé dans les mains de M. Müller qui, par là, se trouvait disposer de dix-sept mille cinq cent cinquante-quatre francs ; la note accompagnant ce don était ainsi conçue :

1° Pour les frères et les sœurs pauvres de notre bien-aimé Seigneur et Sauveur Jésus-Christ,

2° Pour envoyer les secours de l'Évangile aux chers frères allemands ou pour publier le « Récit »,

3° Pour les chers orphelins,

4° Pour achever de payer les dépenses qu'entraînera la construction de la chapelle érigée pour l'assemblée des saints à Barnstaple.

---

1. En 1895, G. Müller ajoutait à ce passage les lignes suivantes : « Depuis que je suis à Christ, c'est-à-dire depuis plus de soixante-neuf ans, je ne me souviens pas d'avoir jamais cherché sincèrement et patiemment la volonté de Dieu, sans qu'il me l'ait fait connaître par son Saint-Esprit au moyen des Écritures, et il m'a toujours conduit parfaitement. Mais lorsque mon cœur manque de droiture devant Dieu, ou que je n'attends pas avec patience qu'il me guide, ou que je préfère les conseils des hommes à la Parole du Dieu vivant, je commets de grandes erreurs. »

Évangéliste en Allemagne

Je m'en remets au jugement du serviteur de Dieu, frère Müller, pour la part qu'il y a lieu d'attribuer à chacun des chapitres désignés ci-dessus, sachant que celui dont il est l'économe le guidera en ceci comme en toute autre chose. Que le saint nom du Seigneur soit béni pour la véritable joie que j'éprouve aujourd'hui à faire une chose dont l'accomplissement m'apparaissait, il y a quelques semaines, comme une douloureuse épreuve d'obéissance. »

Trois des obstacles qui barraient ma route se trouvaient enlevés... Les autres le furent aussi, et le 9 août, ma femme, Mademoiselle W. (une sœur allemande) et moi quittions Bristol. Durant cette absence je n'ai pas tenu de journal, je ne puis donc donner le détail de mon activité. » (Autobiographie.)

M. Müller ne rédigea pas de journal, mais ses lettres nous en tiennent lieu, dit le Dr Pierson dans son livre : *G. Müller de Bristol*. Il visita Rotterdam, Weinheim, Cologne, Mayence, Stuttgart, Heidelberg, etc. Partout, il distribuait des traités, tenait des conversations avec les personnes rencontrées ; enfin et surtout il lisait et expliquait la Parole de Dieu, dans de petites assemblées de croyants qui s'étaient séparés de l'Église nationale, pour diverses raisons...

C'est au début de son séjour à Stuttgart que sa foi fut mise à une très rude épreuve. On l'avertissait que les dix-sept mille cinq cent cinquante-quatre francs offerts étaient retirés ! George Müller fit le silence sur cette affaire[2]. D'ailleurs il lui eût été

---

2. Évidemment le retrait ne fut que partiel ou même momentané. Ceci ressort de ce passage de l'Autobiographie daté du 31 décembre 1843 « Il a plu au Seigneur de me donner cette année 8 152,50 francs. À quoi il faut ajouter tous les frais de voyage et de séjour en Allemagne pour la période du 9 août au 31 décembre, lesquels furent prélevés sur la somme qui m'avait été remise avant notre départ. N'est-il pas évident que nous servons un très bon Maître, même pour ce qui est des besoins temporels ? Et j'ai la plus grande joie à le souligner ! Si j'avais travaillé de tout mon pouvoir à obtenir un gros traitement en 1843, je n'aurais pu avoir davantage. C'est environ 10 000 francs que de façon ou d'autre le Seigneur m'a donnés sans que j'aie rien demandé à personne. Donc, plus qu'il n'était nécessaire, pour moi, pour ma famille, et pour exercer l'hospitalité. »

difficile d'en parler sans nuire à la partie en cause... Ce ne fut pas la seule épreuve qui l'atteignit. Au contraire, des difficultés surgissaient de toutes parts, si nombreuses, si grandes, si diverses, qu'il eut besoin de toute la sagesse, de toute la grâce que Dieu lui avaient départies, de toute l'expérience acquise au cours des années passées, pour n'en être pas accablé. Toutes ces épreuves ne purent troubler la paix dont il jouissait. Il dit même qu'il avait la conviction si entière, si absolue que tout cela révélerait en son temps la bonté de Dieu, qu'il n'y aurait rien changé, même s'il avait été en son pouvoir de le faire. Ses plus grandes épreuves portèrent effectivement les plus riches moissons ; et parfois même toute une série de bénédictions. Il fut amené en particulier à adorer la sagesse divine qui avait déterminé le moment de son voyage : S'il était parti pour l'Allemagne plus tôt, il aurait devancé l'heure, parce qu'il n'aurait pas encore eu toute l'expérience requise pour résoudre les questions complexes qui l'attendaient en son pays. Quand les ténèbres obscurcissaient sa route, sa foi l'aidait à attendre la lumière, en tout cas une direction dans les ténèbres, et il vit s'accomplir en sa faveur la promesse de ce texte : « Tandis que tu avanceras pas à pas, un chemin s'ouvrira devant toi » (lire dans l'hébreu le texte de Proverbes 4.12).

S'élever contre les faussetés

À Stuttgart, il découvrit qu'il lui fallait combattre, comme autrefois Jude, « pour la foi donnée aux saints une fois pour toutes ». Même parmi les frères, de nombreuses erreurs avaient jeté de profondes racines. La principale consistait à donner au baptême une importance exagérée, excessive, hors de toute proportion avec l'enseignement des Écritures. Un frère avait été jusqu'à prêcher que sans le baptême, il ne pouvait y avoir de nouvelle naissance ! Avant le baptême, pas de rémission des péchés ! Les Apôtres n'étaient pas nés d'En-Haut avant la Pentecôte ; le Seigneur lui-même était né de nouveau seulement après son baptême, et seulement alors et jusqu'à la fin de sa vie mortelle il avait cessé d'être sous la Loi ! Quantité d'autres notions fantaisistes avaient cours : le vieil homme mourait vraiment dans les eaux du baptême ; et par le baptême, Dieu contractait une alliance avec l'homme ; c'était un péché que de communier avec des croyants non baptisés, ou avec les membres de l'Église nationale ; enfin on croyait généralement que le pain et le vin consacrés n'étaient pas des symboles, mais se transformaient vraiment en sang et en corps de Christ.

> ... les assemblées de frères, au lieu d'être un moyen de sainte édification dans la foi, devenaient le plus souvent l'occasion de discussions inutiles.

Il y avait une doctrine bien plus dangereuse encore contre laquelle George Müller s'éleva de toutes ses forces et qu'il nomme « une épouvantable erreur ». D'après celle-ci, qui était universellement répandue en Allemagne, tous les pécheurs sont sauvés à un moment donné, les démons aussi !

Avec calme et courtoisie, mais aussi avec courage et fermeté, Müller s'éleva contre ces erreurs et d'autres encore, en s'appuyant sur le témoignage des Écritures. Ceci provoqua beaucoup d'amertume, et même d'animosité, chez les adversaires aveugles de la vérité...

George Müller s'aperçut aussi qu'on ignorait les grandes vérités scripturaires de la présence et de la puissance du Saint-Esprit dans l'Église, du ministère mutuel des saints en tant que membres du Corps de Christ, auxquels le Saint-Esprit distribue ses dons selon qu'il lui plaît en vue du service. C'était une lacune qu'il essaya de combler ; car du fait de leur ignorance sur ce point, les assemblées de frères, au lieu d'être un moyen de sainte édification dans la foi, devenaient le plus souvent l'occasion de discussions inutiles.

Le seul remède à de tels errements et à de telles lacunes, c'était d'enseigner fidèlement la Parole de Dieu.

C'est ce que fit G. Müller, assumant à lui seul la tâche d'instruire l'assemblée, afin que la Parole de Dieu ait libre cours et soit glorifiée. Ensuite, lorsque les frères se furent appropriés la vérité en une certaine mesure, conséquent avec lui-même, avec humilité, il reprit sa place dans l'Assemblée, comme en étant l'un des membres, tous pouvant enseigner selon qu'ils y étaient conduits par le Saint-Esprit. Il mit l'accent sur cette présence dirigeante du Saint-Esprit dans l'assemblée des saints. C'est un devoir et un privilège que de lui laisser la direction ; si rien ne s'élève qui fasse obstacle, c'est lui qui incline tel ou tel frère à parler à tel moment, sur tel ou tel sujet selon ce qu'il veut, et lorsque les chrétiens ne sont pas charnels, le choix de l'Esprit est toujours en harmonie avec le leur. (1 Co 12 ; Ro 12 ; Ép 4, etc.).

À propos de cette visite de M. Müller, on fit courir le bruit qu'il avait été délégué en Allemagne par l'Église baptiste d'Angleterre pour ramener les frères allemands séparés dans l'Église nationale ; un journal religieux avait accueilli cette étrange explication, et l'avait mise en circulation. Ceci était inexact ; mais Müller ne put le démentir, l'ayant ignoré jusqu'au moment de son retour en Angleterre. Le Seigneur qui avait permis que cette erreur se propage la fit servir à ses fins ; et c'est à cause de cela que les autorités allemandes n'inquiétèrent pas G. Müller. Bien qu'il ait exercé son ministère durant de longs mois parmi des frères séparés de l'Église nationale, aucune entrave ne fut mise à son activité, et il jouit d'une entière liberté. (Pierson).

Honorer Dieu dans les petites et grandes choses

1er *janvier 1844.* Hier soir, j'ai rencontré au thé toute la petite église de Stuttgart. Les dernières heures de l'année ont été consacrées à la prière.

Alors que j'ai déjà achevé la préparation d'une bonne partie du « Récit » pour l'impression, le Seigneur me fait trouver, par

Évangéliste en Allemagne

l'intermédiaire d'un frère que je connais depuis huit ans : 1° un fabricant qui m'a cédé à bon compte le papier nécessaire à l'impression de cet ouvrage, et 2° un imprimeur qui s'est engagé à tirer deux feuilles[3] par semaine.

Mon imprimeur est un homme qui tient parole ; de sorte que six semaines à l'avance j'ai pu fixer au 26 février la date de notre départ de Stuttgart. Pour plusieurs raisons, il est très nécessaire que je sois à Bristol à cette époque ; c'est pourquoi j'ai la conviction d'avoir été guidé vers lui par Dieu. J'ai tout lieu de supposer que cet homme craint le Seigneur... À ce propos, je voudrais supplier ici tous ceux qui aiment le Seigneur Jésus et qui sont dans le commerce ou les affaires, de se garder de faire des promesses, sans avoir la certitude de pouvoir les tenir. Même dans les petites choses de la vie, nous pouvons honorer ou déshonorer Dieu, et c'est à ces choses que les incrédules regardent. Pourquoi entend-on dire si souvent (et parfois avec quelque raison), les chrétiens font de mauvais serviteurs, de mauvais commerçants, de mauvais maîtres ? Ceci ne devrait jamais être vrai, puisque nous sommes puissants avec Dieu, pour obtenir par la prière et la foi toute la grâce, toute la sagesse, tout le savoir-faire dont nous avons besoin.

> **Même dans les petites choses de la vie, nous pouvons honorer ou déshonorer Dieu, et c'est à ces choses que les incrédules regardent.**

Tandis que l'impression du « Récit » se poursuit, je m'occupe de trouver un libraire qui voudrait bien en assurer la vente. Ceux à qui je me suis adressé ont refusé ma demande ; sans doute parce que je n'appartiens pas à l'Église nationale ; d'ailleurs l'un d'eux me l'a dit nettement. Sans me décourager, je me suis mis à prier avec ma chère femme. Durant quatre semaines, nous avons quotidiennement prié à ce sujet ; puis je

---

3. Il faut probablement comprendre deux feuilles de seize pages, comme cela se pratique encore aujourd'hui.

me suis adressé à un autre libraire, et celui-ci a accepté sans hésitation. Il est entendu qu'il prélèvera une commission sur la vente. Il aura un stock de deux mille exemplaires, et je garderai le reste, soit aussi, deux mille exemplaires, par devers moi.

Cher lecteur, il n'y a pas de difficultés sur la route du chrétien qui ne puissent être vaincues. À titre d'enfants du Père céleste, nous sommes puissants auprès de lui par la foi et la prière, qui font descendre d'En-Haut d'abondantes bénédictions.

Ma chère femme et moi avons quitté Stuttgart le 26, et sommes arrivés à Bristol le 6 mars. Certes, depuis que nous avons discerné que Dieu nous rappelle en Angleterre, il nous tarde d'y rentrer ; et cependant nous sommes déjà si fortement attachés aux frères de Stuttgart que le plaisir du départ est grandement tempéré par la tristesse. Notre consolation est de pouvoir remettre ceux que nous laissons entre les mains du Bon Berger.

Demandez et vous recevrez

Deux manières d'obtenir de l'argent.

23 mai. Ces temps-ci le Seigneur subvient à nos besoins au jour le jour... Nous recevons le nécessaire, mais nous sommes pauvres ; il ne nous reste rien pour le lendemain. Deux visiteurs qui font profession d'être chrétiens sont venus me voir aujourd'hui ; ils vont de maison en maison dans la rue Wilson où j'habite, pour collecter les fonds nécessaires à l'extinction d'une dette contractée pour la construction d'une chapelle. J'ai essayé de leur démontrer qu'en allant chercher de l'argent chez tous même chez les ennemis de Dieu, ils le déshonoraient ! Si leur œuvre est selon la volonté divine, Dieu enverra le nécessaire ; sinon mieux valait se défaire de ce qui ne pouvait subsister qu'avec un secours recueilli en frappant à toutes les portes : à celles des croyants et celles des incrédules.

Ils me disent alors que l'argent et l'or appartiennent à Dieu et qu'ils se sentent donc libres d'aller le chercher ici et là.

« C'est justement parce que l'argent et l'or sont à Dieu, dis-je, que nous, ses enfants, n'avons pas besoin d'aller chercher des contributions pour son œuvre chez ses ennemis. » À cet instant même, alors que je suis en train de parler pour Dieu, le facteur m'apporte un petit paquet et une lettre. Mes visiteurs partent et continuent leurs visites. Je ne les ai donc pas convaincus... Eux partis, j'ouvre le paquet. Le Seigneur me donne une nouvelle preuve de la bénédiction qu'il attache à l'obéissance à ses commandements : le paquet contient cinq cents francs envoyés d'Irlande et un dessus de tabouret brodé ; la lettre qui vient de Seaton m'apporte vingt-cinq francs ; ces sommes ajoutées au contenu des boîtes des orphelinats relevé ce même jour me donnent plus de cinq cent cinquante francs pour les orphelins.

Lundi 10 juin. Nous nous sommes réunis pour prier, quelques-uns de nos collaborateurs et moi avons particulièrement demandé au Seigneur son secours pour la rédaction du prochain rapport, afin qu'il veuille bien faire reposer sur ce travail et sur l'Assemblée générale que nous pensons convoquer, le sceau de sa bénédiction. Nous lui avons demandé la conversion de nos chers orphelins, toute la grâce et la sagesse nécessaires pour ceux qui ont quelque part dans l'œuvre ; enfin, des subsides pour nos écoles de semaine, des fonds en suffisance pour pouvoir envoyer l'ordre d'achat de gruau d'avoine qu'on fait venir d'Écosse, de l'argent pour repeindre les orphelinats, aussi les subsides nécessaires aux dépenses courantes...

Ce matin au culte de famille, j'ai lu ce passage :
« Demandez et vous recevrez, cherchez et vous trouverez, heurtez et l'on vous ouvrira » (Matthieu 7.37). Je m'en suis emparé immédiatement ; puis ensuite j'ai repris ce texte avec mes collaborateurs pour plaider avec Dieu, et il m'a exaucé une fois de plus.

Dieu continua d'envoyer le nécessaire jour après jour mais le 7 juillet, enfin, A. B. envoya une somme de mille deux cent cinquante francs qui permettait de faire la commande d'une tonne de gruau. Or, ce don arrivait exactement au moment où le correspondant de M. Müller, qui se chargeait de ces achats, un frère d'Écosse, lui écrivait pour proposer un marché très avantageux de cette denrée. La coïncidence entre le don et l'avis d'Écosse frappa George Müller, et il le souligna dans son journal.

14 juillet. Voici le jour fixé pour arrêter les comptes. L'encaisse est de quarante francs. Du 10 mai 1842 au 14 juillet 1844, il a été dépensé pour les orphelins soixante-deux mille cent quatre-vingt-six francs.

31 décembre 1844. Après quelques considérations sur le total de ce qu'il a reçu, le voyage de retour d'Allemagne, etc., G. Müller ajoute :
Une dame chrétienne a voulu se charger complètement de notre chère enfant, instruction et pension, et a absolument refusé tout salaire. C'est un cadeau de douze cent cinquante francs qu'elle nous fait de la sorte. Dieu m'a mis au cœur de m'occuper de pauvres orphelins et maintenant à titre de récompense dès ici-bas, il met au cœur de cette sœur chrétienne de prendre notre chère fille dans sa pension, de sorte qu'elle reçoit une instruction et une éducation de premier ordre, sans qu'il m'en coûte rien. Certes, j'avais assez pour payer, et je l'aurais fait bien volontiers, mais le Seigneur a voulu m'offrir le montant de cette pension, pour me montrer qu'il est toujours prêt à subvenir abondamment à tous mes besoins.

6 janvier 1845. Mauvaises nouvelles de Stuttgart. J'ai reçu la très douloureuse nouvelle qu'un faux docteur venu de Suisse s'est introduit parmi les frères et les sœurs de Stuttgart, qu'il en a entraîné un grand nombre dans l'erreur, et que chez plusieurs, le fondement même de la foi a été ébranlé.
Je ne puis dire toute l'amertume de cette épreuve ; je souffre de voir que le Seigneur est déshonoré, et que le travail des sept

mois passés là-bas semble réduit à néant. Mais le Seigneur a mis sur mon cœur un tel fardeau de prières pour ces frères et sœurs égarés, que je puis les lui présenter chaque jour, et que j'ai pris la résolution de retourner à Stuttgart, si j'en vois la possibilité.

3 mai. Voici quatre mois que je prie quotidiennement pour eux, sans demander à Dieu qu'il m'envoie les fonds suffisants pour les rejoindre, parce que je crois qu'il les enverra au moment favorable, et aussi parce qu'il n'avait pas incliné mon cœur à le faire. Mais aujourd'hui, je lui ai demandé le nécessaire : frais de voyage, aller et retour, frais de séjour, frais d'impression pour des traités en allemand, des fonds pour l'œuvre à Bristol afin qu'elle soit pourvue avant mon départ au moins pour quelque temps... Je ne désire pas partir si le Seigneur ne le veut pas ; mais s'il le veut, il peut m'en donner les moyens. À peu près un quart d'heure après que, pour la première fois, nous avons prié à ce sujet ma chère femme et moi, je reçois une lettre contenant douze mille cinq cents francs avec cette indication : pour le voyage en Allemagne ; et le surplus, pour l'œuvre que vous dirigez.

19 juillet. Ma chère femme et moi avons quitté Bristol ce matin, pour Stuttgart.

Ce nouveau séjour en Allemagne fut accompagné de bénédictions presque plus nombreuses que le précédent. Des portes s'ouvrirent devant M. Müller qui eut de nombreuses occasions d'annoncer la vérité ; l'église de Stuttgart fut aidée à reprendre pied, et deux cent vingt mille traités imprimés en allemand : onze sujets différents y étaient exposés (F.-C. Warne). Müller tint jusqu'à huit réunions par semaine. Dieu pourvut à sa manière (c'est-à-dire d'une manière extraordinaire) à tous ses besoins. Ainsi, un riche médecin qui n'avait jamais loué ses appartements les lui offrit, de sorte qu'il fut confortablement logé, alors que la ville était remplie d'étrangers, et les appartements difficiles à trouver. De façon providentielle, on lui offrit la chaire d'une église nationale. C'était une occasion de faire entendre la vérité, et bien qu'il ne fût pas d'accord sur tous les principes de cette Église, il accepta. (Pierson). Le séjour de Stuttgart dura sept semaines ; après quoi G. Müller se mit à la recherche d'une voiture qu'il loua. Donnons-lui à nouveau la parole :

> En Allemagne, impossible de prêcher dans les rues et les places publiques, autrement je l'aurais fait volontiers. J'ai dû recourir aux imprimés et j'ai distribué onze cent exemplaires du « Récit », et des dizaines de milliers de traités. En ce faisant, je me sentais encouragé par la pensée que c'est au moyen d'imprimés surtout que la Réforme avait fait son œuvre.
>
> Dix-sept jours durant, nous avons voyagé dans une voiture que j'ai louée, couvrant de quarante à cinquante kilomètres chaque jour. J'ai fait faire une caisse spéciale qui pouvait contenir trente mille traités et qu'on a fixée à l'arrière de la voiture. Sur le devant, des valises remplies de « Récit » et encore des traités. Pendant ce voyage, ma chère femme et moi attendions les voyageurs qui se présentaient, ou bien nous nous adressions aux personnes que nous rencontrions le long du chemin, et leur donnions livres ou traités.
>
> Le lecteur demandera peut-être « Et quel a été le résultat de ce travail ?» À quoi je répondrai : « Dieu seul le sait... ». Mais si je pense aux huit mois de prières qui ont précédé le temps des semailles, aux prières quotidiennes qui ont accompagné et suivi celles-ci, j'ai le droit d'attendre des fruits et j'en attends... Deux cent vingt mille traités ont été distribués. Dieu aidant, quelques-uns sont allés jusque dans les recoins les plus enténébrés de l'Europe, d'autres en Amérique et jusqu'en Australie. Les quatre mille brochures de l'édition allemande du « Récit » sont presque épuisées. Et je suis amené à considérer la possibilité d'une édition en français[4]. Les traités ont été réimprimés à Hambourg et à Cologne, et des chrétiens s'occupent de les

---

4. Trois ans après, ce projet était réalisé. Donc en 1848.

répandre. Ils sont aussi distribués en Angleterre, et en plusieurs autres contrées.

Ne pouvant évangéliser de façon directe, M. et Mme Müller firent donc du colportage. Même ceci aurait pu être interdit par la police. Mais Dieu ne le permit pas ; et aucune entrave ne nuisit à l'activité de ses serviteurs. (F.-G. Warne).

CHAPITRE
12

Construction des maisons pour les orphelins
(1845-1857)

Un projet de construction s'impose

Quelques semaines seulement après le retour de M. Müller en Angleterre, l'un des habitants de la rue Wilson prenait l'initiative de lui écrire une lettre polie et amicale sans doute, mais où il signalait cependant les nombreux inconvénients qu'entraînait le voisinage des orphelinats pour les habitants du quartier. Le signataire s'en remettait à M. Müller lui-même et à son esprit d'équité pour prendre la décision qui s'imposait. Sollicité par de nombreuses occupations, le jour qu'il reçut cette lettre, le 30 octobre 1845, G. Müller la mit de côté pour la relire à tête reposée dès qu'il le pourrait. Le 3 novembre, il se ménagea quelques heures de liberté pour examiner avec prière, la question devant Dieu.

J'ai pris un papier et je me suis mis à écrire les raisons qui m'apparaissent militer en faveur d'un déplacement, et celles qui semblent s'y opposer.

1° Les voisins se plaignent du bruit aux heures de récréations. Certes, cette plainte est justifiée ! Je sais que personnellement je ne supporterais que difficilement tout ce tapage. Ma pauvre tête en serait brisée. Je dois donc faire pour les autres ce que je voudrais qu'ils fassent pour moi. Jamais encore je n'avais considéré la chose sous ce jour.

2° Le nombre des pensionnaires de nos maisons est si grand qu'à plusieurs reprises les canalisations des eaux ménagères ont été bloquées, et les voisins fort incommodés.

3° Nous n'avons pas de terrain de jeux au sens exact de ce mot. Nous disposons d'un seul emplacement qui en tient lieu, et ne peut servir que pour les enfants d'une seule maison à la fois.

4° Pas de terrain de culture non plus dans les alentours de Wilson Street. Si nous nous transportions ailleurs et que nous puissions avoir une propriété entourée de champs pour le jardinage et autres travaux manuels, il en résulterait de très sérieux avantages, pour nos garçons surtout. Nous pourrions alors les occuper de façon plus utile qu'au tricotage qui est actuellement leur seul travail manuel. (Ils font aussi leurs lits, le nettoyage des maisons et aident à la préparation des repas.) Mais il est bien certain que le travail en plein air serait le meilleur des exercices physiques et qu'il favoriserait le développement de l'organisme.

5° Nous pourrions avoir une blanchisserie, ce qui est impossible à Wilson Street faute de place, de sorte qu'une partie du linge seulement est blanchi aux orphelinats. Nos filles auraient alors plus de travail manuel à fournir, un point très important, car il leur semblerait moins dur ensuite d'être placées comme servantes.

Construction des maisons pour les orphelins

6° L'air de Wilson Street n'est peut-être pas assez tonique pour des enfants de constitution généralement débile ; fils et filles de parents malades le plus souvent. Un air plus vif leur serait donc favorable.

7° La situation actuelle n'est certainement pas enviable pour le personnel. Nos collaborateurs n'ont pas de jardin, pas de champ à proximité, où se détendre pendant les heures de repos.

8° En temps de maladie l'espace manque ; nos maisons sont trop petites pour le nombre d'occupants.

9° Même en temps ordinaire, il serait désirable d'avoir plus de place.

Or il n'y a pas de propriétés à Bristol ni dans les environs immédiats qui nous donneraient les avantages requis. Voici une dizaine d'années que je pense à cela et que je cherche inutilement dans toutes les directions. Je ne puis songer à avoir une maison d'un côté, l'autre ailleurs. Pour les réunions de prière, pour la répartition des vivres ou des fonds aux époques durant lesquelles nous vivons au jour le jour, pour les réunions du personnel, pour les visiteurs..., nos orphelinats doivent se trouver au même endroit.

De plus, les difficultés d'adaptation ou de transformation des maisons particulières m'apparaissent toujours plus clairement. Ces maisons ne sont pas faites pour répondre aux besoins d'œuvres comme la nôtre. Aucune maison particulière, par exemple, n'offre de moyens de ventilation suffisants pour l'agglomération des pensionnaires d'une institution charitable. Il n'y a donc qu'une chose à faire : construire.

Et maintenant quelles raisons pourraient nous induire à rester à Wilson Street ?

1° Le fait que c'est Dieu qui nous a manifestement conduits. Oui, mais ne désire-t-il pas maintenant nous conduire ailleurs ?

2° Il ne serait peut-être pas impossible de louer, rue Wilson, les immeubles n° 2, 5 et 7 ; d'aménager deux de ces maisons comme orphelinats, et la troisième en infirmerie ? Mais les protestations des voisins subsisteraient ; les canalisations seraient encore plus insuffisantes, et faire faire les travaux d'une installation serait extrêmement coûteux.

3° Je vois trois grandes objections à la construction d'orphelinats : 1) La dépense ; les sommes que cela nécessitera et qu'autrement on pourrait affecter aux orphelins ; 2) Bâtir fait perdre de vue le caractère du chrétien qui est ici-bas « un étranger et un voyageur » ; 3) Cela prendra beaucoup de temps.

Mais toutes ces objections seraient valables si je pouvais faire autrement, et si j'entreprenais de construire sans que la chose s'impose...

Je consacre quelques heures à la prière, après quoi je commence à discerner que Dieu m'appelle à faire construire, que ceci sera non seulement pour le plus grand bien des orphelins et une meilleure organisation du travail, mais surtout un nouveau témoignage rendu à celui qui peut et qui veut dispenser largement ses bienfaits à quiconque en a besoin et s'attend à lui... J'ajoute qu'à aucune époque je n'ai reçu autant de demandes d'admission que pendant les mois qui précèdent le moment où j'envisage la possibilité de bâtir.

Le jour même, je réunis ceux qui travaillent avec moi dans l'église afin qu'ils examinassent la situation et me donnent leur opinion. Tous tombent d'accord qu'il faut quitter Wilson Street ; personne ne fait d'objection au projet de construction.

4 novembre, ma chère femme et moi commençons à prier pour cette affaire, décidant de le faire chaque matin. Nous demandons plus de lumière sur tout ce qui touche à ce projet

Construction des maisons pour les orphelins

de construction. Convaincus que nous agissons selon sa volonté, nous commençons aussi à demander à Dieu l'argent nécessaire.

7 novembre, il m'apparaît que l'achat du terrain, les constructions et les dépendances, etc., pour trois cents enfants pris en bas âge et gardés jusqu'à quinze ou seize ans, pour le personnel et les aides... pourraient coûter environ dix mille livres sterling, soit 250 000 francs. Je ne me laisse pas décourager par ce chiffre et je regarde à Dieu.

Bien que nous priions depuis quelque temps, je n'ai encore rien reçu. Cependant, plus que jamais encore j'ai la certitude que Dieu me demande de bâtir, et cette certitude va s'affirmant. J'ai déjà dit quelques-unes des raisons qui ont amené cette assurance. L'une des principales, celle qui a pour moi le plus de poids, je la trouve dans l'ordre que donne l'apôtre dans sa lettre aux Philippiens : « Que votre douceur soit connue de tous les hommes » (4.5). J'ai vu que ce ne serait pas agir selon la pensée de Christ que d'ignorer les réclamations fort justes de la lettre que j'ai reçue.

9 décembre. Trente-cinq jours après avoir commencé de prier, quelqu'un envoie vingt-cinq mille francs. Ce don, le plus important que j'ai reçu jusqu'ici, ne provoque pas chez moi de grande émotion ni d'exaltation. J'ai prié pour obtenir des fonds et je ne suis pas étonné d'en recevoir...

13 décembre. Ma belle-sœur arrive de Londres. Elle y a rencontré un monsieur qui avait lu avec un vif intérêt le « Récit des dispensations de Dieu envers George Müller », et désirait avoir le plus de détails possibles sur l'œuvre. Apprenant par elle que nous pensions bientôt faire construire, il offrit d'établir les plans et d'en surveiller l'exécution gratuitement. La main de Dieu est manifeste dans cette offre d'un architecte chrétien.

G. Müller avait parlé à seulement quelques amis de ses projets de construction. Il s'était gardé d'envoyer des circulaires ou de faire quelque communication aux journaux, voulant tout attendre et tout recevoir de Dieu. Fin décembre, quelques dons lui parvinrent : l'un d'eux était de douze cent cinquante francs, un autre de vingt-cinq mille francs ; alors il pensa que le moment d'acheter un terrain était venu. Il fallait que celui-ci soit assez grand, et pas trop loin de Bristol. C'était un temps où la spéculation foncière avait considérablement élevé la valeur des terrains.

Le 2 février 1846. J'ai entendu parler aujourd'hui d'un terrain à Ashley Down qui conviendrait à nos projets et qui n'est pas trop cher.

3 février. Je suis allé voir le terrain. C'est assurément ce que j'ai trouvé de mieux jusqu'ici... je voulais rencontrer le propriétaire. Il n'était pas à la maison, mais à son bureau. Je m'y suis rendu aussitôt ; il venait de partir... J'ai pensé alors que Dieu n'avait pas permis que je le rencontre, et je suis rentré chez moi.

5 février. J'ai vu le propriétaire. Il m'a dit que de trois à cinq heures ce matin il n'avait pas pu dormir, et que ma demande de la veille dont on l'avait averti n'avait cessé d'occuper sa pensée durant les heures d'insomnie. Il avait décidé que si je me présentais comme acheteur du terrain pour faire construire les orphelinats, il consentirait une diminution de quatre-vingts livres sterling (deux mille francs) par âcre (un demi-hectare à peu près). Combien le Seigneur est bon ! J'ai immédiatement conclu le marché et acheté le terrain qui a près de sept âcres à trois mille

> **Remarquez la bonté de Dieu qui n'a pas permis que je trouve le propriétaire avant que son serviteur ne lui ait parlé.**

Construction des maisons pour les orphelins

francs l'unité. Remarquez la bonté de Dieu qui n'a pas permis que je trouve le propriétaire avant que son serviteur ne lui ait parlé.

11 février. J'ai écrit le 6 février à l'architecte qui m'avait fait des offres de services. Voici sa réponse :
« Mon cher Monsieur, Il me sera extrêmement agréable, au delà de ce que je puis dire, d'apporter mon concours à l'œuvre d'amour que vous poursuivez, et c'est pour moi un privilège que d'être l'architecte et le surveillant des constructions que vous projetez de faire pour les orphelins... Je vous fournirai volontiers les plans et sections de plans avec les détails et le prix de revient approximatif, le tout gratuitement ; enfin je vous offre aussi de surveiller, sans frais, l'exécution du travail. »

Le 19 février, l'architecte était venu de Londres. Il trouvait que la situation du terrain était excellente, très favorable pour les fosses et les canalisations d'eau, etc. Cependant, George Müller n'a pas pu prendre possession du terrain au temps qu'il le pensait, puisque le vendeur était mort peu après, et bien des difficultés surgirent derechef.

Aussitôt la vente du terrain confirmée, les dons affluèrent... Dons infimes ou dons princiers, George Müller les reçut tous avec une égale reconnaissance envers Dieu ; depuis soixante centimes (six pence) jusqu'à douze mille cinq cents francs, vingt mille francs et même cinquante mille ! Il reçut à cette époque deux dons de cinquante mille francs. « Rien de tel que de s'adresser directement au Seigneur », disait-il. Un certain jour, alors que Dieu venait de lui envoyer l'une de ces fortes sommes, il fut plongé dans un profond sentiment d'adoration, et s'étendant sur le sol la face contre terre, il éclata en actions de grâce et en louanges, se consacrant à nouveau et tout entier au service du Seigneur.

29 avril 1846. Aujourd'hui, à Chippenham où nous sommes pour le service du Seigneur, ma femme bien-aimée et moi avons eu l'immense joie de recevoir de notre chère fille la lettre ci-après, de sorte que nos prières se transforment en actions de grâce et en louanges.

« Je suis extrêmement heureuse que vous alliez mieux, et très reconnaissante à Maman pour son gentil petit billet. J'aurais voulu vous dire que j'avais maintenant trouvé le bonheur ; puis je ne l'ai pas fait pensant qu'il me serait plus facile de l'écrire que de le dire. Je ne puis préciser quand j'ai commencé d'être heureuse en pensant à la mort et à l'éternité… Dieu a fait son œuvre en moi très graduellement. Je puis dire maintenant : « Grâces soient rendues à Dieu pour son don ineffable. » S'il vous plaît, chers papa et maman, priez pour moi afin que je ne déshonore pas le Seigneur ; afin que j'aie toujours plus de reconnaissance pour le don de son Fils, et pour mes chers parents, ma chère tante, mes chers professeurs, et pour tous les bons amis qui m'aiment et prient pour moi. « Avec tout l'amour de votre petite fille bien affectionnée, je reste, chers papa et maman, votre

« Lydia Müller »

« Elle est si jeune, écrit G. Müller, qu'il me semble bon d'observer un peu l'œuvre qui s'accomplit en elle. À la fin de l'année, mes collègues étant d'accord, elle est baptisée et admise à la communion. Elle vient d'avoir quatorze ans. »

Dans l'espace de treize mois, du 10 décembre 1845 au 25 janvier 1847 exactement, G. Müller avait reçu neuf mille deux cent quatre-vingt livres sterling, uniquement en réponse à la prière (au pair 232.125 francs).

Le 3 juillet 1847, on commença de construire. Les dons affluèrent derechef. En juin 1849, les constructions étaient achevées. Avant cette date, G. Müller s'était adonné à la prière

Construction des maisons pour les orphelins

pour les dépenses d'ameublement qui s'imposaient. Dieu l'exauça et lui accorda au delà de ce qu'il avait demandé.

Le 9 février 1849, il écrivait : « Plus cette pensée d'ameublement m'occupe, plus je me rends compte des sommes nécessaires. Or aujourd'hui j'ai eu la visite d'un chrétien qui m'a remis de la main à la main deux mille livres sterling (cinquante mille francs) pour que je les emploie comme je le jugerais le plus utile. »

Le nouvel orphelinat avait été construit pour cent quatre-vingts filles, quatre-vingts garçons et quatre-vingts enfants des deux sexes au-dessous de six ans, au total trois cents orphelins au lieu des cent vingt enfants qu'abritaient les maisons de Wilson Street. À la date du 9 mars, nous lisons dans le journal de G. Müller.

« Le nouvel orphelinat est presque prêt. Il faut penser au tissu nécessaire pour vêtir les nouveaux. J'ai donc commandé des milliers de mètres d'étoffe et il en faudra des milliers d'autres, pour ne rien dire des provisions de toutes sortes auxquelles il faut penser. Je viens de recevoir sept mille cinq cents francs qui vont être affectés à ces dépenses uniquement... Ce don a été pour mon esprit comme une brise rafraîchissante. En ce moment, alors que commence la grande augmentation de dépenses qu'entraîne l'entretien de trois cents enfants au lieu de cent vingt, j'aime à voir en cette somme un gage de Dieu, une promesse qu'il subviendra encore à tous les besoins. »
Que Dieu soit loué pour tous ses bienfaits ! Jusqu'ici nous avons reçu pour le Fonds de Construction quinze mille sept cent quatre-vingt-quatre livres sterling, dix-huit shillings, dix pence (au pair 394.623 fr. 50).

Au 31 mars, toutes dépenses payées pour l'achat de la terre, les droits d'enregistrement, la construction, l'ameublement, l'acte de cession, il restait une encaisse de dix-neuf mille cinq cents francs à peu près.

Le 18 juin 1849, et les jours suivants, un peu plus de douze ans après la fondation de l'œuvre sur la rue Wilson, on transféra successivement les orphelins dans leur nouvelle Maison. Quelques mois après, leur nombre atteignait 275 avec le personnel enseignant et les aides. Les nouvelles constructions abritaient, en mai 1850, 308 personnes.

La maison des orphelins fut remise par M. Müller entre les mains de onze administrateurs et l'acte de cession enregistré. On décida qu'on n'admettrait les visiteurs que le mercredi après-midi. Il fallait effectivement une heure et demie pour voir entièrement l'orphelinat d'Ashley Down.
Et maintenant que voici réalisé le grand projet, George Müller va probablement se consacrer à l'œuvre existante, aux affaires courantes de la Nouvelle Maison, à l'éducation des jeunes, au service d'intercession, et dans la mesure du possible, il va se reposer. Il n'en fut pas ainsi.

Le 5 décembre 1850, il écrivait « Il y a maintenant trois cents enfants au « nouvel orphelinat », et un personnel de trente-cinq personnes. J'ai beaucoup à faire et comme je dois être ici une bonne partie de la journée, je suis constamment séparé de ma femme et de ma fille, ce que je ressens très douloureusement. Et cependant, je suis comme poursuivi par la pensée de faire davantage pour les orphelins, et j'ai commencé de prier à ce sujet... Que le Seigneur daigne me montrer quelle est sa volonté... ».

Vouloir faire toujours plus

26 décembre. J'ai si longtemps servi Satan pendant les années d'autrefois, que je désire ardemment servir Dieu de toute ma force pendant les années de pèlerinage terrestre qu'il me reste à vivre. Je viens d'avoir quarante-cinq ans. Chaque jour enlève quelque chose au nombre de ceux que j'ai à vivre ici-bas ; et je désire intensément travailler... Il y a des multitudes d'orphelins

Construction des maisons pour les orphelins

qui ont besoin de secours. Un frère en Christ m'a dit avoir eu sous les yeux un rapport officiel, établissant qu'il y avait dans les prisons d'Angleterre, six mille jeunes orphelins[1].

Je désire ardemment que Dieu m'emploie à apporter un remède à cet état de choses, et à empêcher que d'aussi jeunes enfants soient obligés d'habiter des prisons. Par dessus tout, je veux qu'il soit manifeste aux yeux de tous et toujours davantage, que notre Dieu entend et exauce la prière. L'honneur de Dieu est pour moi la chose principale en cette affaire. Si je le glorifie mieux en m'abstenant d'agrandir l'œuvre et d'aller de l'avant, j'abandonne toute idée de recueillir un millier d'orphelins.

Certainement, ô mon céleste Père, puisque par ton Saint-Esprit tu m'as conduit en cet état de joie parfaite dans lequel je veux ce que tu veux, tu ne permettras pas que ton enfant se laisse égarer... Je m'attends à toi ; je ne voudrais pas faire un seul pas en avant aussi longtemps que tu ne le demanderas pas.

En janvier 1851, G. Müller reçut un don de soixante-quinze mille francs. D'autres suivirent, gros dons et petits dons, qui ont pour la plupart une histoire intéressante ou même touchante. L'œuvre se poursuivait avec les activités diverses qu'elle entraînait (l'une d'elles était le placement des orphelins) et Dieu qui, en réponse à la prière, avait nourri les cent vingt enfants des maisons de la rue Wilson, subvenait maintenant aux besoins des trois cents orphelins de la maison d'Ashley Down.

> **Je m'attends à toi ; je ne voudrais pas faire un seul pas en avant aussi longtemps que tu ne le demanderas pas.**

---

1. Parce que la place manquant dans les orphelinats existants où il était très difficile dé faire entrer les enfants tout à fait pauvres, destitués de tout secours, et de toute protection. On les envoyait donc dans les prisons. En 1834, dans tous les orphelinats réunis, il n'y avait en Angleterre que trois mille places, et près de six mille orphelins de moins de huit ans étaient placés dans les prisons. Plus tard, l'exemple de Müller fut suivi et de nombreuses Maisons furent ouvertes (Pierson).

Dans le courant de l'année 1852, M. A.-N. Groves (beau-frère de G. Müller, et dont l'exemple avait été pour celui-ci en bénédiction) rentra de Bagdad avec sa famille pour la troisième fois. Il arrivait à Bristol à l'automne, et cette fois, gravement malade.

20 mai 1853. Mon cher beau-frère, malade depuis quelques mois, vient de s'endormir en Jésus. Il demeurait avec nous et a rendu jusqu'à la fin un fidèle témoignage qui a été en bénédiction à plusieurs.

Immense test

Juillet 1853. Il a plu au Seigneur d'éprouver ma foi d'une manière que j'ignorais jusqu'ici. Ma fille bien-aimée est tombée malade le 20 juin. Il s'agit de la typhoïde. Le 8 juillet, notre chère enfant a été condamnée par les docteurs. Le Seigneur nous a aidés, ma femme et moi, à la lui remettre. Il nous a soutenus. Mais je ne parlerai que de ce qui me concerne. Bien que mon unique enfant, mon enfant bien-aimée, soit aux portes du tombeau, mon âme est restée dans une paix parfaite, toute prête à acquiescer à la décision du Père Céleste, bien assurée que cette décision serait pour le plus grand bien de l'enfant et celui de ses parents. L'état d'extrême gravité a duré jusqu'au 20 juillet, puis une amélioration s'est produite. Le 18 août, bien qu'elle soit très faible encore, notre enfant a été assez bien pour supporter le voyage de Clevedon. Il y a cinquante-cinq jours qu'elle est tombée malade.

Durant ce temps d'affliction, de très grande affliction, non seulement, j'ai été gardé dans un très grand repos d'esprit, au

> **Bien que mon enfant soit aux portes du tombeau, mon âme est restée dans une paix parfaite, toute prête à acquiescer à la décision du Père Céleste...**

sujet de l'épreuve elle-même, mais aussi quant à la raison de l'épreuve.

Précédemment, il était arrivé que la main de Dieu s'appesantisse sur moi pour me guérir de l'état de tiédeur dans lequel j'étais tombé. Cette fois, il n'en était pas ainsi. Tout en ayant conscience de bien des faiblesses, de nombreux manquements dans mon service, et d'erreurs, et bien que je sois prêt à m'écrier avec l'apôtre Paul : Oh ! Misérable que je suis ! je savais qu'il n'y avait pas cette fois-ci une répréhension du Seigneur, mais une épreuve... Ma foi était mise à l'épreuve.

On s'imagine généralement que celle-ci n'est éprouvée qu'à propos de questions d'argent, bien que j'aie souvent eu l'occasion de déclarer le contraire. Cette fois-ci, le Seigneur m'éprouvait dans ce que j'avais de plus cher ici-bas : l'un de mes plus précieux trésors, la plus précieuse de mes possessions terrestres après ma femme bien-aimée. Les parents savent la place qu'occupe dans leurs cœurs leur unique enfant ; plus particulièrement l'enfant qui craint et sert le Seigneur. Et bien cette épreuve-là m'atteignait, et le Père Céleste me disait : « Es-tu prêt à me donner ton enfant ? ». Mon cœur a pu répondre « comme il te semblera bon mon Père, que ta volonté soit faite ».

Comme les parents étaient prêts à lui remettre celle qu'il leur avait donnée, lui aussi était prêt à leur laisser, et elle vécut. « Fais de l'Éternel tes délices et il te donnera ce que ton cœur désire » (Psaume 37.4).

Or je voulais par dessus tout ce que Dieu voulait, et ne conserver ma chère enfant que si la chose était conforme à sa volonté. Et le moyen de la garder, c'était justement de trouver la volonté divine bonne, agréable et parfaite, de quelque manière qu'elle se manifesterait.

De toutes les épreuves de la foi que j'ai eu à traverser celle-ci a été la plus douloureuse ; et par la grande bonté de Dieu, je le dis à sa louange, j'ai été rendu capable de faire de sa volonté mes délices... C'est pourquoi mon cœur fut gardé en paix, une paix parfaite, sans un seul moment d'anxiété. C'est ainsi qu'il en sera toujours pour le chrétien, si sa foi en Dieu est agissante.

31 décembre 1853. Cette année, il a plu au Seigneur de me donner quinze mille neuf cent soixante-quatre francs. Quelques lecteurs diront peut-être : Près de seize mille francs ! Quelle somme ! Il n'y a pas un pasteur sur cent qui touche cela !... Et je leur répondrai que ma manière d'obtenir ce qu'il me faut pour vivre est évidemment la bonne. Mais si quelqu'un désire entrer dans cette voie, qu'il le fasse vraiment et ne se contente pas de le dire. Quelques-uns disent se confier uniquement en Dieu, mais saisissent toutes les occasions directes ou indirectes de le publier et d'exposer leurs besoins aux autres. Je ne dis pas qu'il soit mal de faire connaître ses besoins ; mais je dis qu'il ne convient pas de les exposer pour trouver de l'aide autour de soi quand on fait profession de s'attendre uniquement à Dieu... Si vraiment nous nous attendons à lui uniquement, il nous suffit de demeurer avec lui et de lui parler, à lui seul...

Quiconque se confie uniquement en Dieu doit vouloir être riche ou pauvre comme le Seigneur le voudra. Il doit être prêt à savoir ce que c'est que d'être dans l'abondance et dans la disette ; et à laisser ce monde sans y rien posséder. Il doit être prêt à recevoir de la manière qu'il plaira à Dieu de lui donner : sommes infimes, oboles, ou dons importants... Il doit être prêt à se considérer comme l'économe du Seigneur, et à partager avec d'autres ce qu'il reçoit. Autrement, si le serviteur se mettait à entasser, à thésauriser ou à tout dépenser pour lui, le Seigneur ne tarderait pas à faire tarir les canaux utilisés pour subvenir à ses besoins, en influençant autrement les cœurs des chrétiens qu'il emploie pour ce service. Pour bien des raisons, je pourrais juger préférable de ne pas publier chaque année le total des sommes reçues, mais je le fais en n'ayant en vue que la gloire de Dieu, et parce que je trouve mes délices à proclamer la bonté du Maître que je sers. Ce que j'écris, je l'écris pour le réconfort et l'encouragement de mes compagnons de voyage, afin qu'ils soient conduits à se confier toujours davantage en Dieu...

Construction des maisons pour les orphelins

Nous relevons dans le journal de M. Müller une liste de dons, les uns fort importants ; nous ne pouvons les signaler tous, il s'en faut ! Mais voici, à la date du 28 mars 1855, l'indication d'un petit don et une lettre que nous tenons à transcrire ici :

28 mars 1855. « Reçu en ce jour douze francs cinquante d'un orphelin confié autrefois à nos soins, et dont nous nous sommes longtemps occupés. Il est aujourd'hui domestique. Le don est accompagné de cette lettre :

Cher monsieur,
Voulez-vous accepter cette obole de la part de quelqu'un qui pense souvent à vous et aux vôtres avec reconnaissance. C'est vraiment bien peu de chose ! Je regrette de ne pouvoir donner plus pour votre si noble entreprise. Cela sera peut être assez pour l'une des pierres d'angle du nouvel édifice que vous pensez faire élever ? J'aimerais travailler pour le Seigneur dans ce nouveau foyer qu'on va construire, si la chose est selon sa volonté, et amener beaucoup de jeunes orphelins à la connaissance de Jésus. C'est dans la Maison de Wilson Street, en 1846, que pour la première fois la lumière de la vie pénétra dans les ténèbres de mon âme ignorante. C'est là que pour la première fois, j'appris à appeler Dieu, mon Père. Aussi je ne puis autrement qu'aimer l'orphelinat ; non seulement parce que c'est là qu'on s'est occupé de mes besoins matériels, mais parce que c'est là que je suis né à la vie spirituelle. Que le Seigneur vous récompense, cher Monsieur, pour tout ce que vous avez fait pour moi. Je sais qu'il le fera...
Veuillez me croire, cher Monsieur, votre bien respectueusement... »

X...

C'est à cette époque que George Müller s'occupa de chercher un terrain pour les Nouvelles Maisons qu'il avait pris la résolution d'élever. Ne pouvant acheter l'emplacement qu'il considérait comme le plus favorable, il lui sembla qu'il pourrait faire construire sur le terrain même qu'il possédait déjà ; ce qui fut décidé après examen du terrain et consultation avec des architectes. Il vit alors qu'en plus de l'économie réalisée, ce plan avait de grands avantages qui rendraient la direction et la surveillance plus faciles.

31 décembre 1855. Durant l'année écoulée, il a plu au Seigneur de me donner dix-huit cent trente-cinq francs vingt-cinq.

Voici vingt-cinq ans que j'ai réglé ma vie d'après les principes exposés dans le « Récit » ; il ne s'agit donc pas de l'expérience d'une semaine, d'un mois, d'un an ; et voyez ce que le Seigneur a fait pour moi !

La seconde maison. *Janvier 1856.* En mai 1853, G. Müller avait déjà trois cent quinze mille francs pour l'érection d'une nouvelle Maison d'orphelins ; mais il estimait qu'il lui en fallait le double avant de commencer à bâtir. En janvier 1856, des amis chrétiens s'engagèrent à verser solidairement cent quarante-deux mille francs... M. Müller avait reçu huit cents demandes d'admission auxquelles il n'avait pu répondre favorablement. Il décida donc de faire commencer les travaux de la seconde maison. Les dons en argent et en nature soutenaient et encourageaient sa foi. À cette époque, il reçut en une seule fois cent mille francs. Un ami s'engageait à faire poser à ses frais les vitres des trois cents grandes fenêtres. « Or, écrit George Müller, il se trouve que cette dépense n'a pas été comprise dans le contrat comme pour la première Maison. » Les gros travaux touchaient à leur terme, et on s'occupait de l'aménagement intérieur de ce que le langage moderne nommerait : « le Palais des orphelins ». Un certain jour que M. Müller rentrait chez lui après avoir vérifié les installations de gaz et les cent cinquante brûleurs, il trouva en arrivant un chèque de vingt-cinq mille francs avec cette note : « Il me semble bon et avantageux de placer cette somme sur les orphelinats... »

Construction des maisons pour les orphelins

12 octobre 1856. J'ai reçu aujourd'hui un chèque de deux mille cinq cents que le donateur désire me voir placer. Dans sa pensée, ce don doit commencer un fonds destiné à mes besoins et à ceux des miens lorsque la vieillesse sera là. Cette proposition, si pleine de bonté, si bienveillante, m'est cependant apparue comme une subtile tentation, destinée à me faire sortir de la voie que je me suis tracée depuis vingt-six ans, et à me faire délaisser les principes directeurs de ma vie et de l'œuvre des orphelinats. Voici cette lettre et ma réponse.

« Cher Monsieur, j'admire les services que vous rendez à la cause des orphelins et à l'humanité en général, c'est pourquoi je crois qu'il est juste de penser à vous. J'envoie donc deux mille cinq cents francs pour vous et les vôtres. Dans ma pensée, c'est là le commencement d'un fonds que bien d'autres personnes augmenteront de leurs dons. J'espère que vous voudrez bien tenir compte du désir que j'exprime. Que Dieu daigne continuer de vous bénir, vous et vos travaux, comme il l'a fait jusqu'à maintenant... »

Par la grâce de Dieu, je n'ai pas eu un instant d'hésitation sur ce que j'avais à faire. Tout en appréciant la grande bonté du donateur, je vois là une tentation permise par Dieu, une sollicitation à me confier en quelque chose, au lieu de regarder à lui seul. J'ai donc répondu comme suit :

« Mon cher Monsieur, je me hâte de vous accuser réception de votre aimable communication, ainsi que du chèque qui l'accompagnait. Je n'ai rien, ma chère femme non plus ; depuis vingt-six ans j'ai renoncé au traitement de pasteur, je ne touche rien de cette fonction, ni comme directeur des orphelinats et autres œuvres de notre Institut biblique. Quand j'ai besoin de quoi que ce soit, je m'agenouille devant Dieu et lui demande qu'il lui plaise de me l'accorder ; alors il met au cœur de quelqu'un de ses enfants de me le donner. C'est ainsi que depuis vingt-six ans il a subvenu à tous mes besoins, et je puis dire à sa louange que je n'ai jamais manqué de rien. Ma chère femme et ma chère fille sont tout à fait d'accord avec moi sur cette façon de vivre....

Je n'ai jamais cru devoir mettre quoi que ce soit de côté pour moi, pour ma chère femme ou ma fille, si ce n'est de cette manière : quand je suis en contact avec quelque veuve âgée et pauvre, quelque personne malade, quelque enfant sans secours, je les ai aidés de tout mon pouvoir, dépensant sans compter sur ce que Dieu me donnait, pleinement persuadé que si jamais j'étais dans le besoin, ou ma femme ou ma fille, le Seigneur rendrait largement ce que nous lui avions prêté, puisque quiconque donne au pauvre, prête à Dieu. Je ne puis donc accepter la somme que vous m'offrez pour le commencement d'un fonds en vue de l'avenir. Tout ce qu'on veut bien m'envoyer pour moi personnellement ou ma famille, ou les orphelinats, je l'accepte avec reconnaissance ; mais je craindrais de déplaire à Dieu qui m'a si généreusement donné mon pain quotidien jusqu'ici, en, constituant une réserve pour l'avenir. Je tiens donc le chèque à votre disposition... Croyez, cher Monsieur, que je suis touché de votre bonté à mon endroit et je demande à Dieu qu'il lui plaise de vous récompenser au point de vue temporel et spirituel... » Deux jours après je recevais une réponse de mon correspondant, il donnait la somme pour les orphelins. Le lendemain je recevais un autre chèque de deux mille cinq cents francs du même donateur pour les orphelins, enfin quatre jours après une somme identique, avec la même destination.

Décembre 1856. À la fin de l'année 1855, j'ai dit que le Seigneur avait pourvu à tous mes besoins avec munificence. Je l'ai dit en toute dépendance de Dieu et pour le glorifier. Je n'ai pas été sans penser qu'en lisant le chiffre de la somme mise à ma disposition, quelques chers amis chrétiens qui jusqu'ici se sont intéressés à mes affaires temporelles, penseraient que leurs dons étaient désormais superflus puisque j'avais une telle abondance... Malgré cela j'ai voulu publier à la gloire de Dieu ce qu'avaient été ses dispensations à mon endroit, sans m'occuper de mes intérêts temporels, et des répercussions que cela pourrait avoir pour moi.

Construction des maisons pour les orphelins

Et quel a été le résultat ? Quelques-uns de mes amis chrétiens se sont dit effectivement : « M. Müller est si largement pourvu qu'il n'est plus nécessaire que nous pensions à lui ». Et qu'a fait le Seigneur ? Il savait lui, que je me considérais uniquement comme l'économe de l'abondance qu'il m'envoyait, que je ne mettais rien de côté, et considérais comme un honneur de dépenser pour lui ce qu'il me confiait ; de sorte que si certains se sont tenus à l'écart à cause de mon abondance, lui au contraire a honoré de plus en plus la foi que j'ai mise en lui et les principes auxquels j'obéis, en me considérant comme son économe. Au lieu d'avoir moins, j'ai eu davantage. Le mois qui suivit la publication du « Récit », j'ai reçu plus d'argent que je n'en avais encore jamais eu en aucun mois ; depuis, le fleuve de l'abondance n'a cessé de couler pour moi. Et lorsque j'ai établi mes comptes, il s'est trouvé que j'avais reçu sept cent quatre-vingt-un livres sterling sept pence (soit au pair : 14.525 fr. 7o).

Ainsi, le pauvre étranger, qui n'avait que cent vingt-cinq francs en poche quand il commença de travailler pour Dieu en ce pays, a reçu au cours de l'année qui vient de finir cette très forte somme en réponse à la prière... Ô goûtez et voyez combien l'Éternel est bon ; heureux l'homme qui se confie en lui (Psaume 34.9).

21 février 1857. J'ai reçu la lettre dont je donne la teneur ci-après :

« Ci-inclus deux cent cinquante francs, « Le fruit d'une graine semée »). Veuillez les attribuer aux orphelins, à moins que vous n'en ayez encore besoin pour la construction. En ce cas, la moitié pour chaque objet. L'année dernière, dans ma très humble situation, j'ai consacré au Seigneur une certaine partie de mon revenu annuel : deux cent cinquante francs, et je vous les ai envoyés par anticipation ; le résultat, c'est que j'ai cette année presque deux mille cinq cents francs à consacrer au service du Seigneur. »

Cher lecteur, accorde quelques instants d'attention à cette lettre. L'expéditeur dit que les deux cent cinquante francs sont le fruit d'une graine semée. Souviens-toi qu'il y a dans ce domaine des semailles et des moissons selon que le dit l'apôtre Paul : « Sache-le celui qui sème peu moissonnera peu... » (Lire tout le passage 2 Co 9.6-12). L'enseignement des jeunes, les visites de maison en maison pour faire du bien au point de vue temporel ou spirituel, donner aux pauvres de l'argent, du pain, des vêtements, etc., employer son argent d'une manière qui honore et glorifie Dieu, tout cela, d'après ce passage, c'est semer. Et la récompense que donne le Seigneur à celui qui sème pour ce temps et l'éternité se nomme la *moisson.* Généralement le temps de la moisson commence plus ou moins dès ici-bas ; celle-ci donne souvent le dix et même le cent pour cent. Car le Seigneur rend avec munificence, même dans les choses de cette vie, en suscitant, des amis et en mettant sa bénédiction sur notre activité terrestre. Mais supposons que la moisson n'ait pas lieu ici-bas ; elle se fera certainement dans le monde à venir.

Le récit de ce que fit M. Cobb, un marchand de Boston, est très instructif ; il illustre ce que je viens d'écrire. À l'âge de vingt-trois ans, ce chrétien rédigea et signa le document que je transcris ci-après :

« Par la grâce de Dieu, je ne posséderai jamais plus de cinquante mille dollars ;

« Avec le secours de sa grâce, je donnerai le quart de mes bénéfices nets pour les œuvres religieuses et charitables ;

« Si jamais je possède vingt mille dollars, je donnerai la moitié de mes bénéfices nets ;

« Si j'arrive à trente mille dollars, je donnerai les trois quarts de mes bénéfices nets, et le tout au-dessus de cinquante mille dollars. Veuille donc m'aider, ô Dieu ! Ou bien donne à un économe plus fidèle et laisse-moi de côté. »

M. Cobb resta fidèle à cet engagement. Il ne cessa d'augmenter ses contributions aux diverses œuvres à mesure que ses affaires prospéraient, jusqu'à ce qu'il eût atteint la somme qu'il s'était fixée comme maximum de fortune ; alors il donna tous ses bénéfices. S'apercevant un jour que sa fortune atteignait cinquante-sept mille dollars cinq cents, il s'empressa de consacrer à Dieu le surplus.

Construction des maisons pour les orphelins

À l'heure de sa mort, M. Cobb disait à un ami en faisant allusion à cette résolution du temps de sa jeunesse : « Je n'ai jamais gardé rien *de plus* ! Par la grâce de Dieu qui m'a aidé à tenir ferme, j'ai pu donner ainsi plus de quarante mille dollars. Il s'est montré plein de bonté envers moi !... » Et un peu plus tard : « qu'il est glorieux de mourir ! J'ai connu les temps d'activité, j'ai connu bien des jouissances ici-bas. Dieu m'a grandement béni ! Tout, semble-t-il, devrait me retenir je suis heureux au sein de ma famille. J'ai des biens de ce monde en suffisance. Mais sur un lit de maladie que ce monde parait donc petit et mesquin ! Rien ne peut égaler la joie que j'éprouve à savoir le ciel tout proche. Mon espérance en Christ dépasse infiniment commevaleur toutes les choses d'ici-bas. Le sang de Christ ! le sang de Christ ! Rien que Christ ! Mon cœur déborde de reconnaissance envers Dieu de ce que, bien que je sois pécheur, je puis grâce à son Fils bien-aimé saluer avec joie le monde à venir[2]. »

---

2. En 1874, G. Müller ajoutait à ce sujet : Voici plus de quarante-six ans que je sers le Seigneur. J'ai rencontré des milliers de chrétiens, et je puis dire que je connais intimement des centaines d'entre eux, ainsi que leurs affaires privées. Un très grand nombre m'honore de leur amitié, me demandant avis et conseils, même sur des questions tout à fait personnelles. Et parmi plusieurs autres choses que j'ai apprises de la sorte, j'ai pu vérifier l'exactitude de cette déclaration de l'Écriture « Tel qui donne libéralement devient plus riche, et tel qui épargne à l'excès ne fait que s'appauvrir. L'âme bienfaisante sera rassasiée, et celui qui arrose sera lui-même arrosé. » (Proverbes 11. 24, 25) Que de fois j'ai vu les enfants de Dieu répandre à pleines mains, et ils ont toujours davantage, et leurs revenus augmentent extraordinairement. Mais j'ai vu plus souvent, hélas, des personnes épargner à l'excès et s'appauvrir. Avec un grand désir d'arriver, beaucoup ne le peuvent pas parce qu'ils ne pensent qu'à eux ; ils épargnent à l'excès et deviennent pauvres ou le restent : c'est de l'argent qui leur est dû et qui n'est pas payé ; c'est toute une clientèle qui se déplace de façon inexplicable, ce sont de grandes épreuves familiales qui drainent cet argent qu'on voulait indûment garder pour soi quand Dieu le réclamait. (Je parle ici des enfants de Dieu, et non de ceux du monde). « Dieu châtie celui qu'il aime ». Pour ces derniers, la condamnation est réservée au jour du Jugement. (1 Co 11.32). Il est encore écrit : « Honore l'Éternel de ton bien et des prémices de tout ton revenu, et tes greniers regorgeront d'abondance, et tes cuves regorgeront de moût ». (Pr 3.9,10). Ces deux passages ne s'appliquent pas aux Juifs exclusivement, et les principes qu'ils contiennent sont très importants pour les chrétiens de notre économie. Quiconque veut faire ce que Dieu commande ici, ne tardera pas à savoir, par l'heureuse expérience qu'il fera, que leur application est

12 octobre 1857. J'ai appris aujourd'hui la conversion d'un gentleman pour qui je prie quotidiennement depuis novembre 1844 : il y a donc douze ans et onze mois ! Seuls, ceux qui ont longtemps attendu quelque exaucement du Seigneur peuvent comprendre l'immensité de ma joie.

12 novembre 1857. Le jour si longtemps attendu et pour lequel j'ai si longtemps prié est enfin arrivé. Le désir de mon cœur m'est accordé, et je puis ouvrir la seconde Maison. Celle-ci est faite pour recevoir quatre cents orphelins... J'avais aussi prié Dieu que, dans sa bonne Providence, il veuille bien, par son Saint-Esprit, préparer les aides nécessaires ; et quand la Maison fut prête, eux aussi étaient prêts, sans que j'aie recours à la voie des annonces. Ainsi je recueille la précieuse récolte des milliers de prières que j'ai fait monter vers Dieu.

Tous frais payés, il restait entre les mains de M. Müller cinquante-sept mille francs qu'il mit de côté en vue de l'érection de la troisième Maison ; car il désirait pouvoir recueillir mille orphelins. Dès le commencement de l'année suivante, il recevait une somme de trois mille livres sterling (soixante-quinze mille francs). D'autres dons suivirent et il s'occupa de l'achat d'un terrain, pensant qu'il était préférable de ne pas construire à nouveau sur la propriété où s'élevaient les deux Maisons, comme il l'avait d'abord projeté. En septembre, il fit l'acquisition d'une pièce de terre à côté des orphelinats, ce qui était essentiel. Les demandes d'admission dépassant toujours les places vacantes, M. Müller, après avoir consulté les architectes, décida qu'on construirait en vue de recevoir quatre cent cinquante enfants. Ceci donnerait un total de places de mille cent cinquante, au lieu des mille qu'il avait prévu à l'origine.

---

aussi pour ce temps-ci. La pensée charnelle de bien des chrétiens de nom, les amène à laisser de côté ce que Dieu demande dans ces passages ; mais toi, cher lecteur, ne te laisse pas dépouiller de ce que Dieu veut te donner et des bénédictions qu'il veut t'accorder, si tu lui obéis. C'est parce que j'ai obéi, que j'ai été béni.

Construction des maisons pour les orphelins

« L'armée des malheureux enfants destitués de tout, écrit Müller, l'immensité des bénédictions de Dieu, le sentiment profond que je ne puis vivre qu'une vie ici-bas pour le Seigneur, et une vie si brève ! ceci surtout m'a décidé à prendre cent cinquante orphelins de plus que je n'avais résolu, bien que cette augmentation doive entraîner un surplus de dépense d'au moins quarante-cinq mille francs par an ».

On commença de bâtir le 7 juillet 1859. Il y eut certaines lenteurs d'exécution, provenant d'une difficulté rencontrée par l'un des entrepreneurs. Le 12 mars 1862, la Maison était enfin ouverte : il y avait une encaisse de deux cent cinquante mille francs pour les dépenses courantes. Mais les demandes d'admission d'orphelins se multipliaient, en même temps que Dieu subvenait à tous les besoins et faisait reposer ses plus riches bénédictions sur l'œuvre de foi et d'amour de son serviteur ; aussi celui-ci continua-t-il de regarder en avant. De nouvelles constructions se précisèrent en sa pensée, et furent élevées au cours des années suivantes. Ainsi le 6 janvier 1870, lorsque furent terminées les quatrième et cinquième maisons, les orphelinats d'Ashley Down pouvaient abriter deux mille orphelins et tout le personnel nécessaire.

CHAPITRE
13

Visite aux orphelinats
(1857-1866)

Nous voulons proposer à nos lecteurs, la visite des nouveaux orphelinats, écrit F. G. Warne dans sa biographie de Müller. Leur fondateur était souvent peiné de les entendre désignés comme « orphelinats de M. Müller ». « C'était donner à l'homme la gloire qui n'appartenait qu'à Dieu ». Cette œuvre, disait-il, n'est pas la mienne. Elle n'est pas non plus celle d'aucun parti ou d'aucune secte. « C'est l'orphelinat que Dieu a élevé. » Lorsqu'on atteint les hauteurs d'Ashley Down où souffle une brise vivifiante et qu'on arrive aux orphelinats, on peut embrasser d'un coup d'œil l'importance de l'œuvre accomplie. Les cinq groupes de constructions sont bâtis sur un modèle identique... Autrefois ces bâtiments s'élevaient au milieu des champs. Aujourd'hui, des fenêtres des orphelinats la vue s'étend sur des alignements de villas entourées de beaux jardins. Chaque Maison a son jour de visite. C'est une règle qui ne souffre d'exception pour personne : prince ou paysan. La Maison n° 1 est ouverte aux visiteurs le mercredi après-midi. Elle abrite cent quarante filles, quatre-vingts garçons au-dessus de huit ans et quatre-vingts garçons au-dessous de cet âge. La Maison n° 2 abritant deux cents petites filles et deux cents fillettes plus âgées peut être visitée le mardi après-midi. La Maison n° 3 abritant trois cent cinquante filles, le jeudi après-midi. La Maison n° 4 abritant deux cent dix garçons de huit ans et au-dessus, deux cent trois petits garçons et trente-sept jeunes filles âgées qui restent comme « ménagères », le vendredi seulement. Enfin, la Maison n° 5 abritant deux cent dix bébés fillettes et deux cent quarante plus âgées, le samedi après-midi.

Le premier groupe de visiteurs est introduit à quatorze heures et demie, le second à quinze heures, et, s'il est nécessaire, le troisième à quinze heures et demie. Il faut une heure et demie pour visiter une maison. Durant l'hiver, on ne conduit jamais que deux groupes de visiteurs : à quatorze heures et demie et à quinze heures. La Maison qu'on préfère voir, c'est la première ; non qu'elle diffère des autres, mais comme elle abrite à la fois des garçons, des fillettes et des tout-petits, elle offre une vue d'ensemble des orphelinats.

Le visiteur qui se présente à la loge du portier, après admission, traverse les jardins, où quelques orphelins transformés momentanément en jardiniers sont à l'ouvrage. Les terrains alentour sont de vastes potagers ; il y règne un ordre admirable qui retient l'attention. Ceci frappe encore plus quand on pénètre dans les Maisons. La propreté, la netteté, et la méthode se voient partout, même avant qu'on atteigne la chambre des visiteurs où l'on est conduit. Rien ne traîne nulle part, rien qui ne soit à sa place, tout donne l'impression de la méthode, de la régularité.

Exactement à l'heure dite, l'une des aides paraît et invite les personnes rassemblées à la suivre. Nous traversons des dortoirs qui contiennent jusqu'à soixante-dix lits, chacun avec sa couverture d'une blancheur immaculée, sa paire de draps blancs. Les planchers sont si brillants qu'on a peine à croire que quelqu'un y marche. Les murs peints sont parfaits de propreté. L'ordre et la propreté doivent être profondément enracinés chez les orphelins : ils y vivent... Les dortoirs, comme toutes les autres pièces, sont vastes, les plafonds élevés, la lumière y entre à flots. C'est le seul luxe. M. Müller se considérant comme l'économe

Visite aux orphelinats

des biens que Dieu lui confie ne croit pas pouvoir en disposer pour des questions de décoration, d'autant que l'un des buts qu'il poursuit, c'est de donner l'exemple d'une vie simple, et de décourager le luxe chez les chrétiens.

Nous passons ensuite dans la chambre des vêtements. Chaque enfant y possède un compartiment avec le numéro qu'il a reçu à son entrée aux orphelinats. C'est là qu'il ou qu'elle place ses vêtements. Dans chaque section, six orphelines à tour de rôle prennent soin de cette chambre des vêtements. Les garçons ont trois costumes, les filles qui font elles-mêmes et raccommodent leurs effets en ont cinq. L'été elles portent la robe de percale bleue et le tablier blanc ; le dimanche un costume couleur lilas qui est remplacé en hiver par la robe de mérinos brun. Pour les sorties, elles ont des châles en été, des manteaux en hiver, et des chapeaux de paille, genre bonnet, comme coiffure. Les garçons portent la veste bleue, le pantalon de serge, le béret. Chaque enfant a trois paires de souliers.

Mais le spectacle le plus intéressant est sans contredit celui de la nursery où l'on s'occupe des tout-petits. Il est touchant de voir ces petits êtres dont certains sont si frêles, jouer avec des livres ou de menus objets... Quelques-uns n'ont que quelques mois lorsqu'on les amène à Ashley. Les orphelinats sont leur foyer, ils y resteront, quelques-uns en tout cas, quinze, seize ou même dix-sept ans ! Parfois, on admet trois, quatre et cinq enfants de la même famille pour empêcher que les liens familiaux soient brisés ; bien plus, on travaille à resserrer ceux-ci.

Il est rare que les parents des orphelins soient morts d'accident. Généralement, ils ont été emportés par la phtisie. Il s'ensuit donc que le plus souvent les enfants ont une frêle constitution. Mais la vie si saine d'Ashley Down – le grand air, la bonne alimentation, la régularité – améliore généralement la santé des orphelins de façon surprenante. Comme le dit M. Müller : la proportion si faible des décès donne la preuve des soins dont les enfants sont entourés.

Ils se lèvent à six heures. Les grands aident les jeunes à faire leur toilette et à s'habiller. Tous doivent être prêts à sept heures.

Les filles se mettent alors à tricoter et les garçons prennent leurs livres jusqu'à huit heures, le moment du déjeuner. Celui-ci terminé, de huit heures et demie à neuf heures, culte de famille. Alors la plupart des enfants se rendent dans leurs classes respectives, à l'exception de quelques-uns des plus grands qui aident à faire les lits et n'entrent en classe qu'à neuf heures et demie. Les leçons sont terminées à midi et demi. Tous sortent jouer dehors jusqu'à ce que la cloche sonne à treize heures pour le déjeuner.

Il y a classe de quatorze à seize heures puis récréation jusqu'à dix-sept heures et demie. À ce moment, les orphelins sont réunis pour le service du soir qui est suivi du thé-dîner à dix-huit heures. Ensuite les filles font quelques travaux à l'aiguille, les garçons du jardinage, jusqu'à vingt heures. C'est le moment d'aller au lit pour les plus jeunes ; les plus âgés n'y vont qu'à vingt et une heures. Lorsque le temps est favorable, il arrive qu'instituteurs et institutrices emmènent leurs enfants pour de longues promenades dans les environs. Parfois, on les conduit à la ville pour qu'ils puissent admirer les jolis objets exposés aux étalages des magasins.

MENUS. Pour le matin, les enfants ont de la soupe d'avoine, le soir du thé, du pain et du beurre, du lait coupé d'eau. Pour le déjeuner à treize heures (que nos voisins anglais nomment dîner), le menu diffère avec le jour : lundi, viande et pommes de terre ; mardi, soupe et viande (celle-ci dans la soupe) ; mercredi et jeudi, comme lundi et mardi ; le vendredi, du riz et de la mélasse ; le samedi, viande et pommes de terre, dimanche, riz et mélasse pour que tous, autant que possible, puissent assister au service divin.

Lorsqu'il fait beau, une partie des plus grands vont jusqu'à Bristol et assistent au service dans l'une des chapelles dont M. Müller est l'un des pasteurs. Des services sont célébrés dans chaque Maison pour ceux qui restent, services présidés par des chrétiens à la piété éprouvée, qui appartiennent à toutes les dénominations. Le soir, nouveaux services où assistent

Visite aux orphelinats

toutes les servantes qui n'ont pu assister au culte du matin, et les ménagères qui restent dans l'établissement et s'occupent uniquement des soins du ménage.

Et maintenant que nous sommes à peu près initiés à la vie des orphelins, suivons notre guide en compagnie des autres visiteurs : Nous voici dans une salle de classe ; tous les enfants se lèvent, et aussitôt, maître ou maîtresse nous donnent un exemple de ce que peuvent faire leurs élèves comme chant et exercice physique ; les exercices sont parfaits et la marche et les chants qui l'accompagnent feraient honneur comme précision et cadence à un régiment de soldats. Dans la salle des petits, ce sont de jolies récitations, d'agréables chansons dites par des bambins dont les figures heureuses et les regards confiants en disent long sur les soins et l'affection dont ils sont entourés. Ils chantent si joyeusement « le Pays de Bébé », « les Petites Poupées », etc., qu'on regrette d'avoir à les quitter lorsque la personne qui sert de guide donne le signal du départ.

Nous voici dans les chambres de récréation avec leurs casiers remplis de jouets de toutes sortes. Voici les terrains de jeux, les buanderies, les lavabos, les salles d'approvisionnement, la salle à manger, la lingerie. Nous jetons un coup d'œil aux chambres des directrices, à celles des maîtres, aux salles de couture où travaillent des jeunes filles. La plupart sont formées pour devenir servantes, mais un bon nombre d'entre elles arrivent à de plus hautes situations, grâce à l'excellente instruction qu'on leur donne. Elles reçoivent des leçons de grammaire, de géographie, d'histoire d'Angleterre, d'histoire générale, elles apprennent le ménage et tous les travaux à l'aiguille. « Le but que nous visons, dit souvent G. Müller, c'est de faire de nos jeunes filles des personnes utiles à la société, et si l'une d'elles ne réussit pas à gagner sa vie ou tourne mal, du moins ce ne sera pas de notre faute. »

Les garçons reçoivent la même instruction que les filles ; ils font leurs lits, tricotent leurs bas, travaillent au jardin ; enfin on leur enseigne un métier de leur choix.

George Müller

De bons résultats

L'âge de sortie n'est pas fixé de façon absolue ; on prend en considération le bien de chacun individuellement. Mais généralement les jeunes filles quittent l'orphelinat à dix-sept ans ; les garçons à quatorze ou quinze ans. Des centaines de garçons qui ont passé par les asiles sont maintenant dans les affaires, les uns sont directeurs, contremaîtres, d'autres patrons ; certains sont devenus associés dans de grandes maisons de commerce, d'autres sont commis, d'autres instituteurs, évangélistes, missionnaires. Le tout premier orphelin reçu dans la première maison, est devenu pasteur de l'Église anglicane.

On s'occupe beaucoup du développement spirituel des orphelins, et de temps à autre des vagues de bénédiction sont accordées. En février 1887, l'inspecteur des écoles, M. Herne, écrivait à M. Müller, alors à Singapour, en tournée missionnaire :

« Le 15 janvier, deux garçons de la Maison IV sont allés demander à leurs maîtres la permission de se réunir pour prier, ce qui leur fut accordé. Ils se réunirent donc le même jour et plusieurs se joignirent à eux... Le lendemain, ils étaient cent cinquante et ils prièrent pendant deux heures. Maintenant les réunions se tiennent après le repas du soir jusque vers dix-neuf heures. Ils sont souvent plus de cent. C'est surtout parmi les grands que l'Esprit de Dieu est à l'œuvre. L'un des maîtres a remarqué que le travail est maintenant mieux fait, que les manières sont plus douces et que les garçons ne boudent plus comme autrefois...

« Quelques-uns prient pour des camarades dont ils ont dressé une liste. D'autres sont allés trouver leur maître en particulier pour lui parler de leur âme ; deux lui ont dit : « S'il vous plaît, Monsieur, faites de nous des chrétiens ». Enfin un autre a confessé ceci : « Sur son lit de mort, papa m'a fait promettre de le retrouver au ciel, mais je sens que je ne suis pas prêt ». Dimanche dernier les garçons de quatorze ans et au-dessus ont été réunis, ils étaient cinquante-cinq à peu près ; trente-cinq firent profession de croire en Christ, et leur conduite ne dément pas leur profession. Toute la Maison IV est transformée ».

C'est ainsi qu'à plusieurs reprises, le Saint-Esprit accomplissait son œuvre de façon plus générale, plus manifeste ; et sur les milliers d'enfants qui ont passé et passent par les orphelinats, beaucoup se sont convertis alors qu'ils y vivaient. Ce serait une erreur de croire que les enfants étaient toujours d'humeur facile et qu'ils avaient tous d'heureux caractères. Quiconque a eu à s'occuper de nombreux enfants sait le contraire. Il est même arrivé qu'après un long temps de patience, qu'après avoir essayé de tous les moyens, on ait dû recourir à l'expulsion de certains élèves. Même alors, M. Müller ne cessait de prier pour eux, espérant quand même que la semence répandue croîtrait avec le temps.

Une œuvre considérable

D'autres enfants au contraire étaient un sujet de joie ; beaucoup restaient en relations épistolaires avec leur bienfaiteur, joignant à leurs lettres quelque don pour l'œuvre quand ils le pouvaient. Plusieurs, parvenus à de belles situations, envoyèrent même de très grosses sommes. C'est surtout à la date du 27 septembre, anniversaire de M. Müller, que le fondateur de l'orphelinat recevait un volumineux courrier. Presque tous les « anciens » accompagnaient leurs lettres d'un don, presque tous disaient vouloir vivre chrétiennement ; et ils en donnaient la preuve par la façon dont ils parlaient des années passées à Ashley Down, dans « la chère Maison », par leurs sentiments d'affection et de reconnaissance qu'ils manifestaient. Certes, ils pouvaient entourer de leurs prières et de leur amour celui qui, pour montrer que Dieu entend la prière, leur avait consacré sa vie, une vie de rude labeur. Ce labeur est tel qu'il est difficile de l'embrasser en pensée : demandes d'admission qu'il faut examiner (certains jours on en recevait trois ou quatre), questions multiples se rapportant aux pensionnaires (il fallait parfois se résoudre à décider une expulsion pour empêcher que le vice ou l'insubordination contaminent les autres) ; au personnel, au recrutement de celui-ci, au placement des orphelins dont la préparation était terminée. M. Müller cherchait pour ses pupilles des patrons et des maîtresses qualifiés donnant toutes les garanties désirables.

Que de sagesse il fallait, quel esprit de prière, que de foi, que de grâces étaient nécessaires pour embrasser toutes ces questions et leur donner les solutions favorables ! Quelle persévérance dans la prière et dans la foi il fallait pour présenter quotidiennement à Dieu tous les besoins d'une œuvre sans cesse grandissante.

« Que le lecteur se représente nos charges, écrit M. Müller. Plus de deux mille personnes à nourrir chaque jour... Mais la nourriture n'est pas la seule dépense, il y a les vêtements, le blanchissage, l'entretien, et tout cela absorbe des dizaines de mille francs chaque année. Les chaussures ! Réfléchissez à ce seul article ! Il nous en faut des milliers ! Nos enfants ont six mille paires de chaussures ! Chaque année nous recevons des centaines de nouveaux orphelins et orphelines, et des centaines d'autres partent comme apprentis, comme servantes, comme élèves-maîtres. Tous emportent un trousseau complet. De plus, nous payons aux patrons trois cent trente francs par apprenti. »

Pour tout ce petit monde d'enfants, nous avons un nombreux état-major d'inspecteurs, de directeurs et directrices, d'instituteurs et d'institutrices, tout un personnel médical, enfin de multiples aides dans tous les services.

A côté des dépenses faites pour les choses qui touchent directement aux orphelins, à leur entretien, leur éducation, leur instruction, à côté des frais de maladie, et hélas ! parfois aussi ceux qu'entraîne la mort, il y a toutes les dépenses occasionnées par les réparations des immenses édifices.

Visite aux orphelinats

M. Müller, qui ne possédait rien en propre, connaissait cependant les charges que supportent les propriétaires : « Nous avons les frais d'entretien de nos cinq groupes de constructions qui réunissent dix-sept cents grandes fenêtres et cinq cents salles ! Essayez d'imaginer les seuls frais de crépissage, de badigeonnage, de peinture, et les réparations en tous genres que nécessitent les bâtiments. Il faut nettoyer, entretenir, réparer, renouveler les meubles de cinq cents salles ; entretenir les toitures, les canalisations, etc.

« Nous avons de lourds impôts à payer, et, chaque année, des sommes considérables pour les choses imprévues... Cependant comme nous nous attendons à Dieu qui est infiniment riche, tout va bien ; il pourvoit à tout ».

Les cinq orphelinats avaient coûté trois millions de francs, ils n'étaient pas assurés. G. Müller les remettait à Dieu pour qu'il les garde du feu, et chaque année, il remerciait Dieu de ce qu'il l'avait exaucé.

Nous ne pouvons transcrire toutes les pages intéressantes qui aident à saisir l'étendue de l'œuvre de G. Müller et à comprendre les responsabilités qui pesaient sur lui ; nous ne pouvons dire tous les faits qui font pénétrer dans sa vie de chaque jour, publier toutes les pages qui révèlent le développement intérieur et la vie de communion avec Dieu. Il faut se borner à choisir. Voici quelques extraits :

Réparations urgentes à la chaudière du chauffage central. – *Novembre 1857.* Vers la fin du mois, j'apprends de la façon la plus inattendue qu'il y a une fuite à la chaudière de notre appareil de chauffage, que la chose est grave et demande des réparations immédiates. L'appareil se compose d'une immense chaudière cylindrique, au centre de laquelle se trouve le foyer. Cette chaudière alimente les conduites d'eau chaude et d'air chaud de nos radiateurs..., et on m'avait assuré qu'elle pouvait suffire pour l'hiver. Comme elle est complètement enfermée dans des travaux de maçonnerie, il faut commencer par démolir ceux-ci pour s'assurer de son état exact. Depuis huit ans que l'appareil fonctionne, rien de semblable ne s'était produit. Je suis très ennuyé et je pense particulièrement aux petits enfants. Que faire pour qu'ils n'aient pas à souffrir du froid ? Remplacer la chaudière demandera plusieurs semaines probablement : quant à la réparer, était-ce possible ? Il faudrait en être certain, puis abattre la maçonnerie. Et pendant ce temps, comment chauffer nos trois cents enfants ? Je pense à des poêles à gaz, mais notre installation est, paraît-il, insuffisante et ne peut fournir le chauffage en même temps que l'éclairage. J'aurais volontiers donné deux mille cinq cents francs pour cette installation, ou toute autre chose, afin que les enfants n'aient pas froid. Ne voyant aucune solution, je décide de remettre toute l'affaire entre les mains de Dieu, qui est toujours miséricordieux et compatissant.

Le jour est fixé pour les réparations, il faut naturellement laisser éteindre le feu. Considérez ce qui s'est passé : Nous avons fixé le jour des réparations à la semaine suivante, le mercredi ; or dès le jeudi (ou le vendredi ?), un vent du Nord, glacial s'est mis à souffler. Ce sont les premiers grands froids de l'hiver qui arrivent avec le commencement de décembre. Impossible de remettre à plus tard les réparations. Je demande deux choses au Seigneur : qu'il veuille bien changer la direction du vent et le faire souffler du Sud ; qu'il mette au cœur des ouvriers de travailler avec ardeur. Je me rappelle de la besogne accomplie en cinquante-deux jours, au temps de Néhémie, parce que « le peuple avait pris à cœur le travail ». Le jour approche ; le mardi soir, le vent du Nord souffle toujours ; mais le mercredi, le vent du Sud s'élève comme je l'ai demandé à Dieu. Le temps est si doux que le chauffage est inutile. Le mur de briques enlevé, on découvre rapidement l'endroit à réparer, et les ouvriers de la Maison qui ont fait l'installation se mettent à travailler avec ardeur. Vers vingt heures trente, lorsque je retourne chez moi, on m'avertit, près de la loge du portier, que l'un des directeurs est arrivé pour se rendre compte du travail qu'il y avait à faire ; je me rends aussitôt dans le sous-sol pour le rencontrer, ainsi que les ouvriers. Il me dit que les hommes seront de nouveau là

Visite aux orphelinats

le lendemain de bonne heure. Nous sommes près des ouvriers et ceux-ci ont entendu la conversation.

Alors le contremaître, prenant la parole au nom de tous, dit « Pardon, Monsieur, mais nous préférons travailler toute la nuit ». Je me souviens alors de la seconde partie de ma requête. Dieu leur a vraiment mis à cœur de travailler avec ardeur. Au matin, la réparation est terminée ; trente heures après, la maçonnerie est refaite ; tout le temps que dure cet ouvrage, le vent du Sud continue de souffler comme nous l'avons demandé à Dieu.

Tout a bien été durant trois mois. Au commencement de février, nouveaux dommages, nouvelle fuite. Nous recourons à la prière et les réparations sont faites très rapidement, en trente heures à peu près. Au printemps, nous faisons remplacer la chaudière.

Exaucements. Voici d'autres détails que nous ne trouvons pas dans l'autobiographie Bergin et que nous empruntons au livre du Dr Pierson :

« Il y eut une grande sécheresse en 1864. Les trois Maisons alors achevées possédaient quinze grandes citernes, neuf puits très profonds et une excellente source qui de mémoire d'homme, n'avait jamais tari. Tout cela était presque à sec, le niveau de l'eau était très bas, et il fallait chaque jour trois mille gallons d'eau ! On cria à Dieu demandant l'eau nécessaire et qu'il veuille bien envoyer la pluie. Dieu exauça les requêtes en inclinant le cœur d'un voisin : un fermier, à fournir la moitié de l'eau qu'il fallait (ses puits étaient plus profond que ceux des orphelinats), l'autre moitié se trouva sur place. Au bout de quelque temps, ce fermier avertit qu'il ne fallait plus compter sur lui. Vingt-quatre heures ne s'étaient pas écoulées qu'un autre fermier venait offrir à M. Müller l'eau d'un ruisseau qui traversait ses champs. Cette provision dura jusqu'à ce que la pluie soit à nouveau donnée[1].

---

1. Vingt ans plus tard un système de canalisation assurait la provision d'eau nécessaire aux orphelinats.

Cette même année, une triple épidémie de fièvre scarlatine, de fièvre typhoïde et de petite vérole dévastait Bristol et les environs ; cela dura trois ans ! À nouveau M. Müller et ses collaborateurs prièrent Dieu qu'il veuille bien étendre sa protection sur les orphelinats, et les Maisons furent à peine touchées : pas de scarlatine, pas de typhoïde, quinze cas bénins de petite vérole parmi les enfants, un seul sans gravité, dans le personnel.

En janvier 1865, de terribles tempêtes s'abattirent sur la ville et les environs de Bristol. Bien des immeubles eurent à souffrir. À Ashley Down, les toitures furent endommagées en plus de vingt endroits, de grandes vitres brisées, etc. C'était un samedi ; impossible d'avoir les vitriers et les couvreurs. À nouveau, on pria Dieu qu'il veuille bien faire cesser la tempête. Le vent se calma, la pluie diminua, et dès le lundi on put se mettre aux travaux de réparation urgents. M. Müller notait fidèlement toutes ces choses en détails ; elles faisaient partie du témoignage qu'il rendait au Dieu de miséricorde et d'amour qui entend la prière, et entoure ses serviteurs de sa bonté. En l'année 1866, une vague de Réveil atteignit l'orphelinat des jeunes filles, comme cela avait eu lieu l'année précédente pour celui des garçons. Plus de cent d'entre elles furent dans l'angoisse au sujet de leur âme et recherchèrent le salut. M. et Mme Müller et leurs collaborateurs priaient Dieu pour que ce Réveil gagne en profondeur et en étendue. Une jeune fille de dix-sept ans qui était aux orphelinats depuis l'âge de trois ans était restée dans la plus complète indifférence religieuse, malgré tous les soins et tout l'amour dont l'entouraient M. et Mme Müller et leurs collaborateurs. Délicate de santé, Emma Bunn était devenue poitrinaire, et bien que la maladie fût si grave et ne laissât aucun espoir, son insouciance subsistait. On ne cessait de prier pour elle. Enfin, il plut à Dieu de donner à la jeune fille une révélation de Jésus comme son Sauveur. Immédiatement elle se vit telle qu'elle était, se prit en dégoût et confessa ses péchés ; en même temps une joie inexprimable remplissait son

Visite aux orphelinats

cœur et remplaçait l'indolence, l'apathie et la froideur des jours passées.

Comme elle était tristement célèbre aux orphelinats, sa conversion et les messages de ses derniers moments eurent un très grand retentissement : ils furent le moyen que Dieu voulut bien bénir pour la conversion de très nombreux orphelins. Dans une seule Maison, trois cent cinquante enfants furent amenés à chercher la paix qui se trouve uniquement en Jésus, et à la saisir par la foi. La conversion et le témoignage d'Emma Bunn furent l'occasion du plus grand réveil qui eût encore éclaté à Ashley Down...

Ce fait comporte bien des enseignements : 1° le cœur le plus dur peut être brisé par la prière ; 2° la connaissance de la Bible, même si elle ne semble porter aucun fruit immédiat, n'est jamais inutile ; dès que la grâce de Dieu a pénétré le cœur et délié la langue, elle devient une source de bénédiction ; 3° généralement on s'occupe trop peu de l'instruction religieuse des enfants, et on ne donne pas assez de confiance aux conversions des jeunes. En avançant dans la vie, M. Müller était de plus en plus frappé par les triomphes de la grâce qu'il observait chez de tout jeunes enfants convertis à l'âge de neuf et dix ans, lesquels restèrent toujours fidèles à la foi de leur enfance. »

Le pasteur Lortsch écrivit les lignes suivantes après avoir vu les orphelinats :

« Une visite aux orphelinats d'Ashley Down, le 29 mars 1901 nous a laissé l'impression qu'il y a quelque chose de plus extraordinaire encore que la manière dont l'argent y arrive. C'est la manière dont il est employé. L'ordre, la discipline, l'hygiène morale et spirituelle qui règnent dans ces établissements sont tout simplement admirables. Il n'y a pas d'enfants dans la plus heureuse des familles chrétiennes qui aient l'air plus épanoui, plus heureux que ces enfants-là. On sent qu'ils sont enveloppés et pénétrés par les saintes et victorieuses influences de l'amour chrétien... Il n'est pas étonnant que Dieu envoie en abondance un argent dont on fait un tel usage. Ne manquons pas à Dieu, et rien ne nous manquera. » D. Lortsch.

En 1865, trente et un ans après l'ouverture du premier orphelinat de la rue Wilson, George Müller, jetant un coup d'œil en arrière, note que, par la grâce de Dieu, il est resté fidèle aux principes posés à la base de l'œuvre. Il n'a jamais contracté de dettes, il n'a jamais recherché d'autre soutien que celui de Dieu, d'autre patronage que celui du Père céleste. Quant à ses collaborateurs, il les a choisis parmi ceux qui craignent Dieu et le servent. Il rappelle que son but primordial, c'est de glorifier Dieu en montrant ce que peuvent accomplir la foi et la prière, et il peut rendre ce témoignage que « jusqu'ici, le Seigneur a secouru ». Si pendant cinq ans à peu près, ses collaborateurs et lui ont vu presque quotidiennement leur foi mise à l'épreuve, ils ont été quotidiennement aussi les témoins de la fidélité de Dieu. L'œuvre n'avait fait que croître, mais le secours divin avait grandi dans la même proportion. »

> **Il n'a jamais contracté de dettes, il n'a jamais recherché d'autre soutien que celui de Dieu...**

Ce serait une erreur de croire que les diverses branches de l'institut biblique que dirigeait M. Müller étaient oubliées, et qu'il se laissait uniquement absorber par l'œuvre des orphelinats et son rapide développement. Ni la mission, ni les missionnaires, ni l'œuvre de distribution de traités et de la Bible, ni les écoles chrétiennes n'étaient oubliées. M. Müller veillait à attribuer à l'œuvre qui en avait le plus besoin, les fonds qu'il recevait (lorsque les donateurs n'avaient rien spécifié), et ce qu'il donnait lui-même.

En cette année 1865 lorsqu'il s'occupe de la répartition des sommes dont il dispose pour l'œuvre missionnaire, il se trouve en présence de cent vingt-deux noms de missionnaires. Pour envoyer à chacun les fonds qu'il leur destine, il lui faut onze mille six cent cinquante francs. Il lui manque deux mille trois cents francs. Alors il demande à Dieu cette somme, et reçoit successivement vingt-cinq, deux mille cinq cents, et douze cent cinquante francs ; plus qu'il n'avait demandé.

22 janvier 1866. Ce soir, vers vingt-trois heures trente, mon bien-aimé collègue, mon ami depuis trente-six ans, vient d'entrer dans son repos. Il était malade depuis sept mois à peu près. Tous deux nous connaissions le Seigneur depuis plus de quarante ans, tous deux nous avions dépassé la soixantaine. Mon bien-aimé frère et ami a maintenant achevé sa course. J'ai l'honneur et le privilège de continuer à travailler pour le Seigneur ici-bas, mais sans lui ! sans celui qui a été si souvent mon conseiller ! Comme dans mes précédentes épreuves et toutes mes difficultés, je regarde à Dieu ; c'est sur lui que je m'appuie depuis plus de trente-six ans.

Le nom de M. Craik avait d'abord été associé à celui de M. Müller dans les Rapports de l'Institut biblique, mais en 1844, comme c'était son collègue qui s'occupait à peu près exclusivement de cette œuvre, il jugea préférable que son nom n'y paraisse plus.
Également distingué par sa bonté, son humilité, ses dons intellectuels, M. Craik avait publié plusieurs ouvrages d'une haute valeur. En reconnaissance de quoi l'université de St-André lui avait offert le titre de Docteur. Il le refusa, demandant en même temps que l'Université veuille bien accorder ce titre à une tierce personne qu'il nomma et à laquelle cela pouvait être utile. Le conseil de l'Université fit ce qui lui était demandé ; puis à nouveau, offrit le titre de Docteur à M. Craik, lequel crut devoir maintenir son refus. (Ch. Challand).

30 janvier. Aujourd'hui a été remise à la tombe la dépouille mortelle de mon bien cher ami. Je suis malade, retenu à la maison. État plus grave ce soir. (Il s'agissait d'une extrême faiblesse ; avec des hauts et des bas. Cet état inquiétant dura trois mois).

L'œuvre du colportage. 1867 ! L'exposition de Paris vient d'ouvrir ses portes. C'est une occasion unique pour annoncer l'Évangile aux foules qui traversent la capitale ou y séjournent. Et George Müller est heureux de recourir aux services de deux frères que Dieu a envoyés dans la grande ville pour y travailler. L'un parle trois langues, l'autre huit. Par leur moyen, douze mille exemplaires de la Bible ou portions de la Bible furent distribués en treize langues différentes, à l'Exposition surtout. On a calculé que pendant cette Exposition, plus d'un million deux cent soixante mille Bibles ont été distribuées en seize langues différentes. La Bible a été reçue avec reconnaissance, même par les prêtres. De sorte qu'en six mois, ceux qui surent profiter de l'occasion que leur offrait l'Exposition répandirent plus d'exemplaires de la Bible que n'auraient pu le faire dix mille colporteurs en vingt fois plus de temps, dans les conditions ordinaires.

L'année suivante, c'était l'exposition du Havre. À nouveau G. Müller s'occupa de faire distribuer les Écritures. Et lorsque de façon inattendue une porte s'ouvrit en Espagne, au pays de l'Inquisition, il se hâta de prendre les mesures nécessaires pour y faire distribuer la Parole de Dieu. Pour la première fois, on vit alors la Bible offerte dans les rues de Madrid. On vendit jusqu'à deux cent cinquante exemplaires par heure, et bientôt les demandes dépassèrent les stocks disponibles.

Parmi les pages les plus captivantes du « Récit », il faut placer les lettres que G. Müller recevait de ses colporteurs, et dont il publiait quelques-unes. Pour lui, le champ d'activité, c'était le monde ; et il saisissait avec ardeur toutes les occasions d'y semer abondamment... Il faisait aussi faire des distributions de traités... Les foires, les champs de courses, les voyages, les exécutions capitales, autant d'occasions de rassemblements dont il savait profiter pour ses distributions. Dès le début, cette activité produisit d'abondantes moissons.

CHAPITRE
14

Madame Müller
(1870)

Une femme exemplaire

Mme Müller s'était donnée sans réserve à l'œuvre de son mari. Bien qu'elle ne fût pas de santé délicate, elle avait été très malade au moment de la naissance de ses enfants. Sa vie avait même été en danger ; mais Dieu l'avait rétablie. En 1859, elle s'aperçut que son bras gauche, qui avait été blessé dans une chute faite autrefois, devenait très faible, faiblesse qui ne fit que s'aggraver. Vers la fin d'octobre, ce bras devint extrêmement douloureux et enfla. L'enflure ne fit qu'empirer, gagna tout le membre, « et sa main a pris de telles proportions qu'il faut couper l'alliance que je lui ai passée au doigt le 7 octobre 1830 », écrivait M. Müller.

Bientôt ma chère femme doit rester à Bristol. La chambre d'Ashley Down, où j'ai pris l'habitude de la rencontrer après le déjeuner, et parfois entre temps, va rester vide pendant de longs mois.

J'ai déjà dit que ma chère femme était foncièrement chrétienne. C'est là sa qualité par excellence ; son unique objet ici-bas, c'est de vivre pour Dieu. Elle a un esprit doux et paisible... Jamais elle ne met d'obstacles sur le chemin que Dieu ouvre devant moi. Toujours elle s'emploie à fortifier mes mains, même dans les plus grandes difficultés et lorsque le service auquel elle apporte son concours demande d'elle les plus grands sacrifices. De septembre 1838 jusqu'à la fin de 1846, notre confiance est constamment mise à l'épreuve. Des centaines de fois, nous devons donner pour les orphelins jusqu'aux derniers centimes que nous avons, pour qu'ils aient le nécessaire. Jamais elle ne me fait le moindre reproche ; mais elle prie Dieu avec moi pour qu'Il veuille bien envoyer le secours, et le secours arrive ! Alors, ensemble, nous nous réjouissons ; à moins qu'ensemble, nous ne nous mettions à pleurer de joie.

> **Jamais elle ne me fait le moindre reproche ; mais elle prie Dieu avec moi pour qu'Il veuille bien envoyer le secours...**

J'ai déjà parlé de l'excellente éducation qu'elle a reçue, j'ai dit qu'elle était musicienne, qu'elle pouvait peindre et broder ; cependant ses occupations ont généralement un but plus pratique. Elle s'occupe par exemple de la préparation des centaines de petits lits blancs de nos orphelins, de nos enfants déshérités qui n'avaient jamais vu d'aussi confortables couchettes, et surtout qui n'en avaient jamais eues. Elle s'occupe de la confection des chaudes couvertures, et de beaucoup d'autres choses nécessaires. Elle sert le Seigneur Jésus en servant les enfants pauvres, destitués de tout. Ma chère femme a le don de savoir soulager, de trouver la chose qu'il faut dire pour aider quiconque est dans la peine pour alléger le fardeau des autres...

Lorsqu'elle est tombée malade, et dès le début de cette douloureuse épreuve, je me suis rappelé que Dieu m'avait donné, en ma chère femme, la plus précieuse des compagnes ; et qu'il ne s'agissait pas de se laisser accabler parce qu'il lui plaisait, maintenant de l'affliger, alors que durant trente ans à peu près, elle avait joui d'une santé relative... Il convenait que j'accepte sa volonté comme bonne, agréable et parfaite. La maladie a duré presque neuf mois. De temps à autre, ma femme venait en voiture jusqu'aux orphelinats pour donner quelques conseils, quelques directions. Je ressentais très douloureusement son absence, et cependant comme je discernais la main de Dieu dans cette affliction, mon âme restait en paix. Nous prions encore ensemble chaque jour, et nous demandons aussi à Dieu qu'il veuille bien rendre l'usage du bras malade si telle est sa sainte volonté...

Enfin, en avril 1860, notre excellent docteur pense qu'elle est assez bien pour qu'on puisse essayer un déplacement jusqu'à Clevedon où elle devra prendre des bains de mer chauds. Je la conduis donc jusque-là et notre fille reste près d'elle. Les bains de mer lui font effectivement du bien, et le mieux semble évident, lorsqu'un jour en rentrant du bain, elle glisse malheureusement en remontant sur le trottoir, près de la maison où elle demeure ; la tête porte sur le mur et le poids du corps sur le bras malade qui est maintenu en écharpe. À cause de ce bras malade, elle n'a pu amortir la chute. Comme elle reste immobile, inanimée, notre chère fille court chercher du secours à la maison. Lorsqu'elle arrive avec de l'aide pour faire transporter sa mère, celle-ci a repris ses sens.

Tout semble sombre maintenant ; et son état empire. Tous les soirs, une fois la journée de travail achevée aux orphelinats, je vais à Clevedon pour veiller ma chère femme pendant la nuit. Elle souffre beaucoup. Puis graduellement, la souffrance s'atténue et elle se retrouve à peu près au même point que trois mois auparavant, lors de son arrivée à Clevedon.

Je la ramène à la maison, à Bristol, pour six semaines ; puis nous décidons d'aller passer ensemble un mois à Teignmouth. C'est un changement d'air, et il y a aussi cet avantage qu'elle pourra continuer là-bas les bains de mer chauds. Nous y allons donc tous trois.... Lorsque nous revenons, ma chère femme va tellement mieux quelle peut à nouveau se servir de la main et du bras malades, de sorte qu'elle peut reprendre ses occupations habituelles aux orphelinats. Sa chère main a presque les dimensions normales, et il est possible de remettre à son doigt l'alliance brisée que j'ai fait réparer par un bijoutier. Que Dieu est bon d'avoir accordé la guérison. Qu'il est bon de n'avoir pas permis qu'elle soit tuée dans la chute qu'elle a faite à Clevedon ! Je veux rendre grâce à l'Éternel pour tous ses bienfaits, et j'ajoute : « Qu'il est bon d'avoir permis cette maladie ! » Effectivement, cette épreuve a été une marque de son amour. Je m'explique : ma chère femme s'est beaucoup trop fatiguée pendant les années 1856, 1857, 1858, 1859 ; le travail qui est retombé sur elle pour l'ouverture de la seconde Maison et en prévision de l'ouverture de la troisième, a été tel que sa santé a été atteinte. Elle se dépensait beaucoup trop et au delà de ses forces, bien que je la suppliais constamment de ne pas le faire. Mais elle avait la passion du travail ! Elle ne pouvait supporter de rester un instant sans rien faire. C'est parce que son état de santé était si précaire que le rhumatisme eut aussitôt autant de prise sur elle. Mais voyez la bonté de Dieu ! Il s'est justement servi de cette maladie pour l'obliger au repos. Le docteur lui a aussi ordonné une diète fortifiante, qu'autrefois elle avait toujours refusée. L'épreuve a donc été le moyen dont le Seigneur s'est servi pour prolonger sa vie de quelques années et conserver aux orphelins leur grande amie..., à notre chère fille, sa mère, et à son pauvre mari, la plus précieuse des compagnes.

En octobre 1860, sa santé est meilleure qu'elle ne l'a été depuis de longues années. Qu'il est donc vrai ici ce passage des Écritures : « Nous savons que toutes choses concourent ensemble au bien de ceux qui aiment Dieu » (Romains 8.28).

Le mieux se maintint pendant quelques années. Mais en 1867 il devint évident pour ceux qui l'approchaient que Mme Müller s'affaiblissait. Son mari la supplia de prendre plus de repos, plus de nourriture, mais il ne pouvait prévaloir sur cette volonté arrêtée d'aller jusqu'au bout, sans se soucier de rien pour elle-même. Il s'inquiète de ses longues insomnies : « Je deviens vieille, explique-t-elle, et les vieilles gens n'ont plus besoin d'autant de sommeil ». S'il insiste et dit sa crainte d'une nouvelle maladie comme en 1859, elle lui répond : « Mon bien-aimé, le Seigneur me permettra encore de voir l'aménagement et l'inauguration des Maisons IV et V ; et ensuite il pourra me prendre à lui ». Elle voulait travailler jusqu'à la fin. Or il y avait tant à faire et dans tant de domaines aux Maisons d'Ashley Down ! Elle y travaillait du matin au soir ; elle y travailla jusqu'à la fin.

Au commencement de 1870, elle prit froid. Elle qui soignait les autres avec tant de sollicitude refusait généralement qu'on s'occupe d'elle. M. Müller obtint cependant qu'elle vit un docteur. Celui-ci insista pour qu'elle prenne une voiture chaque jour pour se rendre aux orphelinats et rentrer à Bristol, et recommanda une alimentation plus fortifiante, quelques remèdes et la sieste. Ce régime lui fit le plus grand bien. Ne sortant plus qu'en voiture fermée pour aller à Ashley Down et en revenir, elle évitait l'air de la nuit et la mauvaise toux qui l'épuisait cessa complètement. Les dimanches 23 et 30 janvier, elle assista aux services du matin. Le soir du 30, elle ressentit une vive douleur dans le dos et le bras droit, laquelle ne fit qu'empirer jusqu'au lundi, de sorte que M. Müller fit chercher le docteur, celui-ci n'était pas à la maison, et Mme Müller voulut se rendre en voiture aux orphelinats comme elle en avait l'habitude. Sa fille l'y accompagna pour travailler sous sa direction, car elle craignait de ne pouvoir faire beaucoup elle-même. La journée fut assez bonne, mais la souffrance augmentant vers le soir, elle rentra à Bristol avec sa sœur et sa fille. M. Müller était resté pour assister à la réunion de prière. Quand il arriva à Bristol, le docteur avait passé chez lui et prescrivait le repos absolu à la malade : Mme Müller était couchée, on avait allumé un bon feu dans sa chambre sur l'ordre du médecin. Celui-ci avait diagnostiqué une fièvre rhumatismale. La nuit fut mauvaise, les souffrances augmentaient, les membres se prenaient l'un après l'autre, et ils étaient si douloureux qu'elle ne pouvait ni les bouger ni souffrir qu'on les touche, à l'exception du bras et de la main si malades dix ans auparavant.

« Le mardi 1er février, je reste à la maison, à côté de ma chère femme, écrit G. Müller. Dans sa chambre, il y a des textes, entre autres ceux du « *Silent Comforter* »... « Mes temps sont dans ta main » (Psaume 31.15). De tout cœur, je peux répondre à l'affirmation du message « Oui, mon Père, les temps de tes enfants sont en ta main. Et certainement ce que tu décideras, sera pour le mieux, pour le plus grand bien de ma chère femme et pour le mien, que ce soit la vie ou la mort. S'il est possible, guéris-la encore cette fois. Tu peux le faire, bien qu'elle soit si malade ; mais quoi que tu décides, ô Père, soutiens-moi afin que je trouve toujours ta volonté bonne et parfaite... » Pendant toute cette semaine, alors que ma chère femme est si gravement malade, j'ai constamment en pensée le verset de l'un de nos cantiques qui célèbre la tendresse infinie et l'amour insondable du Père céleste :

> « *Best of blessings He will provide us,*
> *Nought but good shall e'er betide us,*
> *Safe to glory He will guide us,*
> *Oh how He loves !* »

Et mon cœur répond : « Oui, il nous aime parfaitement, et ne veut que notre plus grand bien ».

Le mercredi, comme ma chère femme souffre beaucoup moins, je peux lui lire le verset 12 du psaume 84, avant de partir aux orphelinats : « L'Éternel Dieu est un soleil et un bouclier, l'Éternel donne la grâce et la gloire, Il ne refuse aucun bien à ceux qui marchent dans l'intégrité ».

Après avoir lu ce passage, je lui dis : « Ma bien-aimée, Dieu nous a donné sa grâce à l'un et à l'autre, nous recevrons donc aussi la gloire : et puisque avec son secours nous marchons dans l'intégrité, il ne nous refusera aucun bien ». Ce verset est pour elle un réconfort et elle en reparlera à notre fille dans le courant de la journée...

Le jeudi, je vois que le docteur considère son état comme très grave.

Le vendredi, il m'avertit qu'il désire une consultation et veut appeler un confrère, l'état de ma femme étant des plus sérieux. Je lui réponds que je suis satisfait de son traitement ; toutefois s'il désire cette consultation, je le laisse libre de l'avoir.

Je demeure près de ma chère malade, toute la matinée et jusqu'à l'heure du déjeuner. À ce moment comme il me faut la quitter quelques heures, je lui dis : « ma bien-aimée, je regrette d'avoir à te quitter, mais je reviendrai aussitôt que possible ». Elle répond : « Tu me laisses avec Jésus ».

Quand je reviens, je la trouve à peu près dans le même état qu'elle était au moment de mon départ. Mais la nuit suivante est très mauvaise ; elle souffre beaucoup, bien plus qu'elle n'ait encore souffert jusqu'ici. Presque toute la nuit je suis sur pied, essayant de façon ou d'autre d'alléger sa souffrance, et de l'aider, puisqu'elle ne peut plus bouger un seul membre. Enfin vers deux heures du matin, les douleurs semblent céder, jusque vers quatre heures. (Ce qu'elle a enduré cette nuit-là devait amener rapidement la fin de son pèlerinage terrestre.)

À dix heures, il n'y a plus aucun espoir de guérison, et je sens qu'il est de mon devoir d'avertir ma bien-aimée que le Seigneur va venir la chercher. Elle me répond : « Il viendra bientôt. » Veut-elle dire que le Seigneur viendra bientôt, et que nous serons réunis ? Je le suppose.

À treize heures trente, quand j'essaie de lui faire prendre un peu de médecine, puis une cuillerée de vin mélangé d'eau, je remarque qu'elle a de la difficulté à avaler. Quelques minutes après, elle n'articule plus que difficilement. Elle essaie de me dire quelque chose que je ne peux comprendre. Je m'assois alors devant elle de façon qu'elle puisse me voir. J'observe sa chère figure, et à peine un quart d'heure après, je remarque un changement dans ses chers yeux toujours si brillants. J'appelle aussitôt Lydia et sa tante, Mademoiselle Groves, les avertissant de la fin prochaine. Elles viennent dans la chambre ; peu après, Mme Mannering entre aussi (une autre sœur de ma chère femme). Tous quatre en silence, nous entourons ma bien-aimée... Vers seize heures vingt, elle s'endort en Jésus, au jour du Seigneur, l'après-midi du 6 février 1870 (à l'âge de soixante-treize ans). Alors je tombe à genoux et bénis Dieu de l'avoir délivrée, le suppliant aussi de nous aider et de nous soutenir.

Se réjouir dans le deuil

Le lendemain, G. Müller assista à la réunion de prière du lundi soir à Salem (le nom d'une chapelle). Se levant, et avec une expression radieuse que les assistants n'oublièrent pas, il demanda aux frères de se joindre à lui pour bénir Dieu qui, dans sa miséricorde infinie, avait mis un terme aux souffrances de sa chère compagne pour l'introduire dans la céleste Patrie. « Maintenant, ajouta-t-il, auprès du Maître qu'elle a tant aimé ici-bas, elle trouve, je le sais, un bonheur qui surpasse tous ceux qu'elle pourrait connaître sur cette terre. Voulez-vous demander au Seigneur qu'il m'aide à me réjouir de sa joie... que mon cœur se laisse plus absorber par sa félicité que par l'incalculable perte que je subis. » (Ces paroles furent rapportées par l'une des personnes présentes à cette réunion ; elles s'étaient gravées en elle de façon ineffaçable.)

Accompagnée par des milliers d'amis, la dépouille mortelle de Mme Müller fut portée au champ du repos. Douze cents orphelins suivirent le convoi, et tout le personnel dont la présence aux orphelinats n'était pas absolument nécessaire.

Extraordinairement soutenu par le Seigneur, George Müller fit le service funèbre. Dans son journal, il écrivit : « C'est moi, moi-même, qui, extraordinairement soutenu par Dieu, ai fait le service à la chapelle et au cimetière. » Autour de lui bien des gens trouvent étrange cet homme qui, dans le deuil, a des accents pour bénir ; ils ne comprennent pas cette foi qui saisit les réalités invisibles et se réjouit du bonheur de la compagne que Dieu a rappelée. Frappé de cette sérénité surnaturelle pendant la cérémonie funèbre, son médecin dit à un ami : « Je n'ai encore jamais vu d'homme aussi peu humain que lui. » Jugement exact ; mais pas dans le sens que pensait le docteur. Jugement exact parce que G. Müller se mouvait dans ce domaine inaccessible à l'homme naturel ou le racheté marche avec les forces d'En-Haut, les forces divines, et où il dépasse l'humaine mesure. Mais cet homme jugé inhumain, parce qu'il est surhumain, est cependant brisé : chez lui la vigueur spirituelle dépasse celle de l'organisme physique, et il tombe malade. Chaque fois qu'il a traversé une grande douleur, nous voyons la rupture d'équilibre se produire[1]. Ceci répond suffisamment à ceux qui critiquent son insensibilité apparente, la sérénité de son attitude, la grandeur des paroles qui naissent de sa foi.

Aussitôt rétabli, G Müller dans un service public fit revivre le souvenir de sa femme, et prononça ce qu'il nomme dans son journal « Funeral sermon[2] ». C'est de ce morceau, publié *in extenso* dans l'autobiographie, que nous extrayons ici et là quelques passages, qui nous font pénétrer en une certaine mesure dans l'intimité de M. et Mme Müller. Le texte du sermon était emprunté au psaume 119 au verset 78 : Tu es bon et bienfaisant.

Après avoir évoqué le temps des fiançailles, du mariage, rappelé les qualités de Mme Müller et sa consécration totale à Dieu, Georges Müller continue en disant : « En me donnant une telle femme, Dieu me donnait les éléments du bonheur conjugal. Avons-nous été heureux ? Certes ! Nous avons eu le bonheur ; un bonheur qui allait croissant avec les années. Il ne m'est jamais arrivé de rencontrer à l'improviste ma chère femme, à Bristol ou aux orphelinats ou ailleurs, sans en ressentir aussitôt une grande joie. Parfois, avant l'heure du déjeuner ou celle du thé, nous nous rencontrions dans notre petit appartement d'Ashley

---

1. Ainsi, après la mort de son ami, M. Craik.
2. En Alsace : « le cours de vie », expression qui est probablement une traduction de : curriculum vitae.

Down où nous faisions un peu de toilette avant le repas. Cela aussi nous donnait du bonheur. J'étais extrêmement heureux de la voir apparaître, et c'était réciproque. Ce n'est pas une fois ni cent fois, mais des milliers de fois que je lui ai dit : « Ma bien-aimée, depuis que tu es ma femme je ne t'ai jamais rencontrée sans en éprouver la plus grande joie. »

Et ce ne fut pas là notre façon d'être durant la première année de mariage seulement, ou pendant les dix ans ou les vingt ans ou les trente ans qui suivirent, mais tout le temps et jusqu'à la fin. Chaque jour, pour autant que cela était possible, je passais avec elle dans sa chambre aux orphelinats vingt à trente minutes, m'asseyant sur la chaise longue qu'un cher frère chrétien lui avait offerte, lors de la première crise rhumatismale. Je savais qu'il était bon que son cerveau et ses mains si actives eussent du repos et je savais qu'elle n'en prendrait pas si je n'étais assis à ses côtés. D'ailleurs il m'était bon également d'avoir quelques instants de repos à cause de la faiblesse d'estomac persistante dont je souffre. Nous restions assis côte à côte, la main dans la main, ne parlant qu'à peine, heureux l'un par l'autre, et heureux dans le Seigneur. Notre bonheur d'être à Dieu et l'un à l'autre était indescriptible... Il m'est souvent arrivé de dire à ma bien-aimée : « Crois-tu, ma chérie, qu'il puisse y avoir à Bristol ou ailleurs de par le monde, une union plus heureuse que la nôtre ? »

Pourquoi rappeler tout cela ? Pour souligner la grande bénédiction qu'il y a pour un mari à posséder une femme pieuse et faite pour lui.

J'ai dit que le christianisme de ma chère femme (une chrétienne vivante et de toutes façons la compagne qu'il me fallait) était à la base de notre bonheur. Je n'en suis pas moins convaincu que cela seul n'aurait pas suffi à la persistance de ce bonheur pendant quarante ans. Je dois donc ajouter ceci :

1° Tous deux nous poursuivions le même but ici-bas : vivre pour Christ. Toute autre chose n'avait pour nous qu'une valeur très secondaire. Bien que nous fussions faibles et que sur bien des points, nous ne fussions pas ce que nous aurions dû être, cependant nous ne nous sommes jamais détournés du but que nous nous étions proposé. Cet idéal unique que nous poursuivions ensemble a concouru, dans une forte proportion, à augmenter notre bonheur mutuel. Si cette unité de but manque dans la vie de deux époux chrétiens, qu'ils ne soient pas surpris de ne pas connaître le bonheur.

2° Nous avions l'un et l'autre beaucoup à faire, et nous travaillions tous les deux. Et cette abondance de travail aussi fut l'un des facteurs de notre bonheur. Jamais, le matin, nous n'avions à nous demander « Que va-t-on faire aujourd'hui ? « Plus de travail nous attendait déjà l'un et l'autre, avec

> **Si nombreuses que fussent nos occupations, nous n'avons jamais permis qu'elles nous absorbent au point de nous faire négliger le soin de nos âmes.**

chaque nouvelle journée, que nous n'en pouvions faire ; et ceci donnait une grande douceur aux instants que nous avions à passer ensemble. Bien des gens, et même des chrétiens authentiques, voudraient ne pas être astreints au travail quotidien, être libres de leur temps. Ils ne savent pas qu'ils désirent un grand mal, au lieu d'un grand bien. Dégagés d'occupations régulières, ils se trouveraient très particulièrement exposés à la tentation.

3° Si nombreuses que fussent nos occupations, nous n'avons jamais permis qu'elles nous absorbent au point de nous faire négliger le soin de nos âmes. Avant de nous mettre au travail, nous avions pris l'habitude de prier et de lire la Bible, chacun séparément. Si les enfants de Dieu négligent d'avoir chaque matin des instants de communion avec le Seigneur, des moments durant lesquels ils nourrissent leur âme, s'ils se laissent absorber par leur service, même par le service de Dieu, ils ne peuvent conserver longtemps la joie de Christ, et le bonheur au foyer s'en ressent aussitôt.

4° Plus encore, ma chère femme et moi nous priions ensemble, et cela surtout est un facteur essentiel de bonheur conjugal. Depuis de longues années, vingt ans ou trente ou davantage, en plus de nos moments de recueillement individuel, en plus du culte de famille, nous priions ensemble chaque matin. Alors tous deux nous disions à Dieu notre reconnaissance pour les marques, les plus signalées de sa bonté, nous lui exposions les choses les plus importantes de la journée qui commençait. Si nous traversions quelque grande épreuve ou si nous avions plus particulièrement besoin de quelque chose, nous priions à nouveau après le repas d'une heure, si nous passions par un temps de très grandes difficultés, nous priions encore une ou deux fois au cours de l'après-midi mais c'était exceptionnel. Enfin le soir, il était convenu que la dernière heure que nous passions aux orphelinats était consacrée à la prière, bien que nous eussions toujours beaucoup à faire, plus qu'à aucune autre période de notre vie. C'était alors ma bien-aimée qui venait chez moi : prière, supplications intercession, actions de grâce duraient généralement de quarante à cinquante minutes, et parfois une heure. Nous exposions à Dieu une cinquantaine d'affaires différentes : nous lui disions nos difficultés, ou nous priions en particulier pour quelqu'un ou au sujet de quelque chose. Généralement nous continuions de prier chaque jour pour les mêmes objets, jusqu'à l'exaucement ; alors la louange prenait la place de la requête... Jamais nous ne nous sommes réunis pour la prière sans avoir quelque nouvelle raison d'action de grâces, en même temps que quelque nouveau fardeau, à déposer aux pieds du Seigneur. Je recommande très particulièrement aux parents chrétiens, de s'unir ainsi pour la prière. En ce qui nous concerne, je crois que c'est là surtout qu'il faut chercher le secret de notre bonheur conjugal, et de notre amour mutuel, qui ne fit qu'augmenter avec les années.

Et, cependant, nous nous aimions tendrement dès le début de notre union.

1° Le Seigneur a été bon et bienfaisant en me donnant une telle compagne.
2° Il a été bon et bienfaisant en me la laissant. (Ici, M. Müller relate les maladies, les accidents qui mirent à plusieurs reprises la vie de Mme Müller en danger ; nous les avons mentionnés précédemment).
3° Le Seigneur a été bon et bienfaisant en ôtant le désir de mes yeux.

Tous les chrétiens qui m'ont entendu sont probablement prêts à dire avec moi que le Seigneur a été bon en me la donnant, et bon en me la laissant. Qu'ils fassent encore un pas avec moi et disent que Dieu a été bon en la reprenant à lui. Tandis que je dis ceci, je sens le vide de mon cœur. Chaque jour je découvre, davantage, tout ce que les orphelins ont perdu en la perdant. Et cependant, sans effort, mon âme se réjouit de son bonheur. Sa joie me donne de la joie. Ma chère fille et moi nous ne voudrions pas la rappeler, même s'il était en notre pouvoir de le faire. C'est Dieu qui l'a prise. (Ici suivent les détails déjà donnés sur l'état de santé de Mme Müller durant les dernières années).

« Il y a deux ans déjà, ma fille avait vu quelques lignes écrites par sa chère mère dans l'un de ses carnets de poche, qui restait à Ashley Down, et que je ne connaissais pas. Elle m'a montré le précieux trésor, et je l'ai, en ce moment, sous les yeux. Voici les paroles qu'elle y a tracées : « S'il plaisait au Seigneur de reprendre M. M. (Mary Müller) par une mort subite, qu'aucun des chers survivants ne s'imagine qu'il y a là un jugement de Dieu, pour elle ou pour eux. Quand elle jouit du sentiment de la présence du Seigneur, elle a si souvent pensé qu'il lui serait très doux de partir sur l'heure pour être avec Jésus ! Seul le sentiment du coup qu'en recevraient ses bien-aimés, l'a empêchée de désirer que l'esprit libéré prît son vol pour la céleste Patrie. O, mon bien-aimé Sauveur ! (Precious Jesus !) Que ta volonté

soit faite, en ceci comme en toute autre chose, et non la mienne ! »
Ayant sous les yeux ces lignes tracées de sa main, sachant
d'autre part le profond attachement de ma bien-aimée pour
Celui qui a porté nos péchés en son corps sur la croix, comment
pourrais-je faire autrement que de me réjouir de la joie de celle
qui est maintenant et pour toujours avec le Seigneur ? Comme
mari..., comme directeur des orphelinats, je sens tous les jours
davantage ma perte ; mais comme enfant de Dieu, comme
serviteur de Jésus, je veux ce que veut le Seigneur, et j'essaie de
le glorifier par une soumission entière à sa sainte volonté... »

George Müller termina cette oraison funèbre par quelques mots d'appel aux inconvertis[3].

---

3. Avec l'autorisation de M. Müller, des orphelins prirent l'initiative de commander une pierre tombale ; elle fut payée par les nombreux dons qu'envoyèrent, d'un peu partout, tous ceux qui, depuis vingt-cinq ans, avaient connu et aimé Mme Müller.

CHAPITRE
15

Second mariage
(1871-1892)

Solitude. Par les lignes qui précèdent, le lecteur a pu voir qu'au moment de l'épreuve, Dieu m'avait soutenu de façon extraordinaire. Toutefois, bien qu'il m'ait rendu capable de le glorifier par une soumission entière à sa volonté, je ressens chaque jour plus vivement, plus douloureusement, toute l'étendue de ma perte. En Jésus, je trouve des consolations et un adoucissement à ma peine ; en lui, je discerne que l'épreuve est entre ses mains un moyen de bénédictions inexprimables. Mais, qu'est devenu mon bonheur ici-bas ?... Le soir, lorsque je quitte les orphelinats, entre vingt et vingt et une heures, pour rentrer à Bristol, seul sur la route que nous avons si souvent suivie à deux, je pense à mon céleste Ami. Lui est toujours là... Je pense aux raisons que j'ai d'être reconnaissant ; à ma chère fille qui veille au moment de mon arrivée pour m'accueillir et essayer par ses prévenances d'adoucir ma peine... Cependant mon épreuve est très grande, la blessure profonde ; et loin de rien cicatriser, le temps donne plus d'acuité à ma peine... Je suis généralement heureux en Dieu, et même, je le loue pour cette dernière dispensation à mon endroit, bien que la séparation me soit tous les jours plus douloureuse...

(*31 décembre 1870*. Il a plu au Seigneur de me donner cette année, cinquante-et-un mille six cent quatre-vingt-sept francs.)

4 août 1871. Aujourd'hui, M. Wright, l'un de mes principaux collaborateurs de l'Institut biblique, m'a demandé la main de ma fille bien-aimée. Un an après la mort de Mme Müller. Cette demande m'a extraordinairement surpris, et en même temps je suis obligé de convenir qu'il n'existe aucune autre personne à qui je confierais aussi volontiers le plus précieux trésor qui me reste ici-bas. Pendant une quinzaine, un douloureux combat s'est livré dans le cœur de ma chère fille, parce qu'elle ne pouvait se faire à l'idée de me laisser seul. Mais je l'ai supplié de ne pas permettre que je sois un obstacle sur sa route et je lui ai dit quelle joie et quelle consolation ce serait pour moi de la savoir unie à un tel homme. Elle a donc agréé la demande de M. Wright.

> ... mon épreuve est très grande, la blessure profonde ; et loin de rien cicatriser, le temps donne plus d'acuité à ma peine...

Les fiançailles de ma chère fille, et beaucoup d'autres raisons, m'ont amené finalement à considérer la possibilité d'une nouvelle union. Qu'il s'agisse de l'œuvre des orphelinats à laquelle ma chère femme s'était consacrée et où elle me manque à tout instant, qu'il s'agisse de moi, je crois que tout bien considéré, il est préférable que je me remarie. J'ai porté cette question devant Dieu, et je suis arrivé à la conviction que cette décision avait l'approbation de mon Père céleste, et qu'il la sanctionnait.

10 novembre. Le mariage de ma chère fille avec M. Wright a été célébré.

30 novembre 1871. J'ai épousé Mademoiselle Susannah Grace Sangar que je connais depuis plus de vingt-cinq ans comme chrétienne éprouvée, et qui, j'ai toutes les raisons de le croire,

Second mariage

m'apportera le concours dont j'ai besoin dans mes diverses activités.

31 décembre. Il a plu au Seigneur de me donner cette année cinquante-quatre mille deux cent soixante-quinze francs.

Un homme à la hauteur

Depuis plus de vingt ans il m'a été dit un nombre incalculable de fois, et par bien des gens : « Que deviendront les orphelinats, quand vous ne serez plus là, M. Müller ? » Et, invariablement, je répondais que la propriété bâtie et le terrain avaient été remis entre les mains de onze administrateurs, de sorte que sous ce rapport il en était des orphelinats d'Ashley Down comme des autres établissements similaires. « Mais, après vous, qui dirigera l'œuvre dans le même esprit que vous l'avez fait, en s'attendant uniquement à Dieu ? demandait-on encore. Et je répondais : Quand il plaira au Seigneur de me rappeler à lui, il montrera que lui, l'Éternel, ne dépend pas de moi et qu'il peut facilement pourvoir à mon remplacement. » Des amis chrétiens m'ont aussi souvent dit que je devrais prier Dieu au sujet d'un successeur. Sur ce point je leur disais généralement que je le faisais. Et maintenant, j'ai la joie d'annoncer que Dieu a accordé ce que mon cœur désirait. J'ai trouvé en mon gendre, M. James Wright, le collaborateur que j'avais demandé à Dieu, afin d'être aidé dans la direction de l'Institut et, quand il me rappellera, un successeur.

Voici une trentaine d'année que je le connais, c'est-à-dire, depuis sa conversion. Au cours des années écoulées, j'ai assisté à son développement spirituel, et depuis treize ans, il est l'un de mes meilleurs collaborateurs ; je dirai même mon bras droit dans toutes les affaires importantes. Comme tel nous avons souvent prié pour lui, ma femme et moi, afin que Dieu le prépare à devenir mon successeur.

Lorsque je suis tombé malade en 1870, après la mort de ma chère compagne, je l'ai fait appeler et lui ai ouvert mon cœur. Mme Wright vivait ; à vues humaines il ne semblait pas que Dieu était sur le point de la rappeler à lui ; donc aucune probabilité que M. Wright devienne un jour mon gendre.

Dans son humilité, il m'a répondu qu'il ne se jugeait pas suffisamment qualifié pour me remplacer à la direction. Connaissant ses capacités je ne pouvais accepter ce refus. Une autre difficulté a été l'opposition de sa femme, une excellente chrétienne, qui prévoyait que l'œuvre allait absorber tout le temps de son mari. Cependant, peu après, elle a compris qu'il devait accepter s'il y voyait la volonté de Dieu ; et il accepta. C'est dix-huit mois plus tard, veuf à son tour, que M. Wright a demandé ma chère fille en mariage...

Même si je peux encore travailler comme autrefois, par la bonté de Dieu, il est bon que je puisse me décharger partiellement de tout ce qui m'incombe. Or, pour cela, quelqu'un doit partager avec moi la direction. J'ai donc pris comme associé M. Wright, après l'avoir quelques mois auparavant désigné comme successeur.

La lecture des Rapports de l'œuvre et celle du « Récit des dispensations de Dieu envers G. Müller » ont été le moyen dont Dieu a daigné se servir pour la conversion de bien des âmes. D'autre part, des milliers de chrétiens ont été fortifiés et encouragés par cette lecture ; ils ont été ramenés aux Écritures, conduits à se confier davantage en Dieu et à entrer plus ou moins dans le sentier de la foi, où je marche moi-même avec le secours d'En-Haut. Depuis trente-six ans, il ne se passe presque pas de journée sans que j'en aie de nouvelles preuves ; et ce sont des milliers et des milliers d'exemples de bénédictions reçues que je pourrais citer. Ceci m'a conduit à prier avec plus d'ardeur encore pour que Dieu veuille bien continuer de bénir ces publications pour l'édification des croyants et la conversion des incrédules. Je crois donc bien faire en donnant les détails suivants qui encourageront les chrétiens à prier ; en même

Second mariage

temps qu'ils fourniront le récit exact de faits souvent cités en relation avec le Réveil :

En novembre 1856, un jeune Irlandais, M. James Mac Quilkin, est amené à la connaissance du Seigneur. Peu après, voyant l'annonce des deux premiers volumes du « Récit », il ressent un grand désir de les lire, et se les procure en janvier 1857. Leur lecture est, par la bonté de Dieu, une source de grandes bénédictions pour son âme. Il y voit surtout ce que la prière peut obtenir, et se dit à peu près ceci « Vois ce que M. Müller obtient uniquement en priant. Tu peux donc, toi aussi, obtenir la bénédiction par la prière. »

Il s'est mis à prier, et demande en premier lieu que Dieu lui fasse trouver un ami chrétien, à la piété vraiment spirituelle, quelqu'un qui connaisse le Seigneur. Peu après, il fera la connaissance du compagnon qu'il cherchait. Tous deux commencent alors une réunion de prière dans l'une des écoles du dimanche de Connor. M. Mac Quilkin demande à nouveau que Dieu veuille bien le conduire vers d'autres chrétiens[11] et le Seigneur lui donne deux autres jeunes gens... Cette même année, à l'automne, il dit à ceux que Dieu lui a donnés en réponse à la prière de la foi la bénédiction qu'il a reçue en lisant le « Récit », et il propose que tous se réunissent ensemble pour chercher la bénédiction du Seigneur sur leurs diverses activités : écoles du dimanche, réunions de prière, évangélisation. Tous les quatre tombent d'accord, et décident de se réunir pour la prière tous les vendredis soirs dans une petite école près du village de Kells (paroisse de Connor). À cette époque le Saint-Esprit agissait avec puissance aux États-Unis et M. J. Mac Quilkin se disait : « Et pourquoi cela n'arriverait-il pas aussi chez nous, puisque M. Müller a fait de si grandes choses, uniquement en priant. »

Le 1er janvier 1858, le Seigneur leur accorde un remarquable exaucement, en convertissant un domestique de ferme qui, aussitôt, se joint à eux. Puis c'est le tour d'un jeune homme de vingt ans. Ils sont alors six ; ce qui encourage puissamment le

---
1. « Some more of His Hidden Ones ».

groupe des trois premiers. D'autres se convertissent aussi et s'unissent à eux pour la lecture de la Parole, la prière et l'exhortation en commun. Tout cela se passe sur le territoire de la paroisse de Connor. Aux approches de Noël, un jeune homme d'Aboghill, converti à Connor, retourne chez lui et entretient ses amis au sujet de leurs âmes, et il leur dit ce qui se passe à Connor. Ceux-ci expriment le désir de rencontrer quelques-uns des convertis. C'est ainsi que J. Mac Quilkin et deux autres vont à Aboghill, et tiennent une réunion dans l'une des églises presbytériennes, le 2 février 1859. Quelques-uns croient, d'autre se moquent, d'autres jugent que ces jeunes convertis ont bien de la présomption ; plusieurs réclament une nouvelle réunion. Elle a lieu le 16 février, et c'est à cette occasion que l'Esprit de Dieu commence de travailler avec puissance. Il y a plusieurs conversions, et le nombre de celles-ci ne cesse de croître. Quelques-uns des convertis se déplacent, apportant avec eux la flamme du Réveil, de sorte que l'action divine s'étend en bien des endroits...

Tel est le commencement du puissant Réveil qui a provoqué la conversion de centaines de milliers d'âmes... On n'oublie comment il s'est étendu à l'Angleterre, au pays de Galles, à l'Écosse et est passé en Europe... Inutile d'ajouter qu'aucun honneur ne doit revenir aux instruments, mais au Saint-Esprit uniquement ; et si je rappelle ces faits dans l'ordre qui convient, c'est pour montrer que Dieu prend plaisir à exaucer magnifiquement et abondamment la prière de ceux de ses enfants qui croient à l'exaucement.

Bien disposer de son argent

« Économe du Seigneur » Quelques détails sur la gérance de G. Müller

29 mai 1874. Durant les trente ans écoulés, j'ai souvent souligné que l'enfant de Dieu est l'économe du Seigneur, et qu'il

Second mariage

y a lieu de donner de façon systématique à mesure que Dieu bénit, sans s'amasser de trésors sur la terre ; j'ai dit les bénédictions temporelles et spirituelles qu'il y a à obéir au Seigneur, les fruits abondants que récoltent ceux qui lui obéissent.... mais je n'ai pas donné en chiffres l'état de ma gérance. C'est ce que je veux faire passer maintenant sous les yeux du lecteur, en remontant à l'époque où j'ai commencé de vivre par la foi. Je ne recherche pas la louange des hommes mais la gloire de Dieu, et le bénéfice que mes frères pourront tirer de mon exemple. Je laisserai les derniers mois de 1830 et commencerai avec 1831. Cette année-là, il plaît au Seigneur de me donner 3 795 francs, sur lesquels nous avons donné 1 250 francs. Je dis nous, car ma bien chère femme partageait absolument ma façon de voir, et elle désirait autant que moi vivre de façon simple et économique à cause du Seigneur.

En 1833, j'ai reçu 4880 francs. Remarquez que le Seigneur nous a rendu, et bien au delà, ce que nous avions donné pour lui. C'est ainsi qu'il fait ; j'ai souvent eu l'occasion de l'observer durant ces quarante-quatre ans passés. Cette année-là, nous avons donné au Seigneur 1 750 francs. Une petite fille est née dans notre foyer, mais cela n'a pas modifié notre manière de faire ; nous n'avons été que plus désireux de nous amasser des trésors dans le ciel, afin qu'elle aussi en ait le bénéfice.

En 1833, j'ai reçu comme pasteur 6 693 francs. Le Seigneur m'a rendu ce que je lui avais donné et bien au delà. Il veille à ce que nous soyons toujours ses débiteurs, et ne veut pas être en reste avec nous. Sur cette somme, nous avons donné 2 750 francs ; car alors nous vivions à Bristol parmi des frères dont un grand nombre était pauvre ; et nous considérions comme un honneur et un privilège de pouvoir les aider. Cette somme n'a pas été donnée en une seule fois..., mais selon que le Seigneur nous en fournissait les moyens, et plaçait sur notre route ceux qui en avaient besoin. »

Avec les années, G. Müller reçoit davantage : en 1839, quelque 9 000 francs et il donne aussi toujours davantage. Mais en 1840, il ne reçoit que 6 062 francs :

« Le Seigneur change souvent de méthode, écrit-il à ce propos. Non seulement cette année-là il n'y a pas eu d'augmentation, mais encore une sérieuse diminution. C'est ainsi qu'il éprouve la foi de ses enfants, ayant en vue leur plus grand bien : il leur enseigne de très précieuses leçons et permet certaines difficultés pour éprouver leur cœur... Nous avons continué de donner dans la mesure du possible.

En 1841, l'épreuve de notre foi continue. Mais l'année suivante, il plaît au Seigneur de nous confier davantage, soit 8 244 francs. Sur cette somme, nous avons donné 3.250 francs. Nous ne nous sommes pas dit alors que la maison louée que nous habitions nous convenait, et qu'il serait sage de mettre de l'argent de côté pour l'acheter. Mais nous souvenant que nous sommes ici-bas étrangers et voyageurs, que nos possessions sont célestes et à venir, et que nous ne sommes que les économes de ce que le Seigneur nous confie, nous lui avons consacré tout ce que nous possédions. Je ne crains pas de me placer à côté du chrétien qui, en 1842, a essayé d'amasser des richesses pour lui-même et a persévéré dans cette voie, et de lui demander s'il est plus heureux que moi, et s'il a de plus brillantes espérances que les miennes pour l'éternité. Oh ! si les chrétiens voulaient s'attacher à la Parole de Dieu et conformer leur vie à ce qu'elle enseigne !...

En 1845, j'ai reçu 10 833 francs... Cette année nous avons eu la grande joie de pouvoir donner 5 500 francs. Non pas dans le but d'obtenir davantage, mais pour que Dieu soit glorifié, avec les moyens qu'il lui plaisait de mettre à notre disposition. « Tel répand son bien, qui l'augmente encore davantage et tel épargne outre mesure, pour n'aboutir qu'à la disette » (Proverbes 9.24). En 1852, j'ai reçu 11 137 francs. Que le lecteur veuille bien se souvenir que je n'avais pas de traitement, que je ne recevais rien pour les actes pastoraux.... que ni ma femme ni moi ne

Second mariage

touchions quoi que ce soit comme directeurs des orphelinats où cependant nous travaillions beaucoup tous les jours, et année après année. J'aurais pu en toute justice, attribuer à chacun de nous un salaire, car pour parler à la manière des hommes, nous le gagnions bien ! Mais pour plusieurs raisons nous avons préféré ne pas le faire, et dépendre uniquement du Père céleste qui est toujours si bon et si tendre envers ses enfants.

En 1858, j'ai reçu 25 737 francs 37 centimes. Le total est exact, même pour les centimes. Il y a des centimes dans les sommes qui me sont envoyées anonymement. Tu es peut-être surpris du chiffre de cette somme, cher lecteur ? C'est effectivement un chiffre élevé... mais tu as certainement découvert mon secret... Ce n'est pas à cause de mes mérites, ni parce que je demandais quoi que ce soit aux hommes directement ou indirectement en leur laissant entendre mes besoins... Je n'en parle qu'à Dieu. Et quand il lui plaît de me donner plus que le nécessaire pour ma famille et pour moi, je le consacre avec joie à son œuvre ou au service des pauvres ou aux membres de la famille qui peuvent en avoir besoin ; je me considère comme l'économe du Seigneur ; du moins j'essaie de l'être. Sur la somme ci-dessus, nous avons donné 19 900 francs. »

L'année suivante, G. Müller reçut encore davantage et après avoir donné des chiffres, il ajoute :

J'entends encore la chère femme que Dieu m'a reprise : lorsque je lui annonçais que j'avais pu attribuer 2 500 ou 5 000 francs au fonds de construction des orphelinats ou à celui de la Mission, elle me répondait alors avec son affectueux sourire : « Merci, mon ami. » Ou bien, si je la consultais, j'avais immédiatement la plus chaude des approbations ; non seulement cela, mais elle éprouvait une grande joie à la pensée que nous pouvions donner autant. Je me souviens aussi de lui avoir dit souvent, ainsi qu'à ma chère fille : Mes bien-aimées, s'il plaisait à Dieu de me reprendre avant vous, et que vous ayez besoin de quelque chose, allez à lui avec une simplicité enfantine ; demandez qu'il vous rende un peu de ce que j'ai donné aux pauvres et pour son œuvre. Certainement il ne vous fera pas défaut... »

En 1862... Dieu nous a fait la grâce de pouvoir donner 21 921 francs 25. Je dis que Dieu nous a fait cette grâce. Car n'imagine pas, cher lecteur, que l'argent me soit indifférent... Non, tu te tromperais fort. En cela comme en toutes choses j'ai besoin de faire monter vers Dieu la prière du psalmiste « Aide-moi, et je serai sauvé » (Ps 119.117). Si j'étais laissé à moi-même et malgré toutes les expériences faites, je me laisserais aller à aimer l'argent, l'entasser, à essayer d'augmenter ce qu'on me donne ; car je suis calculateur par nature, et mon tempérament naturel, c'est celui de l'homme d'affaires. Mais Dieu me fait la grâce de calculer pour l'éternité..., de calculer que le Seigneur Jésus s'est fait pauvre pour que je sois enrichi, de considérer qu'il a versé son sang pour me sauver ; il convient donc que je lui donne en retour ce qu'il lui a plu de me confier à titre d'économe. »

En 1870, l'année de la mort de Mme Müller, G. Müller reçut 51 687 francs 15... sur lesquels il donna 42 839 francs 45. Durant les années suivantes, Müller garda davantage par devers lui ; et il explique que cela ne provenait pas d'une augmentation de dépenses personnelles, ou de ce qu'il s'était décidé à placer de l'argent... Non ! mais il n'avait pas eu l'occasion de tout dépenser utilement. Par contre, en 1874, il fut amené à donner durant les cinq premiers mois douze mille cinq cents francs de plus que ce qu'il avait reçu.

À cette époque, les dons pour l'œuvre restant constamment en-dessous des dépenses, G. Müller considéra la situation en face. C'était 2 100 bouches qu'il fallait nourrir chaque jour, sans compter tous les frais de vêtements, d'entretien, les soins médicaux, etc. De plus, il aidait 189 missionnaires, soutenait 100 écoles, ayant ensemble quelque 9 000 élèves ; il fournissait des millions de traités et des milliers d'exemplaires de l'Écriture. Enfin, à côté des dépenses courantes, il y avait les dépenses imprévues avec lesquelles il fallait aussi compter. Allait-il se trouver devant une caisse vide ? Voici ce qu'il écrivit à ce propos :

Second mariage

« Dieu notre trésorier, notre trésorier infiniment riche nous reste. C'est cette pensée qui me donne la paix... Lorsque j'ai vu se dresser devant moi la possibilité d'une caisse vide, je me suis dit presque invariablement : Puisque Dieu s'est servi de moi pour fonder cette œuvre, et qu'il m'a conduit à l'agrandir, puisqu'il a subvenu jusqu'ici, c'est-à-dire durant quarante ans, à tous ses besoins, il donnera encore le nécessaire. J'ai mis ma confiance en lui ; il ne permettra pas que je sois confus. »

> ce que je veux, c'est de ne jamais me considérer comme le propriétaire de ce que j'ai, peu ou beaucoup...

C'est à propos des sommes gardées pendant les années d'abondance, surplus qui lui permit de traverser les mois de disette, que G. Müller écrivit les lignes suivantes :

« Ce serait une erreur de croire que je me hâte de dépenser ce que je reçois, comme si c'était un crime que de posséder quelques billets de banque. Non ! Mais ce que je veux, c'est de ne jamais me considérer comme le propriétaire de ce que j'ai, peu ou beaucoup ; et d'avoir présent à l'esprit que cela appartient à Dieu et non à moi... J'ai donc pu donner du 1er janvier au 26 mai 1874 beaucoup plus que je ne recevais, et subvenir aux dépenses de l'œuvre que les dons ne couvraient plus. »

Bien des lecteurs diront j'en suis sûr : Qu'il fait bon pouvoir donner ainsi ! Qu'il est agréable de pouvoir répandre si largement. Que j'aimerais pouvoir faire de même ! » Effectivement ! C'est là une expérience bénie. Ne voulez-vous pas la faire aussi ? Donnez, à mesure que Dieu vous bénit, et qu'il vous accorde l'aisance. Ne donnez que peu si vous n'avez pas assez de foi pour donner beaucoup : mais ce que vous faites, faites-le de tout votre cœur, avec fidélité, avec persévérance. Ne faites pas un essai de quelques semaines seulement..., continuez quelles que soient vos circonstances..., et vous aurez toujours plus de joie à donner.

Encore un mot. Comme économes du Seigneur, il ne convient pas que nous dépensions largement pour nous mêmes. Je me suis toujours accordé le nécessaire, et même ce qui rend la vie confortable, facile, surtout depuis que j'avance en âge ; mais je me suis toujours gardé du luxe...

Et maintenant, au soir de ma vie, pensez-vous que je regrette les six cent soixante-quinze mille francs, que j'ai donnés jusqu'ici ? Certainement pas ! Et je bénis Dieu de l'honneur qu'il m'a conféré en me permettant de les donner. »

CHAPITRE
16

Un crépuscule transformé en aurore

« Au soir de ma vie ! », disait G. Müller qui venait de jeter un regard sur la gérance des années écoulées ; de récapituler les sommes qu'il avait plu au Seigneur de lui donner, et l'usage qu'il en avait fait. Il était loin de se douter alors, que Dieu allait lui demander encore plus de vingt ans de service actif en dehors de Bristol ; un service missionnaire par plus d'un côté, et celui qu'il avait ambitionné autrefois. Cinq fois pendant les huit années qui suivirent sa conversion, G. Müller avait essayé de partir en mission ; à cinq reprises, Dieu avait permis que la route soit barrée. Maintenant, l'instrument était prêt, Dieu l'avait enrichi de toutes les expériences faites à son service, et il allait l'envoyer. Voici comment G. Müller a été conduit à cette nouvelle sphère d'activité : Mme Müller était tombé malade ; si malade qu'on craignait pour sa vie. Quand elle s'est mieux portée et comme un changement d'air s'imposait, tous deux sont partis pour l'île de Wight où G. Müller a prêché pour un cher frère en Christ. Celui-ci, bien qu'ayant une grande expérience de la prédication, a été très frappé en entendant son ami ; et il lui a dit que le jour qu'il avait entendu son premier sermon était le plus heureux de sa vie. Bien qu'il ait déjà entendu des appréciations de ce genre, cette remarque a tout particulièrement pénétré dans la pensée de M. Müller, lui faisant entrevoir la possibilité d'un ministère de la prédication au delà des limites de Bristol. Tout aussitôt, il s'est mis à rechercher les directions du Seigneur à ce sujet. Il pria longuement, comme il faisait pour toutes choses, redoutant de prendre une décision qui ne soit pas selon Dieu. Et durant cette période d'attente, il lui apparut que c'était bien le Seigneur qui l'appelait à ce nouvel apostolat.

L'œuvre d'Ashley Down était alors universellement connue, et vraiment, il avait un message pour l'Église universelle : son long ministère, le volumineux courrier qu'il recevait, les confessions qu'il y trouvait parfois, les nombreux visiteurs qu'attiraient les orphelinats et leur fondateur (surtout celui-ci), tout cela et sa propre expérience des années qui avaient précédé et suivi sa conversion lui faisaient comprendre : 1° les points faibles de la prédication en général, 2° l'insuffisance du christianisme pratiqué par la plupart des chrétiens, leur manque d'obéissance sur bien des points de l'enseignement du Christ, leur anémie spirituelle. Et sous le regard de Dieu, il décida : 1° Qu'il prêcherait l'Évangile dans sa simplicité, et montrerait que le salut n'est pas basé sur nos sentiments ou notre foi, mais sur l'œuvre accomplie par Christ. 2° Qu'il essaierait d'amener les chrétiens à prendre conscience de ce que le salut leur confère. (Tant de croyants et même tant de pasteurs ignorent la paix et la joie que donne le Seigneur ; ils ne peuvent donc les communiquer aux autres.) 3° Qu'il s'emploierait à conduire ses auditeurs à la Bible pour y découvrir les trésors qu'elle renferme, pour les incliner à apprécier toutes choses d'après ce critère divin, pour leur conseiller la méditation quotidienne des Écritures ; et de traduire en obéissance immédiate l'enseignement donné. 4° Il plaiderait la cause de l'amour fraternel parmi les croyants, encourageant tous ceux qui aiment le même Maître et se confient dans le même Sauveur, à s'élever au-dessus des barrières, lesquelles barrières empêchent la communion fraternelle. 5° Il travaillerait à fortifier et à développer la foi des chrétiens, en les encourageant à une confiance plus simple, plus enfantine, plus vraie, plus inébranlable en Dieu, lequel répond invariablement à la prière faite avec foi, lorsque celle-ci s'appuie sur les promesses formelles, précises, énoncées dans sa Parole. 6° Il montrerait que le chrétien doit se séparer du monde, mourir au monde ; mais il mettrait aussi en garde contre les exagérations du fanatisme religieux. 7° Enfin il dirigerait les regards de ses auditeurs vers l'espérance bénie du retour du Seigneur Jésus. Il leur rappellerait en même temps le véritable caractère de la dispensation actuelle, pendant laquelle Dieu rassemble du milieu des nations l'Église militante, qui est l'Épouse mystique du Christ. Ainsi, il rappellerait aux chrétiens quelle est la position de l'Église, par rapport au monde.

De lieu en lieu

Voici un résumé succinct des voyages missionnaires de G. Müller ; ce qu'il nommait ses « Preaching Tours ».

Le 26 mars 1875, il quitta Bristol accompagné de Mme Müller pour dire à l'Église et au monde les expériences qu'il avait faites de la grâce et de la fidélité de Dieu. Le premier voyage se fit en Angleterre : Brighton, Sunderland, Londres (au tabernacle de Spurgeon, et ailleurs), New-Castle on Tyne. Les auditoires dépassaient souvent mille personnes, et atteignirent à trois reprises jusqu'à trois mille personnes.

Le deuxième voyage débuta le 14 août 1875 pour se continuer jusqu'au 5 juillet 1876. Moody et Sanky qui, à ce moment, tenaient des réunions d'évangélisation, ne faisaient que passer d'un lieu à un autre. À leur suite, G. Müller allait dans les endroits visités pour y réunir les nouveaux convertis et les fortifier dans la grâce et dans la connaissance. C'est ainsi qu'il parcourut l'Angleterre, l'Écosse et l'Irlande.

George Müller

De grandes assemblées vinrent l'entendre à Londres, à Glasgow, à Dublin, Leamington, Warwick, Kenilworth, Coventry, Rugby, Liverpool. La première fois qu'il prêcha dans cette dernière ville, au Victoria Hall, il se trouvait dans l'auditoire un capitaine de la marine marchande, un ancien orphelin recueilli par M. Müller, lequel se convertit. Puis G. Müller se rendit à Kendal, Carlisle, Edimbourg, Arbroath, Ballater, Crathie, Braemar, Inverness, Wick, Canisbury, Reading-en-Berckshire, et rentra à Bristol. Le troisième voyage dura presque un an : du 16 août 1876 au 25 juin 1877. Il nous intéresse plus particulièrement parce que cette fois G. Müller dirigeait ses pas vers l'Europe. Il visita la France, la Suisse, l'Allemagne et la Hollande. « Après quelques semaines de travail à Ashley Down et l'expédition des affaires des diverses branches de l'Institut biblique, écrit Mme Müller, après avoir prêché régulièrement dans les trois chapelles de Bristol dont il est l'un des pasteurs, M. Müller entreprit son troisième voyage, se sentant appelé par le Seigneur à travailler au service de l'Évangile en Suisse et en Allemagne. » Il resta une dizaine de jours à Paris où il prêcha cinq fois en anglais à la chapelle de la rue Royale[1].

M. et Mme Müller visitèrent Versailles et Charenton et en profitèrent pour distribuer des évangiles. Le 28, départ pour Dijon où ils passèrent la nuit ; le lendemain en route pour Neuchâtel et Berne où ils arrivèrent le 31. Le 1er septembre, G. Müller parla en allemand à l'Église Libre. Il y avait trente et un ans qu'il n'avait pas prêché en cette langue. L'assistance était telle qu'il faut tenir le second service à l'Église française dont le local est plus vaste. Le 3 septembre, il s'adressa à un auditoire de quinze cents personnes à peu près, au Festhütte. Il visita l'orphelinat du Dr Blösch et prêcha tous les soirs jusqu'au dimanche 10 septembre. À trois heures, il prêcha encore au Festhütte devant un auditoire estimé à deux mille personnes. Après quelques jours de détente à Lucerne et alentour, il continua

---

1. Les détails qui suivent sont empruntés au livre rédigé par Mme Müller : *Preaching Tours and Missionary Labours of George Müller*.

sa tournée de prédications à Zurich et environs, à Saint-Gall, à Constance, Schaffhouse, Winterthur, Bâle. Puis il partit pour l'Allemagne et la Hollande... Nous trouvons dans le journal de M. Müller, après le troisième voyage, ce court résumé :

« J'ai prêché trois cent deux fois en soixante-huit endroits différents... Partout, j'avais été invité ; car mes travaux et mes écrits sont connus sur le Continent aussi bien qu'en Angleterre. Partout, la bénédiction de Dieu a accompagné mes pas de façon manifeste, ce qui m'encourage à persévérer dans ce ministère de la Parole, et à employer le soir de ma vie à aller de lieu en lieu, de pays en pays, aussi longtemps que le Seigneur m'en donnera les forces, et ouvrira le chemin devant moi.

Pendant notre absence, tout a fonctionné à Bristol comme si nous y étions restés. Lorsque mon avis est nécessaire, je le transmets par lettre, et chaque semaine M. Wright m'écrit une ou deux fois.

Je tiens à faire remarquer que mon service de prédication itinérant ne dépend pas de l'œuvre de Bristol. Je n'ai pas entrepris ces voyages pour collecter, non plus que pour faire connaître l'œuvre, mais uniquement pour communiquer aux chrétiens et surtout aux jeunes, mon expérience et ma connaissance des choses divines, et pour annoncer l'Évangile aux inconvertis. Je ne fais même pas allusion à notre Institut, à moins qu'on ne le demande.

> **Partout, la bénédiction de Dieu a accompagné mes pas... ce qui m'encourage à persévérer dans ce ministère de la Parole, et à employer le soir de ma vie à aller de lieu en lieu...**

Quatrième voyage : Le Canada et les États-Unis (18 août 1877 - 8 juillet 1878).

« À notre retour d'Europe, nous passons quelques semaines aux orphelinats, écrit Mme Müller. Tout y allait bien. Après avoir longuement prié, M. Müller décide de répondre cette fois à l'invitation collective qu'il a reçue d'Amérique ; c'est ainsi que le 8 août nous gagnons Liverpool pour nous embarquer pour le Canada ; car on nous a fortement recommandé la traversée la plus courte : Liverpool-Québec.

Le dimanche matin 19 août, M. Müller prêche à l'Albion Hall, le soir à Toxteth Tabernacle ; et trois fois encore en d'autres endroits durant notre court séjour à Liverpool. Le jeudi après-midi, le 23, nous montons à bord du Sardinian (Allan Line) et quittons le port à dix-neuf heures le même soir. Le lendemain matin, nous faisons escale à Moville (côté Nord de l'Irlande) pour prendre le courrier, et nous continuons notre route vers l'Atlantique. La cabine de pont que nous occupons est assez confortable, et bien que la mer soit démontée, le voyage est assez bon. Le 30 au soir, M. Müller fait un service pour les matelots et les passagers de l'entrepont, puis un second pour les autres passagers. Le 31, nous entrons dans le golfe du Saint-Laurent alors que la mer est démontée... Le soir, M. Müller parle dans l'un des salons. Toute la journée du 1er septembre, nous remontons le Saint-Laurent...

Sur le soir, nous accostons à Point-Louis, au sud de Québec. Une voiture nous conduit à l'hôtel Saint-Louis situé au haut d'une colline à pente rapide. Un volumineux courrier nous y attend : lettres de bienvenue sur la terre américaine, et de multiples invitations à prêcher. Le dimanche soir 2 septembre, M. Müller prêche pour la première fois en terre canadienne à l'Église baptiste, puis à deux reprises dans un Hall de la ville. On voudrait le garder au Canada mais comme la lettre qui l'avait décidé à se mettre en route provenait des pasteurs des États-Unis, il nous semble que nous devons nous rendre d'abord en ce pays, et plus particulièrement à Brooklyn où habite M. Thwing... »

Nous avons tenu à citer ces lignes du livre de Mme Müller ; elles montrent mieux que des commentaires l'activité inlassable de ce vieillard qui, de santé délicate, saisissait sans jamais se lasser toutes les occasions d'annoncer Christ, en tout temps. Revenons au journal de G. Müller :

Un crépuscule transformé en aurore

... En fondant l'Institut et plus particulièrement l'œuvre pour les orphelins, j'espérais surtout que, par ce moyen Dieu daignerait montrer à l'Église l'importance et la valeur de la prière, de sorte que la foi des chrétiens en serait fortifiée, et que le monde verrait la réalité des choses d'ordre divin et spirituel. Les résultats ont dépassé et de beaucoup toutes mes espérances ; que Dieu en soit loué ! Par correspondance, par des entrevues personnelles, j'avais déjà appris que pour des milliers de personnes, l'œuvre de Bristol avait été et était toujours en bénédiction. Et cependant tout cela n'est rien à côté de ce que j'ai vu et appris au cours de mes tournées missionnaires dans les Îles britanniques, en Suisse, en Allemagne, en Hollande, au Canada et aux États-Unis. Dans tous les endroits où j'ai prêché, généralement en des villes importantes, j'ai rencontré un grand nombre de personnes qui se sont converties, ou dont la foi a été fortifiée, ou qui ont remis plus complètement toutes leurs affaires entre les mains du Seigneur par la prière et la foi, après avoir lu l'un des rapports de l'œuvre ou le « Récit des dispensations de Dieu envers George Müller ». De sorte que partout, je suis reçu comme un ami qu'on connaît et qu'on aime depuis vingt, trente ans ou plus, en quelque endroit que je porte mes pas. En grand nombre, des chrétiens voulaient me voir ou me parler, ou écouter mes prédications ; des centaines de milliers vinrent ainsi me trouver dans tous les pays où je me trouvais, pour se fortifier de manière ou d'autre.

Durant l'année écoulée, j'ai travaillé en Amérique pour répondre à de multiples invitations, lesquelles se faisaient de plus en plus pressantes. C'est après avoir examiné la question devant Dieu que je me suis décidé à ce voyage. J'ai prêché au Québec et dans toutes les villes principales des États-Unis... À plusieurs reprises, et sur demande spéciale, je me suis adressé à un auditoire exclusivement composé de pasteurs. Ils étaient généralement de cent à deux cents, mais aussi trois cents, et une fois cinq cents. Je parlais généralement une heure et plus ; puis ils me posaient des questions sur les points qui les intéressaient davantage. Je compte ces réunions spéciales, parmi les plus importantes de cette tournée.

J'ai aussi eu l'occasion de parler dans les universités, les collèges, les séminaires, et devant des assemblées de cinq cents à deux mille cinq cents ouvriers chrétiens.

J'ai prêché deux cent quatre-vingt-dix-neuf fois en anglais, et aussi en allemand parmi ceux de ma nation, devant des congrégations de blancs et de noirs et dans les églises de toutes les dénominations ; car j'aime tous ceux qui aiment le Seigneur Jésus-Christ, et j'essaie toujours d'unir les enfants de Dieu. J'ai prêché parmi les épiscopaux, les presbytériens, les congrégationalistes, les méthodistes épiscopaux, les luthériens et les baptistes. Partout les portes s'ouvraient, et j'y entrais avec joie, puisqu'on ne me demandait rien que je ne puisse faire en toute bonne conscience.

Tout a bien fonctionné à Bristol pendant mon absence.

Certains journaux ont publié que j'avais reçu de très fortes sommes en Amérique pour l'œuvre de Bristol ; ce qui est faux. Tout ce qui m'a été donné dans ce but, soit un peu moins de quinze cents francs, n'est pas suffisant pour couvrir la moitié des dépenses d'un seul jour. »

Lorsque Dieu avait repris la compagne de M. Müller, celui-ci avait été soutenu par sa foi, par l'assurance parfaite que « toutes choses concourent ensemble au bien de ceux qui aiment le Seigneur ». Mais, pour lui, l'épreuve restait mystérieuse...

« Huit ans après, dit-il, la lumière s'est faite. Tout à coup, mes yeux se sont ouverts, et j'ai compris qu'elle n'aurait jamais pu supporter les grandes fatigues de ces longs voyages, car elle avait soixante-treize ans lorsque Dieu la reprit. »

Et F. G. Warne ajoute : « D'autre part, il ne pouvait être question pour M. Müller de voyager seul à cause de son grand âge ; et Dieu, voulant lui demander ce service missionnaire durant ses dernières années, lui donna avec la seconde Mme Müller l'aide qui lui était indispensable. »

Cinquième voyage en Suisse, en France, en Espagne et en Italie (5 sept. 1878 – 18 juin 1879).

Durant cette tournée de prédications, je parle en anglais et en allemand, mais aussi en français après m'être remis quelque temps à l'étude de cette langue. En Espagne et en Italie, je me sers de l'une ou l'autre de ces trois langues qu'on traduit en espagnol ou en italien si la chose est nécessaire. Il plait à Dieu de faire reposer sur ce voyage de prédications de très grandes bénédictions. Après avoir prêché trois fois à Paris, je gagne Berne en passant par Neuchâtel. Nous recevons en Suisse le plus chaleureux des accueils[2]. À Yverdon, je vois la veuve d'un cher frère que Dieu a rappelé à lui depuis bien des années. J'avais fait sa connaissance dès les débuts de mon ministère à Teignmouth en 1830 ; et c'est seulement en 1878, quarante-huit ans après, que sa veuve m'apprend que j'ai été l'instrument de sa conversion...

---

2. Mme Müller consacre cinquante-deux pages de son livre à cette cinquième tournée ; elle donne le détail des localités visitées, le nombre de fois que M. Müller a parlé, et parfois aussi elle indique le sujet de la prédication. Ainsi pour le sermon d'adieu prêché à l'Église française de Berne devant un immense auditoire, elle ajoute : À cette occasion, M. Müller prêche avec beaucoup de puissance sur la seconde venue du Seigneur. À la fin du service, avant la bénédiction, le colonel von Büren s'est levé pour remercier le prédicateur au nom des chrétiens de Berne.

Puis après avoir énuméré toute une série de prédications données ici et là, à Berne et les environs, elle continue ainsi : « Le lecteur de ces lignes pensera peut-être : « Comment M. Müller peut-il remplir un tel emploi du temps, avoir de constants entretiens avec des étrangers, et cependant se nourrir lui-même spirituellement ? Quand prend-il le temps de fortifier « l'homme intérieur ?... », car ceux qui annoncent Christ ont plus que d'autres besoin de la grâce et de la sagesse divines. » Par la bonté de Dieu M. Müller s'est toujours adonné à la méditation de la Bible et à la prière. Qu'il voyage ou se repose, un jour ne se passe pas sans qu'il étudie avec prière la Parole de Dieu ; et il donne à cette méditation tout le temps possible. Il est l'homme d'un seul livre : la Bible. Il s'attend habituellement à Dieu, et Dieu lui renouvelle jour après jour la vigueur et la force spirituelles. Toutefois je saisis cette occasion pour le recommander instamment aux prières des enfants de Dieu. » (*Preaching Tours*, p. 88, 89).

D'Yverdon, je gagne Genève où je prêche douze fois ; puis Lyon, Marseille, Nîmes, Montpellier et l'Espagne. »

Par Mme Müller, nous avons beaucoup plus de détails : nous savons que G. Müller fît une série de prédications à Neuchâtel où il resta du 30 septembre au 11 octobre, puis à Lausanne où il demeura jusqu'au 25 octobre. Le service d'adieu eut lieu au temple allemand. À cette occasion, le pasteur Wagner le remercia au nom de l'Alliance évangélique. Avant de quitter Lausanne le 23, M. et Mme Müller firent un pèlerinage au cimetière de la Sallaz jusqu'à la tombe de Manuel Matamoros, ce chrétien espagnol bien connu qui fut si longtemps emprisonné en son propre pays à cause de sa foi en Christ. Peu après sa libération, il mourut à Lausanne des suites des mauvais traitements subis en prison. Il n'avait que trente-deux ans. Sur la pierre tombale, on pouvait distinctement lire : *Manuel Matamoros de Malaga*, 8 octobre 1834 - 1866. Puis ces textes en langue espagnole : Romains 8.18, et 5.2, Philippiens 2.30.

« L'endroit du cimetière où se trouve cette tombe est très beau, ajoute Mme Müller ; bien que l'automne soit avancé, il est encore couvert de roses et d'autres fleurs en plein épanouissement. »

À Genève, l'Alliance évangélique organisa toute une série de prédications dans de nombreux lieux de culte ; M. et Mme Müller y séjournèrent du 9 novembre au 21. Ils visitèrent les maisons de Calvin... Le 20, le service d'adieu eut lieu à l'oratoire de l'Église libre.

À Lyon, G. Müller prêcha en anglais à la Chapelle Évangélique de la rue Lanterne, le vendredi 22 novembre, il fut traduit par M. Monod. « Beaucoup viennent l'entendre ; la présence et la puissance du Saint-Esprit se font particulièrement sentir, écrit Mme Müller, cela a été une excellente réunion. » Puis elle mentionnait que les protestants lyonnais eurent les plus grandes difficultés à obtenir un lieu de culte à cause de la furieuse opposition des « Romish priests ». En 1851, Lyon n'avait pas de temple. Grâce à l'influence de l'ambassadeur anglais, les protestants allemands obtinrent un lieu de réunion, mais à condition que la prédication se ferait uniquement en allemand. Après plusieurs autres services, à la Chapelle évangélique et à l'Église allemande, les voyageurs se dirigèrent sur Marseille où le 27 G. Müller prêcha au Temple évangélique devant une nombreuse assistance, et en plusieurs autres endroits, en français et en allemand. À Nîmes, il prêcha à l'Église méthodiste et à l'Église libre, et il alla jusqu'aux carrières de Lecques où l'Église nîmoise persécutée se réunissait pour adorer au temps de Louis XIV. À Montpellier, il prêcha trois fois à l'Église réformée indépendante, assista à une réunion de prière où il prit la parole... « Devant l'hôtel où nous logeons, écrit Mme Müller, s'étend un terrain qu'on a récemment transformé en jardin public. C'est sur cet emplacement qu'en 1721, des pasteurs furent pendus à cause de leur foi ; c'est ici que d'autres serviteurs du Christ subirent le supplice de la roue. La personne qui nous donne ces détails, un descendant des huguenots, ajoute : «Nous avons été persécutés plus qu'aucune autre race sous les cieux». Le 12 décembre, à 7 heures, nous quittons Montpellier à destination de l'Espagne... »

« Je désirais beaucoup voir de mes propres yeux les écoles qui sont entièrement soutenues depuis de nombreuses années par notre Institut de Bristol, écrit M. Müller ; et je voulais prendre contact avec l'œuvre missionnaire à laquelle nous avons envoyé tant de milliers de livres sterling durant les dix ans écoulés. Nous avons fait un séjour de quinze jours à Barcelone, j'y ai parlé vingt-trois fois. C'est dans cette ville que nous avons eu la joie de rencontrer bien des frères qui sont au service de l'Évangile en terre d'Espagne. J'ai visité nos dix écoles de semaine dont M. Payne est le directeur. Elles sont fréquentées par sept cent cinquante-six élèves, presque tous catholiques. Les parents les laissent chez nous malgré les menaces des prêtres, parce qu'ils apprécient beaucoup l'enseignement qui y est donné. »

« Le dimanche matin 15 décembre, nous assistons à un service célébré dans une salle d'école, à Calle San Gabriel, Garcia : d'abord un frère aveugle prie, puis un autre frère lit plusieurs portions des Écritures. Ensuite M. Müller parle pendant près d'une demi-heure, traduit en espagnol par M. Payne. Suivent la célébration de la sainte Cène, le chant d'un cantique et la prière finale. Nous donnons alors de nombreuses poignées de mains à nos frères et sœurs espagnols ; et l'aveugle qui a commencé le service, lève un doigt vers le ciel et nous dit en espagnol : « Là-haut nous parlerons tous le même langage. »

Le 19, nous accompagnons M. Payne à Barcelonetta pour y visiter les écoles. C'est un quartier pauvre de la ville. M. Müller s'adresse aux écoliers de l'une des classes, et voici ce qu'il leur dit :
« Mes chers enfants, je vous aime tous beaucoup, et je prie pour vous tous les jours. Je désire ardemment vous rencontrer tous au ciel, un jour. Mais pour que vous puissiez y aller, en tant que pécheurs misérables et coupables et perdus, vous devez placer toute votre confiance en Jésus-Christ qui a pris sur lui notre châtiment. Car c'est uniquement son sang qui peut nous purifier du péché. » Puis il leur parle des orphelins d'Ashley Down... » (Mme Müller.)

Revenons au journal de G. Müller :
De Barcelone, nous sommes allés à Saragosse[3] puis à Madrid, où j'ai parlé quinze fois... Je ne peux que me réjouir

---

3. À Saragosse, il prêcha à deux reprises à l'église de M. Gullich ; ce monsieur voulut bien traduire. C'est après avoir visité la cathédrale Nuestra Senora del Pilar où elle a été le témoin de nombreux actes de superstition grossière que Mme Müller écrit ces lignes : « Pour connaître le catholicisme tel qu'il est en réalité, il faut l'avoir vu dans l'Espagne catholique. Dans nos pays protestants, il se dégage de ces plus grossières superstitions... Qu'elle est donc grande la responsabilité de ceux qui connaissent l'Évangile ! »

Un crépuscule transformé en aurore

en constatant que tant d'enfants à Barcelone et à Madrid se trouvent par nos écoles en contact avec l'Évangile, et en pensant que par eux, les parents aussi connaissent plus ou moins la Parole de Dieu, puisque les enfants apprennent à la maison des passages de la Bible, et chantent dans leur langue nos beaux cantiques.

Au retour, M. Müller prêche à Bayonne, à Biarritz, Pau, Bordeaux, la Force, puis à Cannes, à Nice, à Menton. À la Force, il tient une réunion à « la Famille » et le lendemain prêche au Temple devant un nombreux auditoire - plus de quatre cents personnes, écrit Mme Müller.

M. Bost a dit à mon mari qu'il était admirable, et ne voulait pas entendre parler d'un interprète ; de sorte que M. Müller a parlé en français pendant une heure et quart. »
À Menton, comme la salle de l'Église libre était bondée, on a du laisser fenêtres et portes ouvertes. Bien des personnes écoutaient dehors, assis sur des chaises au balcon ; parmi ces dernières se trouvait M. Spurgeon, que nous avons eu le plaisir de voir de temps à autre. Nous avons aussi fait quelques promenades en voiture avec lui. Un après-midi que nous étions sur la route de Turin qui passe à Castiglione, alors que lentement notre équipage montait la colline par un chemin en lacets, M. Spurgeon, admirant le magnifique panorama qui s'étendait sous nos yeux, dit :
« Quand je me trouve au milieu de semblables merveilles, j'ai l'impression que de la tête aux pieds tout mon être transporté va éclater en un cantique d'adoration et de louanges... »

« De Menton, nous avons gagné l'Italie. J'ai prêché à Bordighera, à San Rémo, à Gênes, à Pise, à Florence, à Rome ; dans cette dernière ville, vingt fois, en plusieurs langues, dont l'italien. Où que les regards se portent ici, vous voyez les signes de l'idolâtrie, non plus l'idolâtrie de la Rome païenne, mais celle de la ville des papes[4]. Je considère donc comme

---

4. Nous avons vu la Scala Santa, écrit Mme Müller, un long escalier de vingt-

un grand honneur d'avoir pu rendre témoignage au Christ, également dans cette ville. À Naples aussi j'ai prêché vingt fois dans les principaux lieux de culte. Là comme partout ailleurs, j'ai eu la joie d'entrer en relations avec bien des chrétiens, et de prêcher dans toutes les églises des diverses dénominations, c'est-à dire dans celles qui reconnaissent Christ comme Chef, et sont fidèles aux vérités fondamentales de notre très sainte foi. J'ai encore prêché à Bologne, à Venise, à Brescia, à Côme, Milan, Turin, enfin dans les vallées vaudoises du Piémont. De là, nous avons regagné Paris et Bristol. »

Le sixième et le septième voyage eurent pour but l'Amérique et le Canada. Partis en août 1879, M. et Mme Müller s'aperçurent au retour du premier voyage qu'il restait cent cinquante-quatre invitations écrites, auxquelles ils n'avaient pu répondre. Aussi, après deux mois de séjour à Bristol, ils traversèrent à nouveau l'Atlantique pour ne revenir qu'en mai 1881 en Angleterre. G. Müller nota qu'en Amérique il recherchait toutes les occasions de prêcher en allemand devant ses compatriotes et les Suisses allemands, qui étaient nombreux en ces pays... À New York seulement : trente mille personnes.

Si je note ce qui précède, c'est pour que mes frères bien-aimés ne permettent pas à la crainte de la souffrance ou de l'épreuve de les détourner d'un service que Dieu demande.

Il remarqua à l'occasion de la cinquième traversée de l'Atlantique, en septembre 1880, « qu'il n'a pas souffert du mal de mer ni de la moindre indisposition, et il en donne gloire à Dieu ».

---

huit marches de marbre ; onze pèlerins y montaient en se traînant à genoux (pour gagner des indulgences). C'est là qu'un jour Luther, montant de la même manière, entendit ces paroles dites comme par une voix du ciel : « Le juste vivra par la foi. » (Ro 1.17)

Un crépuscule transformé en aurore

« Lorsque pour la première fois, la question du voyage en Amérique s'était sérieusement posée pour moi, j'avais placé devant Dieu l'appel reçu et je lui avais dit que j'étais prêt à partir, malgré mon antipathie naturelle pour ce voyage : vingt-cinq fois déjà j'avais été sur mer pour son service, et j'avais été fort malade. Cependant j'étais prêt, s'il le voulait, à souffrir du mal de mer ou de toute autre indisposition, et même à risquer ma vie pour cette traversée. Et quels furent les résultats ? Non seulement j'ai fait ces six longs voyages sur mer, sans souffrir le moins du monde, mais j'ai pu soigner ma chère femme, toujours très malade durant les premiers jours de la traversée ; j'ai annoncé à bord la Parole de Dieu et servi le Seigneur de plusieurs autres manières. Si je note ce qui précède, c'est pour que mes frères bien-aimés ne permettent pas à la crainte de la souffrance ou de l'épreuve de les détourner d'un service que Dieu demande. Durant cette dernière traversée, j'ai pu prêcher à bord huit fois. »

C'est pendant ces voyages de prédications en Amérique que le Dr Pierson, l'auteur du livre *G. Müller de Bristol*, rencontra M. Müller et qu'il l'invita à venir prêcher à Détroit, la ville qu'il habitait. Tous deux se virent souvent et eurent l'occasion de nombreuses conversations. Le Dr Pierson soumit à M. Müller bien des questions dont les solutions ne le satisfaisaient point, ou encore il lui dit les conclusions auxquelles il était arrivé sur certains points controversées. Ainsi il s'élevait contre ce qu'on nomme le retour pré-millénaire[5] du Seigneur Jésus. M. Müller lui répondit à ce sujet :

« Mon bien cher frère, j'ai déjà entendu tous les arguments et toutes les objections contre le retour prémillénaire ; ils n'ont qu'un seul défaut, mais capital : pas un seul n'est basé sur la Parole de Dieu. Dans les choses divines vous n'arriverez jamais à comprendre la vérité, si vous ne mettez pas de côté vos préjugés, et ne cherchez pas, avec la simplicité d'un enfant, quel est le témoignage des Écritures. »

---
5. Avant le Millénium.

Et avec patience, avec sagesse, il démêla l'écheveau embrouillé de mes difficultés. (A.T. Pierson).

Au moment des adieux, comme le Docteur Pierson lui exposait sa façon de voir sur le culte moderne qui avait perdu la simplicité des temps apostoliques, sur la coutume néfaste de la location des places, et celle non moins funeste du traitement des pasteurs ; sur le devoir de ne nommer aux charges de l'Église que des hommes remplis du Saint-Esprit, et l'obligation pour les chrétiens de penser aux masses, devoir qu'ils négligent souvent honteusement, M. Müller répondit :

« Mon bien-aimé frère, le Seigneur vous a donné beaucoup de lumière sur tous ces sujets, et il vous en demandera compte. Si vous lui obéissez et si vous marchez dans la lumière, il vous donnera plus de lumière ; sinon ce que vous possédez déjà vous sera ôté. »

Ces quelques mots prononcés, il y a plus de vingt ans, ont eu une influence quotidienne sur ma vie, dit le Dr Pierson ; et ceci prouve la puissance des lèvres que le Seigneur a touchées, du langage qu'il a sanctifié. Plus tard, lorsque, au milieu de subtiles tentations, j'ai été sollicité de suivre les traditions des hommes plutôt que la Parole de Dieu, les paroles du vénéré M. Müller sont revenues à ma pensée avec une force toujours nouvelle... Nous risquons de perdre nos privilèges en n'en faisant pas usage, et d'émousser nos convictions en n'y conformant pas nos vies. « Emploie ou perds » : telle est la règle divine : « On donnera à celui qui a, mais à celui qui n'a pas, on ôtera même ce qu'il semble avoir » (Luc 19.26).

L'hiver 1880-1881 fut extrêmement froid à New-York. Il y avait une trentaine d'années qu'on n'avait pas eu d'hiver aussi rigoureux. Les courses de douze à quinze kilomètres que M. Müller faisait chaque soir à Brooklyn ou ailleurs étaient extrêmement fatigantes... « Poussé par l'amour de Christ, il n'en persévéra pas moins dans une activité que, généralement, on trouve épuisante à son âge. Il sentit le froid, mais Dieu ne permit pas qu'il en souffre. »

Le huitième voyage, commencé le 23 août 1881, dura jusqu'au 30 mai 1882. M. Müller visita l'Allemagne, l'Égypte, la Palestine, la Syrie, l'Asie-Mineure, la Turquie et la Grèce. Lorsque ni l'anglais, ni le français, ni l'allemand n'étaient compris il se servait d'un interprète arabe ou turc. Il s'adressa aux pèlerins russes qui vont en Terre sainte, aux étudiants, aux Juifs ; il prêcha dans les Églises missionnaires, dans les prisons ; il annonça Christ en tout temps. L'année 1882 fut une année difficile pour l'Institut de Bristol. Des amis de l'œuvre insistèrent auprès de M. Müller pour qu'il reste à Ashley Down ; c'étaient ses absences, pensaient-ils, qui étaient la cause de la baisse des dons. M. Müller écoutait les conseils mais se réservait de chercher auprès de Dieu la direction suprême. Il avait constaté qu'avec M. Wright et ses nombreux collaborateurs, toutes les branches de l'œuvre n'avaient cessé de se développer harmonieusement et de porter des fruits. D'autre part Dieu mettait de façon manifeste sa bénédiction sur ses travaux missionnaires à travers le monde. Enfin, Müller avait la conviction toujours plus grande qu'il accomplissait bien l'œuvre que le Seigneur demandait des dernières années de sa vie. D'ailleurs, même absent, il restait en contact avec l'Institut de Bristol ; et ses prières, de quelque endroit qu'elles montent vers Dieu, avaient évidemment une valeur identique à celle des prières qu'il aurait pu formuler à Bristol. Mais pour lui, la considération suprême fut celle-ci : Accorder que sa présence à Bristol était nécessaire à la bonne marche de l'œuvre, c'était se mettre en opposition directe avec les principes qui avaient déterminé la fondation de celle-ci. La véritable confiance en Dieu ne se laisse pas ébranler par les circonstances ou les apparences. C'est pourquoi, malgré le conseil affectueux des amis de l'Institut qui étaient aussi des donateurs, G. Müller crut devoir se remettre en route pour faire la preuve, si besoin était, que la présence d'aucun homme n'était nécessaire à Dieu pour faire son œuvre. Il continua donc son activité missionnaire et fit encore neuf voyages pendant les dix années qui suivirent ; c'est-à-dire jusqu'en 1892.

Les derniers voyages missionnaires

En 1882, il visita l'Europe centrale : l'Allemagne[6], l'Autriche, la Hongrie, la Bohème, la Pologne, la Russie. En 1883, il se tourna vers les Indes et il écrivit à ce propos :

« Peu après ma conversion, en novembre 1825, j'avais essayé de partir comme missionnaire pour l'Inde..., et dans les huit années qui suivirent je m'étais encore offert à quatre reprises de façon très solennelle et avec prière, mais inutilement. Plus je priais, plus il devenait manifeste que Dieu voulait que je reste en Angleterre et que c'était là que je devais travailler pour lui. À soixante-dix-neuf ans, quelque cinquante ans après ma dernière offre de départ, je parlai à nouveau de l'Inde au Seigneur, et cette fois, il exauça ma requête. »

À bord du navire où il prit passage, dans les ports où l'on fit escale, puis dans les villes, partout, G. Müller évangélisait, prêchait, fortifiait les frères. Il fut très particulièrement ému de compassion à la vue des multitudes encore sans Christ, surtout à Bénarès, la ville sainte des Hindous, avec ses deux cent mille habitants, ses quinze cent cinquante temples, ses mosquées, ses puits sacrés et ses bains sur la rive gauche du Gange, ses centaines d'écoles, ses vingt-cinq mille pandits qui y enseignent, et ses millions de pèlerins. C'était un contact avec le paganisme. Le grand amour qu'il avait déjà pour les missions et les missionnaires s'en retrouva accru... Les années 1884 et 1885 furent consacrées au Pays de Galles, à l'Écosse et à l'Angleterre. En novembre 1885, M. Müller eut quatre-vingts ans ; il repartit

---

6. Il avait alors soixante-dix-huit ans. C'est pendant ce voyage qu'il parla à Kroppenstaedt, sa ville natale, où il donna deux conférences sur sa vie et ses travaux. De tous côtés on vint l'entendre, de sorte que le plus grand local de l'endroit fut absolument rempli.

Un crépuscule transformé en aurore

pour l'Australie, la Chine, le Japon, la Malaisie. Il désirait rencontrer les missionnaires aidés par l'Institut Biblique pour les encourager, les fortifier. Partout sur son passage il annonçait l'Évangile. En 1887 il se dirigea vers l'Australie du Sud, et visita ensuite la Tasmanie, la Nouvelle-Zélande, Ceylan et les Indes. À Calcutta, il tomba malade à cause de l'extrême chaleur.

« Je suis resté à Calcutta quinze semaines jusqu'à ce que le thermomètre marque 110°F à l'ombre. La chaleur est devenue torride et nous n'avons pu la supporter davantage. Nous avons donc dû gagner Darjeeling sur les pentes de l'Himalaya.

Durant la première partie du trajet en chemin de fer, M. Müller fut accablé par la chaleur de façon si excessive, et devint si malade, que Mme Müller pensa qu'il allait mourir.

D'autre part, durant certains de nos voyages, écrit G. Müller, nous avons aussi été exposés à des températures très rigoureuses : cinquante à cinquante-six degrés au-dessous de zéro. Il faut avoir passé par là pour comprendre quelles répercussions ces températures extrêmes peuvent avoir sur l'organisme, et quels malaises elles infligent. Sur mer, nous avons eu à essuyer bien des tempêtes, et même un typhon. En chemin de fer nous avons voyagé jusqu'à sept jours de suite (jour et nuit) sans interruption. Bien que de façon générale nous ayons toujours eu le confort nécessaire dans nos voyages, cependant il est arrivé que nous ayons dû nous accommoder de moyens de locomotion très inférieurs et très fatigants. À deux reprises, et bien que nous occupions les meilleures cabines d'un navire de première classe, nous avons eu beaucoup à souffrir d'insectes (G. Müller dit : « insectes » sans spécifier leur nature.) Aux États-Unis, dans la Nouvelle Galles du Sud, à Ceylan, aux Indes, nous avons été fort incommodés par les piqûres de moustiques ; enfin sur deux des navires de première classe où nous avons voyagé, les rats pullulaient, à ce point qu'ils couraient la nuit sur les passagers. Cependant jusqu'ici, le Seigneur nous a aidés, et nous croyons qu'il nous aidera jusqu'à la fin. Lorsque la mousson a commencé de souffler et que la chaleur torride a diminué, il est devenu possible de voyager sans danger humainement parlant. Nous avons donc quitté Darjeeling pour Simla, via Calcutta. C'est un long voyage de plus de deux mille kilomètres. En route, nous avons rencontré bien des difficultés et nous avons été éprouvés de bien des manières, mais le Seigneur ne nous a pas abandonnés ; au contraire, en bien des circonstances, nous étions comme portés par lui. »

Le Seigneur reprend sa fille

Les voyageurs s'arrêtèrent encore dans plusieurs autres villes : Dehli, Agra, Cawnpore, Allahabad, Jubbulpore. G. Müller prêcha devant les Européens, les Eurasiens, les Américains, les Indiens ; pour ceux-ci il se fit traduire...

C'est à Jubbulpore qu'un télégramme de M. Wright annonça à M. Müller la triste nouvelle de la mort de sa fille. Immédiatement, il s'occupa de retourner en Angleterre par le premier paquebot. Qui allait remplacer maintenant sa chère fille ? Depuis trente ans, elle se dépensait aux orphelinats sans compter, et de façon bénévole, comme l'avait fait sa mère. Dieu l'avait reprise à lui le 10 janvier 1890, à l'âge de cinquante-huit ans ! M. Müller écrivit à propos de cette épreuve.

« J'aimais tendrement ma chère fille, et le coup est très dur. Mais pour elle, c'est le terme des épreuves et des tristesses de cette vie, et il est évident qu'il lui est de beaucoup meilleur d'être avec le Seigneur. Quant à moi, comme j'ai l'intime conviction que toutes choses concourent au bien de ceux qui aiment Dieu, mon cœur demeure dans une paix parfaite. Je voudrais que tous ceux de mes chers frères qui passent par l'épreuve et n'ont pas encore saisi la vérité renfermée dans ce passage de l'épître aux Romains (8.28) se l'appropient enfin, de telle sorte que leur cœur reste en paix, à l'heure de l'épreuve. »

Un crépuscule transformé en aurore

L'expression de la foi de G. Müller au sein de la douleur atteint une telle hauteur qu'elle a été souvent incomprise, même critiquée. Son amour est à ce point dégagé d'égoïsme qu'il peut se réjouir du bonheur de ceux qui le précèdent dans la Maison du Père, et par là il est apparenté à l'amour divin. Or, dans les pleurs versés sur les cercueils, que d'égoïsme souvent ! Que de fois l'âme endeuillée gémit sur soi-même et sur la perte qu'elle vient de faire ! Ainsi fait le monde ; aussi, quiconque aime assez pour être heureux du bonheur de ceux « qui se reposent de leurs travaux » auprès du Seigneur, est facilement taxé d'insensibilité, de froideur. Dans son humble dépendance du Père céleste, et dans sa foi inébranlable en l'amour éternel, G. Müller détourna les yeux de soi-même, de ce que les hommes nomment « une perte cruelle ». Il ne chercha pas dans le cercueil sa dernière enfant, son unique enfant. Il la chercha auprès du Seigneur ; il songea à son bonheur et en fut consolé. Cette attitude de la foi dépasse infiniment les mesures ordinaires, et seuls la comprennent ceux qui marchent avec Dieu.

En mars 1890, les voyageurs rentrèrent à Bristol. M. Müller dit : « Je n'ai que des actions de grâce à rendre à Dieu, de ce que l'œuvre n'a cessé de prospérer sous la sage direction de M. Wright. »

Le seizième voyage conduisit en Allemagne et en Suisse l'infatigable missionnaire qui avait maintenant quatre-vingt-cinq ans. Partis de Bristol le 8 août, ils y rentraient tous deux le 5 juin 1891 pour entreprendre presque aussitôt le dix-septième voyage en Allemagne, en Hollande, en Autriche et en Italie, voyage qui prit fin en mai 1892.

Bien des chrétiens compétents estiment que les voyages missionnaires de G. Müller furent l'œuvre la plus importante de sa vie. Ceux-ci s'étendirent sur dix-sept années durant lesquelles il parcourut quarante-deux pays, et parla à des auditoires dépassant bien souvent un millier de personnes. Ces voyages entraînèrent de grosses dépenses. Les sommes nécessaires furent trouvées en réponse à la prière comme pour toutes les autres branches de l'Institut.

Désormais M. et Mme Müller restèrent à Ashley Down où ils s'installèrent dans l'une des Maisons. Toute sa vie, G. Müller avait été un infatigable travailleur, il continua de l'être. Se levant de très bonne heure en hiver aussi bien qu'en été, il avait généralement parcouru son courrier avant huit heures. (Probablement celui qui était arrivé la veille.) Il recevait alors ses collaborateurs et leur distribuait la besogne.

En 1892, un représentant du « Commonwealth Christian » alla voir G. Müller à Ashley Down, et il écrivit ce qui suit à l'occasion de sa visite :

« M. Müller vit dans l'un des orphelinats. J'avais sollicité une entrevue et il m'a reçu sur rendez-vous. Au jour dit, j'ai été conduit au haut d'un escalier de pierres puis dans un grand corridor sur lequel s'ouvrent des portes à intervalles réguliers. On a poussé l'une d'elles, je suis entré et me suis trouvé devant M. Müller. La pièce où l'on venait de m'introduire était simplement meublée... Aux murs quelques textes ; sur la table, une Bible ouverte : qu'on vient de lire sans doute. Je m'attendais à voir un vieillard affaibli, d'aspect vénérable, et ployant sous le poids des ans. À ma grande surprise, M. Müller me donna une impression tout autre : celle d'une vigueur physique très grande. Il se tient parfaitement droit, et pour autant que j'ai pu en juger lorsqu'il m'accompagna au départ, dans le corridor, son pas est allongé et rapide. La figure est austère ; les traits accentués révèlent qu'il doit être par plus d'un côté un homme de fer. Cependant il sait sourire, et quand cela lui arrive vous voyez l'homme sous un tout autre aspect. Il donne une profonde impression de dignité. Ses manières sont celles d'un prince : il est courtois et aimable. Sa parole est nette, facile, mais on y discerne l'accent allemand.

Voici un homme de quatre-vingt-sept ans qui dirige l'œuvre la plus remarquable du monde. L'étendue de son activité peut se mesurer à ce seul détail qu'il a sept secrétaires pour la correspondance uniquement. ...Il arrive qu'on entende cette question : Dieu exauce-t-il la prière ? Que celui qui cherche sincèrement une réponse à ce sujet étudie l'histoire de l'Institut

Un crépuscule transformé en aurore

de Bristol... Les sceptiques, comme le professeur Huxley, veulent des preuves. En voici une, et elle n'est pas constituée par un fait seulement mais par des milliers de faits ; elle n'est pas éphémère mais s'étend sur plus d'un demi-siècle. Si les faits ont quelque valeur, quelque signification, il est impossible que la science ignore le monument élevé par la foi de G. Müller : l'existence des orphelinats d'Ashley Down. »

Nous avons dû passer rapidement sur l'activité des années missionnaires. Que de faits intéressants cependant ! Que d'œuvres fondées après la lecture du « Récit », et dont G. Müller put visiter quelques-unes. Ainsi celle du Dr Cullis pour tuberculeux, près de Boston.

« Sans votre exemple, tout ceci n'existerait pas », lui dit le fondateur, au cours de la visite.

CHAPITRE 17

L'appel

MORT DE LA SECONDE MME MÜLLER

13 janvier 1895. « Il a plu à Dieu de reprendre à lui la chère compagne des vingt-trois années écoulées ; exactement vingt-trois ans et six semaines... Plus que jamais je veux garder les yeux fixés sur Dieu et cette promesse de sa Parole : « Toutes choses concourent ensemble au bien de ceux qui aiment Dieu. » (Ro 8.28).

... C'est en mars 1875 qu'ensemble nous avions commencé la série des voyages missionnaires. Mme Müller n'a jamais parlé en public ; mais sa collaboration était extrêmement précieuse. Elle m'aidait à placer et à distribuer des milliers et des milliers de Bibles et de traités en de nombreuses langues ; elle recevaient de nombreux visiteurs, et s'entretenait avec des milliers de personnes inquiètes au sujet de leur âme.

Je considère que mes voyages missionnaires constituent la partie la plus importante de l'œuvre que le Seigneur m'a demandée. Or, pour bien des raisons je n'aurais pu voyager seul, et la chère femme de mes premières années, si elle avait vécu, aurait été bien trop avancée en âge pour supporter les fatigues de longs voyages. J'ai donc compris, plusieurs années après ma grande épreuve, les dispensations de Dieu à mon égard ; et j'ai pu constater dès ici-bas que toutes choses ensemble concourent au bien de ceux qui aiment le Seigneur.

Peut-être dis-tu, cher lecteur : « Et maintenant ? » Maintenant je m'attends toujours à ce que se vérifie la promesse de Romains 8... Ma solitude est très grande ; mais je loue Dieu sans cesse pour tout ce qu'il m'a donné pendant tant d'années, et pour ce qu'il a maintenant repris : étant bien convaincu qu'il agit toujours pour le plus grand bien de ceux qui l'aiment. Ma chère femme m'a dit bien souvent qu'elle avait constamment demandé à Dieu qu'il veuille bien la remplir de son Esprit. Elle possède maintenant parfaitement ce après quoi elle soupirait, et possède en la présence du Seigneur un bonheur qui dépasse ce que les mots terrestres peuvent exprimer. Sa joie m'aide à supporter ma solitude ; bien plus, elle m'amène à louer Dieu... Si je publie ces réflexions, c'est parce que je crois que mon service ici-bas consiste très particulièrement à consoler les affligés, et à fortifier la foi des enfants de Dieu...

> **Ma solitude est très grande ; mais je loue Dieu sans cesse pour tout ce qu'il m'a donné pendant tant d'années...**

Ce ministère de consolation et d'édification qu'il considère comme celui que le Seigneur lui a confié, G. Müller s'en acquitte avec fidélité ; et il atteint le but proposé. Nous en trouvons une nouvelle preuve dans le récit fait par une personne qui assista au service funèbre de la deuxième Mme Müller.

« J'ai pu assister vendredi dernier à Stokes Croft Chapel au service funèbre de Mme Müller, cérémonie d'une austère simplicité qui est peut-être unique dans l'histoire du monde. Là, le patriarche vénérable et vénéré officia lui-même malgré son grand âge, soutenu par cette foi qui le rendit capable d'accomplir de grandes choses, et qui le porta dans toutes les vicissitudes, toutes les épreuves, tous les travaux d'une longue vie, laquelle manifeste un christianisme peut-être sans précédent dans l'histoire de notre race.

Sa foi ne semble pas touchée par l'épreuve ni par l'âge, sous le coup du plus douloureux dépouillement, elle semble inébranlable. Quel fait de l'histoire classique chanté par les plus grands poètes, quel sujet fixé sur la toile par les anciens maîtres, ou devenu le thème de l'éloquence des plus grands orateurs, pourrait soutenir la comparaison avec celui dont je parle : ce grand homme, cet homme bon, disant devant la mort, en ce siècle de doute, de négation et de ritualisme, sa foi illimitée en Dieu ; tandis que de toute sa personne émanait quelque chose qui affirmait les réalités de la communion avec le Seigneur, d'une communion intense, personnelle, réelle, directe, et toute suffisante... Il semblait vivre en une sphère supérieure. Quant à ses paroles, il était évident qu'elles n'étaient pas seulement une prédication pour les autres, mais que sa foi le portait vraiment dans la plus douloureuse des épreuves... »

> **Mon grand amour de la Bible et mon intime conviction qu'il fallait la répandre m'ont amené à demander à Dieu qu'il m'emploie comme instrument de sa diffusion et m'en donne les moyens.**

Foi inébranlable en la Parole de Dieu. Invité à prendre la parole en 1897 à une réunion de la Société biblique britannique et étrangère à Birmingham, et ne pouvant s'y rendre, G. Müller écrivit ces lignes : « Auriez-vous la bonté de lire à l'assistance ce message : « Depuis soixante-huit ans et trois mois, c'est-à-dire depuis juillet 1829, je suis « *a lover* »[1] de la Parole de Dieu ; et cela sans interruption. Je l'ai lue bien plus de cent fois avec méditation et prières ; en général quatre fois dans l'année. Mon grand amour de la Bible et mon intime conviction qu'il fallait la répandre m'ont amené à demander à Dieu qu'il m'emploie

---

1. On pourrait traduire : « J'ai un grand amour pour la Parole de Dieu » mais la pensée de G. Müller perdrait de sa force.

comme instrument de sa diffusion et m'en donne les moyens. Il a bien voulu exaucer, de sorte que j'ai pu envoyer des exemplaires en grand nombre par toute la terre et en diverses langues. Avec ce résultat : des milliers de personnes ont été amenées à la connaissance de Jésus par leur seule lecture. »

Dernières années. La direction de l'Institut biblique, celle des orphelinats et le ministère pastoral occupèrent les dernières années de G. Müller ; mais il cessa de prêcher le soir. Il donnait toujours son concours aux églises qui l'invitaient à le faire, et ses discours où la vérité était soulignée par des exemples tirés de sa vie extraordinaire, étaient en grande bénédiction, surtout aux jeunes. Il n'était jamais fatigué de dire ce que Dieu avait fait pour lui.

Sa santé était généralement bonne. Cependant, au cours de l'été 1897, les grandes chaleurs le fatiguèrent beaucoup. Il tomba malade, et on craignit pour sa vie : le cœur s'affaiblissait, le pouls devenait irrégulier et il dit à son docteur : « C'est la fin, n'est-ce pas ? » Cependant il se rétablit pour quelque temps encore.

Une dernière fois

La dernière prédication de George Müller (6 mars 1898). « Le dimanche matin 6 mars, écrit M. Bergin, père, M. Müller prêcha à Aima Road Chapel, Clifton. Nous donnons ci-après quelques notes du sermon qu'un auditeur, un ami, nous a communiquées. Il lut d'abord le chapitre 6 du prophète Ésaïe, puis le chapitre 12 de l'Évangile selon saint Jean, versets trente-sept à quarante et un.

« Ésaïe dit ces choses lorsqu'il vit sa gloire et qu'il parla de lui ». Ce verset prouve que ce que nous venons de lire au chapitre sixième d'Ésaïe s'applique bien à notre adorable Sauveur Jésus-Christ et à sa gloire. Dans toutes les Écritures,

L'appel

nous n'avons pas d'autre passage qui décrive à un plus haut point sa majesté et sa gloire.

Lisons-le donc à nouveau et étudions-le verset par verset, en l'appliquant à notre adorable et cher Sauveur.

Le verset premier nous donne l'époque de la vision : « L'année de la mort du roi Ozias ». Ces quelques mots évoquant à notre pensée la vie de ce roi. Tout alla bien pour lui jusqu'à ce qu'il devienne puissant et qu'il soit exalté ; alors il s'enorgueillit, alla dans le Temple et offrit l'encens à l'Éternel, au mépris du commandement de Jéhovah, lequel confie ce soin aux sacrificateurs seulement. C'est alors qu'il fut frappé de la lèpre. Il y a là pour nous, une grande leçon, une importante leçon, où nous trouvons une invitation à rechercher l'humilité, à prier pour être gardés de l'orgueil et du contentement de soi, ce qui fut le péché d'Ozias.

Au verset deux, nous lisons : « Des séraphins se tenaient au-dessus de lui ». Il est environné par les anges de l'ordre le plus élevé : les séraphins. « Chacun avait six ailes, de deux ils couvraient leurs faces ». L'humilité de ces créatures, qui occupent cependant une situation élevée, leur interdit de regarder le Seigneur. Voilà qui nous convie à essayer de nous considérer avec plus d'horreur encore, à cause de nos multiples transgressions ; à nous juger indignes de regarder celui qui est saint.

Verset cinq : « Malheur à moi ! » Tel est le cri du prophète qui a conscience de son péché, en la présence de celui qui est infiniment saint : « Malheur à moi, je suis perdu » à cause de mon iniquité.

Versets six et sept : L'autel représente le Seigneur Jésus-Christ, et le charbon ardent est le symbole de son sang. De même que le charbon qui toucha les lèvres du prophète le purifia de son péché, le nettoya, et lui permit de rester en la présence divine, ainsi du sang de Jésus pour nos péchés innombrables, le sang qui fait que nous sommes purs et sans tache au regard de Dieu. Position extraordinaire, joie indicible que celles du racheté qui a saisi par la foi dans le sang du Seigneur Jésus (dont nous allons rappeler la mort en rompant le pain), tout ce qui lui est conféré.

Verset 8 : Ce que fit le prophète en s'offrant au Seigneur dès que retentit l'appel, nous devons aussi le faire. Quels que soient le travail, les affaires, le service, que le Seigneur demande de nous, que nos cœurs soient prêts à répondre par l'affirmative, comme le fit Ésaïe... Suivre l'appel, répondre à l'appel, impose souvent un travail pénible, douloureux. Le prophète doit endurcir le cœur des enfants d'Israël et aveugler leurs yeux... Ministère douloureux, mais comme serviteurs du Très-Haut, nous avons à faire ce que le Seigneur demande : que ce soit agréable ou non...

Versets 10-12 : Il est rare que nous trouvions dans la Bible des jugements aussi terribles que celui-ci. Si le jugement dont il est ici question tombe sur Israël, c'est qu'il n'a pas écouté les prophètes que Dieu lui a envoyés. Ce jugement subsiste encore aujourd'hui ; cependant Israël est et demeure quand même le peuple élu, et les promesses faites à Abraham, Isaac et Jacob auront leur accomplissement...

Quant à nous, nous devons réfléchir à ceci : qu'une sentence identique aurait pu nous atteindre. Ainsi en ce qui me concerne, mes yeux auraient pu ne plus voir, mes oreilles ne pas entendre, mon cœur aurait pu s'endurcir si, me châtiant avec justice, Dieu m'avait fait selon mes péchés... Avec quelle pitié, quelle miséricorde, quelle tendresse, il s'est penché vers nous en Jésus-Christ... Ce qu'il a commencé il l'achèvera. Encore un peu de temps, et il nous prendra à lui... Glorieuse promesse, brillante perspective, qui nous appartiennent à nous misérables pécheurs, par la foi en Jésus-Christ ! Enfin nous demeurerons dans la Maison du Père ! Enfin nous le verrons... celui qui a donné sa vie pour nous, et nous pourrons baiser ses pieds et ses mains ! Espérance infiniment précieuse ! Encore un peu de temps, encore un peu de temps et tout sera accompli ! Nos cœurs devraient être un continuel cantique de louanges et de reconnaissance à Jésus-Christ...

L'appel

Ô le précieux sang de Jésus-Christ !

Le lendemain soir, le lundi 7 mars, il assista à la réunion de prière de Béthesda, à l'issue de laquelle il salua très chaleureusement quelques amis. Le mardi et le mercredi, il fît son travail habituel aux orphelinats, mais sur le soir, il dit à M. Wright s'être senti très faible le matin en se levant, et avoir dû se reposer trois fois en s'habillant. Cette sorte de faiblesse était disparu au cours de la journée, et ajouta-t-il : « je me sens à nouveau tout à fait bien ».

M. Wright suggéra qu'il ne devrait pas se lever d'aussi bonne heure, et garder quelqu'un près de lui. « Et le courrier ? », répondit M. Müller. M. Wright qui demeurait à Bristol offrit de venir plus tôt chaque jour. « Disons que je commencerai demain ! », ajouta-t-il. Mais M. Müller fit un geste de la main pour protester en disant : « Ne parlons pas de demain ». Ce même soir il dirigea lui-même la réunion de prière hebdomadaire de la Maison n° 3, celle qu'il habitait. Il fit chanter l'un de ses cantiques préférés :

The countless multitude on high,
Who tune their songs to Jesus' name
All merit of their own deny
And Jesus' worth alone proclame.

(*Là-haut la multitude innombrable. Dans ses cantiques de louanges, chante le Nom de Jésus. Elle récuse tous mérites personnels, mais elle proclame uniquement ceux de Jésus...*).

Pour terminer, il indiqua le cantique *We will sing of the sheperd that died - That died for the sake of the flock*. Ce fut le dernier cantique qu'il fit chanter ici-bas.

George Müller

Rejoindre son Père

L'appel. Lorsque la réunion du soir fut terminée, G. Müller se retira à l'heure accoutumée ; et quand il dit bonsoir à M. Wright, il semblait jouir de sa santé habituelle.

Le lendemain matin, le jeudi 10 mars, à sept heures, la servante lui porta le thé qu'il prenait généralement à ce moment. Elle frappa, et comme on ne répondait pas elle entra et vit M. Müller étendu sur le plancher près de son lit. Le docteur Eubulus Williams, appelé à la hâte, déclara que la mort devait remonter à une heure à peu près, et qu'elle avait été causée par une syncope. Depuis quelque temps déjà, M. Müller avait pris l'habitude d'absorber un peu de nourriture pendant la nuit. Il se leva probablement pour prendre le verre de lait et le biscuit qu'on avait placés sur la table de toilette, et dut tomber à ce moment-là.

« Cher M. Müller ! s'exclama une chrétienne en apprenant la nouvelle, Dieu lui aura murmuré : « Viens », et il s'est tranquillement évadé pour gagner la Maison du Père. » La nouvelle de sa mort souleva dans tous les milieux une très grande et très profonde émotion. Au Synode national des Églises Libres qui se tenait à ce moment-là à Bristol, une motion de reconnaissance envers Dieu fut votée pour la vie et l'œuvre de G. Müller. Le dimanche suivant, presque tous les prédicateurs de Bristol, peu importe la dénomination, firent au moins une allusion au départ de celui qui avait si fidèlement servi le Seigneur et avait tellement aimé les déshérités, ajoutant ainsi un nouveau chapitre aux glorieuses annales du christianisme.

George Müller avait pris pour devise quelques mots de ce verset de l'épître aux Philippiens : « Frères, pour moi je ne crois pas avoir encore atteint le but, mais je fais une chose : oubliant ce qui est derrière moi, et m'élançant vers ce qui est devant moi, je cours vers le but pour obtenir le prix de la vocation céleste de Dieu en Jésus-Christ (Philippiens 3.13) ».

« Je fais une chose », telle était sa devise, et elle peint bien son idéal constant, son unique désir, et l'élan de sa course vers le ciel. Dès que Christ l'eut saisi, Christ seul compta pour lui. Sans arrêt, sans faiblesse, il suivit le Sauveur, parcourant sur sa trace l'extraordinaire carrière dans laquelle sa foi grandissait sans cesse des exaucements obtenus, atteignant des sommets sublimes dès ici-bas.

> «... je cours vers le but pour obtenir le prix de la vocation céleste de Dieu en Jésus-Christ (Philippiens 3.13) ».

Cette vie de constante communion avec Dieu avait forcément une répercussion sur le physique. Le Docteur Pierson raconte qu'à son retour en Amérique en 1866, après son premier voyage en Europe, il rencontra, à bord du « Persia », un pasteur unitarien de Boston qui était allé voir G. Müller à Bristol. Ce pasteur relatant son entrevue avec G. Müller disait à ses compagnons de voyage : « J'ai eu la vive impression de parler avec l'un des princes de la Maison de Dieu, avec quelqu'un qui, comme Moïse, lui parle face à face ». Parmi les nombreuses personnes qui montèrent jusqu'à Ashley Down pour y saluer le vétéran que Dieu venait de rappeler, on remarqua une dame manifestement très âgée. Elle avait voulu revoir celui qui, soixante ans auparavant, l'avait recueillie et élevée, alors qu'elle était seule et sans soutien ici-bas.

JE FAIS UNE CHOSE

Cette chose : manifester que Dieu est, et qu'il est le rémunérateur de ceux qui croient, G. Müller l'a accompli. Sa vie a manifesté et manifeste encore que Dieu entend toujours la prière, qu'aujourd'hui encore, toutes choses sont possibles à celui qui croit, et « il a obtenu le témoignage d'être agréable à Dieu ».

APPENDICE

1

LA CÉRÉMONIE FUNÈBRE

La mort de George Müller frappa l'Église tout entière ; la multitude de ceux que sa foi avait fortifiés, encouragés, le grand nombre de ceux que son amour chrétien avait recueillis, entourés, élevés, ou simplement secourus, pleurèrent son départ comme on pleure celui d'un parent aimé et vénéré.

Ce fut le 14 mars 1898 que la dépouille mortelle fut conduite au champ du repos. Ce jour-là, hommes et femmes de toutes les situations sociales et de toutes les croyances laissèrent le travail accoutumé ou les distractions habituelles, et se rendirent par dizaines de milliers sur le long parcours qui va des hauteurs d'Ashley Down à Bristol jusqu'à Bethesda Chapel, et de là à Arno Vale Cemetery. Le drapeau de la cathédrale et ceux des autres églises étaient en berne, les cloches sonnaient le glas, et dans toutes les principales artères de la ville, les magasins restèrent fermés et les stores baissés : Bristol était en deuil ! De bonne heure, un service fut célébré dans la maison même où s'était produit le décès. Le cercueil avait été placé dans la grande salle à manger devant le pupitre : un cercueil tout simple en bois d'ormeau et sans fleurs, pour se conformer aux désirs du défunt. Sur le couvercle était fixée une plaque de cuivre avec cette inscription gravée :

George Müller

*« George Müller
s'est endormi le 10 mars 1898,
dans sa 93ᵉ année. »*

M. Wright prononça quelques paroles d'exhortation rappelant que tous doivent passer par la mort jusqu'au moment où Christ reviendra, mais que « ceux qui meurent dans le Seigneur sont heureux dès maintenant ». Un grand nombre d'orphelins sanglotaient ; ils perdaient en M. Müller un père, et beaucoup de ces enfants n'en avaient jamais connu d'autre. Le service terminé, le cortège se forma. Le cercueil fut porté à bras à travers la propriété jusqu'aux grandes portes d'entrée où stationnaient le char funèbre et une cinquantaine de voitures des parents, amis et collaborateurs. Il y avait une lieue (environ 4 kilomètres) entre Ashley Down et Béthesda et un long parcours entre la chapelle et le cimetière. Orphelines et orphelins suivaient le cercueil, et parmi ceux-ci se trouvaient quelques hommes âgés qui avaient été recueillis tout petits par le fondateur de l'orphelinat. Ensuite venaient les parents, les amis, les anciens et les diacres des églises plus particulièrement en rapport avec le défunt, les médecins des orphelinats et tout l'état-major des collaborateurs... Une cinquantaine d'autres voitures suivaient ensuite avec les délégations des divers corps ecclésiastiques, etc.

Arrivés à Park Street, les enfants quittèrent le cortège et retournèrent à l'orphelinat. Parents et amis entrèrent à Béthesda Chapel où des places leur avaient été heureusement réservées. Si l'église avait eu plusieurs fois les dimensions qu'elle avait, elle aurait encore été trop petite ; chaque pied carré était occupé. Presque toute la congrégation avait pris le deuil. Le cercueil fut placé devant la chaire : M. Bergin indiqua le dernier cantique qu'avait fait chanter M. Müller la veille de sa mort, puis la prière fut faite par M. McLean, et M. Wright prononça le sermon en prenant son texte dans l'épître aux Hébreux, chapitre 13, les versets sept et huit.

Appendice

Après que M. Wright eut terminé, M. Benjamin Perry, un ami intime du défunt, prit la parole. Nous citerons quelques extraits de son discours, lesquels jettent un peu de lumière sur l'impression que Müller donnait à ceux qui l'entouraient. Il disait toujours en parlant de lui-même qu'il était « vil et misérable ».

« Nous sommes réunis, mes chers amis, pour apporter un dernier tribut d'amour à celui qui n'a jamais recherché les honneurs et qui a été cependant, à mon avis, le plus grand homme de Bristol en cette génération. Sa vie a rayonné sur le monde entier... Quant à nous, paroissiens et amis, nous ressentons un vide, une perte, que rien ne pourra combler... la terre s'est appauvrie, mais le ciel s'est enrichi... le ciel où il a été recueilli avec les paroles de bienvenue : « Viens, bon et fidèle serviteur, entre dans la joie de ton Seigneur. »

« Il eut à traverser de très douloureuses épreuves... J'ai eu le privilège de son amitié et de son affection pendant de longues années, et si je devais peindre en quelques mots mon bien-aimé frère, je dirais ceci : Sauvé d'une vie de péché par l'amour incommensurable du Père, il aima Dieu en retour d'un amour immense, absolu, par-dessus toutes les choses et toutes les créatures d'ici-bas, trouvant sa plus grande joie à lui plaire et à le servir, ce qu'il considérait comme un très grand privilège... Et comment ne rien dire de son humilité ? Pour lui, il n'était rien ; Christ était tout. Il y a peu de temps un ami lui disait : « Quand Dieu vous appellera, cher M. Müller, vous serez comme un navire qui entre au port toutes voiles déployées ». Ce à quoi il répondit : Oh non ! je serai toujours le pauvre George Müller qui a besoin de répéter chaque jour la prière : « Garde mes pieds de glisser[1] ».

---

1. Ou : « Soutiens-moi afin que mes pieds ne glissent point » (Ps 17.5). Des vies passées au service de Dieu et qui dans la vieillesse se détournent du droit chemin, comme celles des rois Salomon et Asa, étaient pour lui un solennel avertissement qui l'incitait à demander à Dieu de le garder de toute chute en sa vieillesse.

Quelques-uns en pensant à lui disent peut-être : Un géant est tombé ! Non chers amis, il n'est pas tombé ; mais Dieu l'a appelé à prendre possession de l'héritage qui lui était réservé.

« Pour la première fois, mercredi dernier, il dit avoir senti la faiblesse et la fatigue.., et la même nuit, l'escorte céleste venait le chercher pour le conduire triomphalement devant le Seigneur.... qu'il servait depuis plus de soixante-dix ans... »

Après le service à la Chapelle, de nombreux équipages, quatre-vingts à peu près, se joignirent au cortège, et entre autres, la voiture de gala du maire de Bristol... Il fallut une heure pour arriver au cimetière où s'étaient rassemblées plusieurs milliers de personnes. Le service commença par le cantique *I rest in Christ*, que chantèrent quelque sept mille voix ; les flots d'harmonie se répercutaient sur les pentes de la colline. Ce fut un instant solennel et sublime. Après la prière, M. G. Fred. Bergin[2] prononça quelques paroles en prenant le texte de 1 Corinthiens 15.10, et dont voici un court extrait : M. Müller vivait de façon constante en communion avec Dieu par la prière... Celle-ci était bien, selon l'expression du poète, sa respiration. Sur ce point-là, nous croyons qu'il n'y a pas de vie d'homme qui ne soit jamais parvenue à un tel niveau... »

Bergin termina par un appel aux inconvertis, puis demanda comme dernier cantique celui-là même que George Müller avait indiqué à la fin de la réunion de prière du mercredi précédent :

« Pour toi nos chants, ô pasteur de nos âmes
Toi qui pour nous consentis à mourir... »

La prière termina la cérémonie, puis le cercueil fut descendu dans la tombe. Presque tous les assistants défilèrent alors devant la fosse ouverte, en dernier hommage à celui que Dieu venait d'appeler à lui.

---

2. M. G. Fred Bergin est l'auteur de l'Autobiographie du Centenaire. Nous avons largement puisé dans son livre pour la rédaction de ce manuscrit. Il est le père de M. Wm. M. Bergin, qui a bien voulu écrire quelques lignes de préface pour cette édition française de la vie de G. Müller.

Appendice

De nombreux orphelins demandèrent à offrir la pierre funéraire comme ils l'avaient fait pour la première Mme Müller, les dons affluèrent aussitôt ; mais M. Wright fit savoir que le défunt avait souvent exprimé le désir qu'on ne fasse pas de dépense inutile et qu'on se contente d'une simple pierre. Dans le grand public, on parlait de faire élever une statue ; la presse s'en occupa et on consulta M. Wright. Celui-ci dans une lettre motivée répondit qu'il ne pouvait entrer dans ce projet qui n'aurait certainement pas eu l'approbation de M. Müller.

Une pierre fut donc dressée sur la tombe avec les indications habituelles de noms et de dates, avec les lignes suivantes :

Il crut en Dieu
à qui rien n'est impossible,
et en son Fils bien-aimé, Notre Seigneur
qui a dit : « Je vais à mon Père
et tout ce que vous demanderez en mon nom
je le ferai, afin que le Père
soit glorifié dans le Fils » ;
et en sa Parole inspirée qui déclare
« que toutes choses sont possibles à celui qui croit ».
Et Dieu accomplit ses promesses
dans la vie de son serviteur, en lui
donnant
les moyens d'élever environ
dix mille orphelins.

Cette pierre a été érigée
avec le produit des dons spontanés
d'un grand nombre de ces orphelins.

2

LE TESTAMENT

Par celui-ci, George Müller demandait que l'œuvre des orphelinats et les autres branches de l'Institut biblique continuent avec les mêmes principes qui avaient présidé à leur fondation, et il nommait M. Wright seul directeur. Il le désignait aussi comme héritier, lui léguant ce qu'il possédait en propre : meubles, linge, livres, argent, etc. (Le tout, y compris l'argent, un peu plus de quinze cents francs, fut estimé à quatre mille francs, à la mort du donateur). Ce document se termine par ces lignes :

« En achevant d'écrire ce dernier testament de ma propre main, je ne puis m'empêcher d'admirer la merveilleuse grâce de Dieu qui m'amena à la connaissance du Seigneur Jésus à l'âge de vingt ans et cinq mois, alors que je ne me souciais pas de lui, et qui m'a gardé dans sa crainte et sa vérité jusqu'à ce jour, c'est-à-dire pendant soixante-neuf ans et quatre mois, me permettant ainsi de le servir durant tout ce temps. Et maintenant, en face de l'éternité, je déclare que ma seule espérance de salut est basée sur ma foi dans les mérites du Seigneur, et en sa mort expiatoire. Je signe ce testament de ma propre main, devant deux témoins, ce 16 mars mil huit cent quatre-vingt-quinze (1895). George MÜLLER.

Appendice

3

APPRÉCIATIONS DE CONTEMPORAINS SUR G. MÜLLER ET SON ŒUVRE

Il nous est impossible de transcrire ici de nombreuses et élogieuses appréciations qui furent publiées à l'époque de la mort de George Müller. En voici quelques extraits :

« M. Müller laisse derrière lui une vie toute consacrée aux orphelins. La piété, l'humilité, l'amour de cet homme, resteront longtemps dans le souvenir des églises... Unissons-nous silencieusement dans un acte solennel d'actions de grâce pour bénir Dieu qui l'a donné au monde. Ce don-là est le plus précieux qu'il puisse faire à l'humanité. » *(Séance du Synode National des Églises libres évangéliques)*

« Les résultats obtenus par M. Müller sont sans précédent... Cependant, loin d'aimer à paraître, il était d'un tempérament timide et retiré, et redoutait la publicité. Il y a bien des années, on lui offrit cinq cents livres sterling (au pair douze mille cinq cents francs) s'il voulait se laisser photographier ; il le refusa énergiquement[1]... Bien des visiteurs de marque allèrent à Ashley : Comte de Derby, Lord Salisbury, Lord Hampton, etc. » *(The Times)*

« On se souviendra de George Müller comme de l'homme qui ne fit jamais d'appels ni de réclame... Son œuvre fut la meilleure des réclames... Sa foi était de celle qui soulève les montagnes... Il ne se lassa pas de faire le bien. » *(St-James' Gazett)*

« M. Müller occupe une place unique parmi les philosophes du XIXe siècle. En ce temps d'agnosticisme et de matérialisme, il mit à l'épreuve des théories sur lesquelles la plupart des hommes se contentent d'avoir d'inutiles controverses. Même ceux qui élaborent des discours sur les lois naturelles et ne partagent pas les vues de M. Müller sur la puissance de la prière, ne peuvent s'empêcher d'admirer la foi et la persévérance extraordinaires de cet homme qui fonda une colonie d'orphelins, et reçut jusqu'en mai dernier pour son œuvre et les autres branches de l'Institut biblique plus de trente-cinq millions de francs. » *(Bristol Evening News)*

« ... Comment ce miracle fut-il accompli ? Par la prière, dit M. Müller. » Cette réponse ne peut manquer d'exciter les sarcasmes et les railleries du rationalisme. Mais les faits demeurent ; qu'on les explique. Il n'est pas scientifique de diminuer des événements historiques qu'on trouve trop difficiles à expliquer. Quant à escamoter les orphelinats qui s'élèvent à Ashley, la chose semble bien impossible, et tous les tours de passe-passe n'y suffiraient pas... » *(Liverpool Mercury)*

« George Müller est mort, et le monde est appauvri par son départ... La vie de cet homme touche à ce point au merveilleux

---

[1]. Jusqu'à l'âge de quatre-vingts ans, il refusa catégoriquement qu'on publie une de ses photographies. Mais quelques journaux s'étant mis à publier des reproductions fantaisistes de sa personne, il pensa qu'il était préférable de céder sur ce point et d'accorder la reproduction d'une photographie.

Appendice

qu'elle semble difficilement croyable. Avec lui, comme le veut l'adage, la vérité est plus étrange que la fiction. L'étudiant prussien à la vie tapageuse est devenu le philanthrope le plus âgé et le plus avisé de son pays d'adoption. Sans amis, sans influence, sans argent, sans situation sociale, avec un passé de dissipation, cet homme s'est attiré par l'intégrité et la noblesse de sa vie le respect et l'amour de ses contemporains. Il a enlevé au trottoir des milliers de victimes, aux prisons des milliers de criminels, aux maisons de pauvres des milliers de malheureux parias. Et tout cela, il le fit « en maniant l'Épée de l'Esprit », pour employer son propre langage. Sa vie et son exemple ont une beauté touchante et émouvante qui ne peuvent qu'impressionner vivement, même en ce siècle sceptique et utilitaire... » *(Daily Telegraph)*

George Müller

4

LES DONATEURS ET LES DONS

Il faudrait plusieurs volumes pour la seule publication des dons que recevait chaque jour George Müller. Beaucoup ont une histoire intéressante. « Nos fonds sont déposés à une banque qui ne peut faire faillite, avait dit une fois la directrice de l'un des orphelinats à un visiteur. » Réponse concise et juste. En apparence, il pouvait y avoir des jours sombres, Dieu intervenait toujours en temps voulu.

« Ce n'est pas de temps à autre que Dieu pense à nous, écrivait G. Müller, mais toujours. Quelle que soit la chose dont nous avons besoin : de l'argent, des provisions, des habits, il l'envoie immanquablement. » Quatre-vingt-dix-huit pour cent des donateurs étaient des inconnus. Certains léguèrent à leur mort des milliers de livres sterling sans avoir jusque-là donné aucun signe de vie. Parfois la cloche de la porte d'entrée retentissait, et lorsqu'on venait ouvrir, au lieu de visiteurs, on trouvait un paquet sur le seuil. Une fois, M. Müller prenant au portemanteau son chapeau et ses gants pour sortir trouva dans l'un de ces derniers un billet de cinq livres sterling (cent vingt-cinq francs). C'était là un exaucement remarquable : quelques secondes avant, il était à genoux demandant à Dieu d'envoyer du secours.

Appendice

Les dons en nature sont des plus variés : un jour c'est un monsieur qui envoie une bibliothèque de valeur ; un autre jour on reçoit des autographes de George IV, Sir Robert Peel, Lord Melbourne, une autre fois une voiture, une cage et huit canaris, deux bœufs vivants à tuer et à débiter pour les orphelins, des chars chargés de légumes, etc. Nous relevons parmi les dons en nature de l'année 1897, 7 203 pains de quatre livres qui représentent 296 dons, 306 gâteaux, près de 44 699 pommes et de 4 238 poires, 40 sacs de pommes de terre, 20 caisses de savon, un sac de pois, 9 tonnes de charbon, 26 cuissots de venaison, 112 lapins, 312 faisans, 1 lièvre, 8 oies, 8 grands fromages, 5 sacs de gruau d'avoine, huit sacs de farine, 16 morues, du saumon salé, 30 livres de thé, 44 de miel, des œufs, du chocolat, des figues, des bonbons, des caisses d'oranges, des dattes, des raisins secs, etc., des bijoux, des habits, et de multiples objets destinés à être vendus pour que le produit en fut attribué aux orphelinats. Quelques-uns des donateurs envoient le produit d'une pièce de terre qu'ils ont mise à part pour l'orphelinat ; d'autres une part sur la vente de poules, de porcs, de vaches, de moutons, de fruits, de légumes, de fleurs, d'abeilles, de raisins, de fougères, etc.

Les rapports ne donnent que les initiales des donateurs, et souvent les détails du don. Nous voyons ainsi que les uns ont pris l'habitude du don, systématique, les autres donnent à l'occasion d'une délivrance, d'un exaucement, d'une bénédiction, d'autres en se refusant un voyage, une voiture de première classe, du sucre avec le thé, un dessert ; un armateur renonce à assurer ses navires et donne pour les orphelins le montant de la police d'assurance ; un prince renonce à aller à une soirée de gala et envoie l'économie réalisée de ce chef, ce qui suffit à payer le dîner de cent enfants ; le fils d'un baron se passe de beurre et d'œuf pendant six semaines, et ajoute à l'argent reçu de ce chef celui qu'il gagne en chassant les rats et les souris.

Voici un don de trente francs qu'envoie une couturière, prix du premier travail fait avec une machine à coudre qu'elle vient de recevoir ; quarante francs économisés en supprimant le champagne à un déjeuner de noces ; vingt-neuf francs d'une couturière qui les a amassés en donnant vingt centimes par robe faite ; cent francs d'un mécanicien pour acheter des puddings aux orphelins le jour de Noël ; la moitié du montant des prix obtenus à des expositions, par un fermier, pour ses moutons ; deux cents francs réunis en donnant trente centimes par agneau, « Trois mille sept cents francs pour payer la pension d'un nombre d'orphelins égal à celui de mes enfants » (onze cette année-là), etc.

Cinq cents francs économisés, en ne fumant pas pendant un an ; douze cent soixante-quinze francs parce que j'ai fait de grandes pertes, et que Dieu a permis que je pusse continuer mes affaires quand même ; dix francs d'une veuve, la première semaine de gages de mon enfant ; douze mille cinq cents francs d'Irlande avec ces mots « je vous ai envoyé six francs vingt-cinq il y a quelques années ; c'était alors une grosse somme pour moi. Depuis lors, je me suis considéré comme l'administrateur des biens que Dieu me donne et je vous envoie bien plus facilement cette seconde somme que la première. »

Un octogénaire envoie cent francs de Californie et écrit : « J'ai compris en lisant votre dernier rapport que j'étais un figuier qui n'avait que des feuilles et pas de fruits, bien que je fasse profession d'être chrétien depuis longtemps. Je vous envoie le montant de l'économie faite en supprimant le verre de grog auquel j'étais habitué. »

En 1865, alors qu'il est à Ilfracombe, M. Müller est accosté dans la rue par un homme qui lui demande s'il est bien M. Müller ? Sur une réponse affirmative, son interlocuteur explique qu'il vient de M. et lui apporte de l'argent pour

Appendice

les orphelins. « Je suis un homme d'affaires, continue-t-il en se présentant, ce qu'on nomme « un bûcheur ». L'un de vos rapports m'est tombé sous la main : je l'ai lu et je dois vous confesser que cela m'a laissé sceptique. Je ne pouvais croire que vous obteniez le nécessaire en priant. Toutefois, cette question revenait souvent en ma pensée : M. Müller reçoit-il vraiment ces fortes sommes d'argent uniquement par la foi, et en réponse à la prière ? Sur ces entrefaites, j'ai entendu parler d'une propriété à vendre et que je désirais acheter. Je suis allé la voir et je l'ai fait évaluer par un homme d'affaires compétent qui l'a estimé à un certain prix. Sceptique, je me suis dis : Et maintenant nous allons voir si Dieu est avec M. Müller ; si le prix de vente atteint un prix inférieur à ce que j'aurai stipulé, je donnerai cent livres sterling à M. Müller.

J'ai alors donné des ordres à une tierce personne pour qu'elle se rende à la vente aux enchères et achète pour mon compte ; cela s'est passé en un endroit assez éloigné ; mais ma curiosité était excitée à un si haut point, et je désirais tellement savoir l'issue de cette affaire, que j'ai pris le train suivant pour être renseigné sans délai. À ma grande surprise, j'apprenais que j'étais l'acquéreur à un prix inférieur à ce que j'avais stipulé. Alors je me suis mis à réfléchir sur les principes qui règlent votre manière de faire : ils sont éminemment évangéliques, ai-je le droit en tant que chrétien de mettre en doute les exaucements à la prière ? Plus j'avance, plus je comprends que vous êtes dans le vrai, et me voici ! »

Le 5 juillet 1880, George Müller recevait une lettre de Nouvelle-Zélande avec cent vingt-cinq francs. Voici un extrait de la lettre : « L'année dernière, nous étions à Bristol et nous demeurions en face de vos maisons d'orphelins dont la vue renouvelait sans cesse notre foi. À cette époque, j'ai été huit mois sans travail, ne recevant qu'un secours de 8,75 par semaine pour ma famille et moi, mais Dieu n'a pas permis que nous manquions du nécessaire. Quand les choses semblaient aller au plus mal, vos mille fenêtres éclairées dans la nuit me paraissaient comme autant de promesses, comme disait ma femme, et je puis ajouter qu'elles ont été le moyen d'un milliers d'exaucements... »

Appendice

5

CONSEILS POUR LIRE LA BIBLE

Si quelqu'un me demandait ce qu'il faut faire pour lire la Bible avec profit, je répondrais d'abord : comprendre que seul Dieu peut l'illuminer par son Esprit ; et puisque Dieu veut que nous lui demandions ce qui nous est bon, il convient que nous implorions sa bénédiction avant de la lire, et pendant que nous la lisons.

Le Saint-Esprit est le meilleur des maîtres et un maître suffisant ; mais il ne s'ensuit pas qu'il réponde immédiatement à nos requêtes ; nous pouvons avoir à demander bien des fois l'explication d'un passage avant d'être exaucé, mais l'exaucement est certain si nous cherchons patiemment la lumière dans le but de glorifier Dieu.

Il est extrêmement important de lire chaque jour et en suivant une portion de l'Ancien et du Nouveau Testament : 1° parce que cela aide à la compréhension du texte. Choisir un chapitre préféré ici et là conduit à ne pas comprendre grand-chose aux Écritures. 2° Aussi longtemps que nous habitons ce corps, le changement nous est nécessaire, même dans les choses spirituelles. Dieu y pourvoit par la grande variété que nous trouvons dans sa Parole. 3° Lire la Bible entièrement glorifie Dieu : En laissant ici et là quelques chapitres, nous disons en fait, sinon en paroles, que certaines parties sont meilleures que d'autres, ou bien qu'il y a des pages inutiles. 4° Lire l'Écriture régulièrement et d'un bout à l'autre peut nous donner une vue d'ensemble, donc aider à sa compréhension. Cela empêche de donner trop de valeur à certaines conceptions que nous chérissons.

Les Écritures contiennent tout ce qu'il a plu à Dieu de nous révéler de sa volonté. Nous devons donc faire notre possible pour lire complètement le document qui l'exprime. Je crains que de nos jours il y ait bien des chrétiens qui n'ont jamais lu entièrement la Bible ; et cependant ils pourraient le faire en quelques mois, en en lisant quelques chapitres chaque jour.

Il est nécessaire de méditer durant la journée sur ce que nous avons lu, soit sur une partie de notre lecture, soit sur le tout... Quant aux commentaires, ils remplissent la tête de toutes sortes de notions et aussi de la Parole de Dieu ; mais lorsque le Saint-Esprit lui-même nous enseigne en réponse à la prière et à la méditation, c'est le cœur qui est touché et pénétré. Or la connaissance intellectuelle enfle, et puis elle est essentiellement variable. Que de fois nous délaissons quelque théorie, quelque opinion reçue, pour de nouvelles, lorsque nous lisons quelque commentaire qui nous semble meilleur ; quitte à les abandonner aussi par la suite pour d'autres.

Ce que le cœur a saisi rend généralement humble, joyeux, et conduit plus près de Dieu. La connaissance acquise de cette manière-là ne se laisse pas ébranler par quelque raisonnement que ce soit, et comme elle a pris racine dans notre cœur, nous l'utilisons en l'appliquant à notre vie...

Appendice

6

L'ASSEMBLÉE DES FRÈRES — LE BAPTÊME

Au commencement de notre activité à Bristol, nous nous réunissions à Béthesda, frère Craik et moi avec quelques frères et sœurs. Il n'y avait aucun règlement à la base de nos réunions ; la Parole écrite était notre unique code. Dès le début, il était entendu qu'avec l'aide de Dieu, nous éprouverions toutes choses à la lumière de sa Parole, et que nous n'introduirions et ne garderions énergiquement que ce qui pourrait soutenir victorieusement cette épreuve. C'était vraiment « dans la faiblesse », mais d'un cœur droit, que le 13 août 1832, nous nous réunissions pour la première fois et prenions ces décisions devant Dieu. Nous ne savions pas alors ce qu'il y avait lieu de décider au sujet de l'admission des nouveaux membres : fallait-il admettre seulement ceux qui avaient été baptisés après avoir cru au Seigneur Jésus, ou bien pouvait-on admettre tous ceux qui croyaient en Jésus ? La question restait donc ouverte, et rien ne fut décidé à l'origine.

Nous nous sentions libres de prendre la sainte Cène avec ceux qui n'étaient pas baptisés, nous pouvions donc travailler en toute bonne conscience à « Gideon Chapel » où la majeure partie des « saints » n'était pas baptisée ; au début en tout cas. Mais au fond de nos cœurs, nous avions le secret désir, frère Craik et moi, de ne voir que les chrétiens baptisés, se joindre à nous à Béthesda.

Nous avions été témoins dans le Devonshire de divisions pénibles dans l'Assemblée, entre ceux qui étaient baptisés et ceux qui ne l'étaient pas ; ce que nous attribuions alors au fait des divergences de vue sur ce point particulier. Donc, et sans ériger en règle que l'église de Béthesda devait être une église de plus intime communion, nous veillions à ce que soient soigneusement instruits sur la question du baptême ceux qui demandaient à y être reçus.

Durant plusieurs mois, aucune difficulté n'est survenue. Il n'y avait que des chrétiens baptisés qui demandaient à être reçus parmi nous ; ou des chrétiens qui désiraient l'être ; ou d'autres enfin qui étaient convaincus du caractère scripturaire du baptême des croyants après en avoir fait l'étudie avec nous.

Mais un jour, trois sœurs qui n'avaient pas été baptisées ont demandé à être reçues parmi nous. Après avoir traité du sujet avec elles, leur façon de voir ne s'est pas modifiée Cependant, comme frère Craik et moi nous les savions véritablement chrétiennes, et que nous n'étions pas au clair nous-mêmes sur la pensée du Seigneur en cette affaire, nous avons décidé de les recevoir ; toutefois, afin que la décision soit prise à l'unanimité, comme c'était alors la coutume parmi nous pour les actes concernant l'Église, nous avons porté la question devant nos frères, disant que ces trois sœurs ne considéraient pas comme scripturaire le baptême des croyants. Y avait-il quelque objection à ce qu'elles soient admises ?

Plusieurs ont aussitôt protesté, et la question fut examinée à fond, nous-mêmes essayant de connaître la pensée de Dieu durant les deux ou trois réunions suivantes. Plusieurs jours se sont passés ; et avant qu'aucune décision ne soit prise, l'une des sœurs est venu nous trouver pour nous remercier de ne pas l'avoir admise avant d'être baptisée, car elle voyait maintenant

Appendice

que c'étaient la fausse honte et la crainte du qu'en dira-t-on qui l'avaient empêchée de demander le baptême ; mais avec le secours du Seigneur elle avait décidé de le faire et venait nous voir dans ce but.

Cette circonstance ne fit que fortifier les frères qui considéraient le baptême nécessaire à l'admission. Ainsi frère Craik et moi avons dû nous demander derechef si, après tout, ces frères n'avaient pas raison ? En conséquence il nous a paru difficile de nous opposer plus longtemps à eux. Nous avons donc reçu dans l'assemblée la sœur qui avait demandé le baptême ; mais pas les autres.

Nos consciences ne protestèrent pas ; car tous pouvaient participer à la sainte Cène à Béthesda, sans toutefois être reçus dans le groupe plus intime qui s'était constitué au sein de l'Église. Quant à l'Église de Gideon Chapel, non seulement tous les membres pouvaient communier, qu'ils soient ou non baptisés, mais encore ils pouvaient faire partie de l'Assemblée s'ils en faisaient la demande (c'est-à-dire du groupement auquel étaient soumises toutes les affaires concernant l'Église).

Car, à cette époque, nous n'avions pas encore compris que la Bible ne fait pas de distinction entre l'assemblée des frères et la réunion de ceux qui prennent ensemble la sainte Cène.

Les choses en sont restées là pendant plusieurs mois. Les croyants étaient reçus à la sainte Cène, même à Béthesda, sans être baptisés ; mais ils n'étaient pas admis à tous les privilèges de l'assemblée fraternelle. Au mois d'août de l'année 1836, j'ai eu une conversation avec frère R. C. au sujet de cette admission des chrétiens non baptisés à la communion, chose qui me préoccupait depuis longtemps déjà. Et voici comment frère R. C. m'a exposé sa pensée : « Ou bien les croyants non baptisés ont une conduite qui n'honore pas le Seigneur, et en ce cas nous devons nous éloigner d'eux (2 Th 3.6), ou bien leur conduite l'honore. Si un croyant ne se conduit pas comme il faut, non seulement nous devons nous séparer de lui pour la communion, mais aussi en toute autre occasion. Or ceci n'est manifestement pas l'attitude des croyants baptisés vis-à-vis de leurs frères non baptisés. Le Saint-Esprit ne le permet pas. Au contraire il rend ce témoignage que le fait pour eux de n'être point baptisés n'implique pas qu'ils suivent une mauvaise voie ; aussi peut-il y avoir une communion bénie entre des croyants baptisés et les croyants non baptisés. Le Saint-Esprit ne permet pas que nous refusions de nous joindre à eux pour la prière, l'étude ou la lecture des Écritures ; il ne permet pas que nous nous éloignions d'eux, ou que nous les éloignions de nous dans notre vie quotidienne, ou nos relations d'amitié, non plus que dans notre activité chrétienne ; et cependant il faudrait qu'il en soit ainsi s'ils avaient une mauvaise conduite. »

Le passage que frère C. avait cité, 2 Thessaloniciens 3.6, a été le moyen dont Dieu s'est servi pour m'amener à comprendre sa pensée, qui est que nous devons recevoir « tous ceux que Christ a reçus » (Ro 15.7), sans nous laisser arrêter par les degrés différents de grâce et de connaissance auxquels ils sont parvenus ».

Peu de temps après cette conversation, en mai 1837, nous avons eu l'occasion, frère Craik et moi (car il avait aussi saisi la vérité que j'avais enfin comprise), de manifester la lumière reçue : une sœur qui n'avait pas été baptisée et qui ne voyait pas la nécessité de l'être demandait à être admise parmi nous. Nous avons eu avec elle plusieurs entretiens sur divers sujets, et particulièrement celui du baptême ; bien que nous ne soyons pas arrivés à la convaincre, nous avons proposé à l'assemblée de l'admettre. Ceci a provoqué un nouvel examen de la question. Nous avons donné nos raisons pour recevoir parmi nous cette sœur non baptisée, et lui accorder tous les privilèges des enfants de Dieu ; mais un grand nombre de membres, le tiers à peu près, ont élevé des objections sérieuses. On a rappelé plus particulièrement que les premiers croyants furent baptisés après avoir fait profession de croire. Mais le Seigneur nous a assisté, nous aidant à montrer aux frères, la vérité à ce sujet ; de sorte que le nombre de ceux qui considéraient que seuls les croyants baptisés pouvaient être reçus parmi nous s'est amoindri de jour en jour. À la fin, le 28 août 1837, il n'y

Appendice

avait plus que quatorze frères et sœurs sur cent quatre-vingts qui croyaient devoir se séparer d'avec nous. (Je suis heureux de pouvoir ajouter que le plus grand nombre de ces quatorze ont vu plus tard leur erreur et sont revenus à nous). Depuis, le fait d'accorder à tous ceux qui aiment le Seigneur Jésus, baptisés ou non, tous les privilèges de l'assemblée des frères n'a plus jamais causé de divisions. Or les faits que je viens de raconter remontent à plus de cinquante-sept ans.

George Müller

7

QUELQUES PENSÉES AU SUJET DE LA SAINTE CÈNE

1° Les premiers disciples communiaient chaque dimanche (Actes 20.17).

2° Ceux qui communient affirment leur participation à tous les bienfaits acquis par la mort du Seigneur, en leur communion mutuelle (1 Co 10.16,17). La plus grande liberté doit régner durant ce service pour l'exercice des dons d'enseignement et d'exhortation, pour la prière et l'action de grâces (Ro 12.4,8 ; Ép 4.1-16). Comment les dons de chacun pourraient-ils s'exercer pour l'utilité de tous, si une seule personne faisait le service ?

3° Le pain doit-il être rompu par l'un des anciens, ou chacun des assistants doit-il le rompre pour soi-même ? Nous ne trouvons pas dans l'Écriture de déclaration explicite à ce sujet. Cependant 1 Co 10.16,17 semble préconiser la dernière manière de faire, qui met en évidence que le corps du Seigneur a été rompu pour nos péchés...

Appendice

8

QUELQUES PENSÉES AU SUJET DU FORMALISME

J'ai souvent remarqué qu'il est funeste de faire une chose parce que d'autres l'ont faite, ou parce que c'est la coutume, on parce que l'on s'est laissé persuader d'accomplir tel acte de renoncement apparent, alors que le cœur ne s'est pas donné. L'acte doit être le résultat de l'action intérieure et puissante du Saint-Esprit, de la communion avec le Père et le Fils.

Ayons horreur de ce qui n'est que formalisme, habitude, coutume, dans les choses divines. C'est la vie, la puissance, la réalité, qu'il faut rechercher. Ce n'est pas du dehors, mais du dedans que doit venir notre inspiration. Que doivent être mes vêtements, ma maison, mes meubles ? Pour répondre à ces questions, je ne regarderai pas à ce que font les autres, ni à ce que font généralement mes frères et sœurs en Christ... Tout ce qui est don, renoncement, mort à l'égard du monde, doit être un fruit de la joie que nous expérimentons en Dieu, parce que nous savons que nous sommes ses enfants, et que, par la foi, nous sommes entrés dès ici-bas dans notre héritage éternel... Quiconque n'agit que sous l'action de la joie qu'il trouve en Dieu se gardera de considérer avec mépris ceux qui ne sont pas arrivés au même point que lui ; mais bien plutôt il priera pour eux... Nous avons peut-être plus de lumière et de force qu'eux sur certain point ; mais sur tel autre ils peuvent avoir plus de lumière ou de grâce, que nous.

Appendice

9

QUELQUES PENSÉES AU SUJET DE LA VOLONTÉ PROPRE

Le cœur naturel est toujours prêt à raisonner quand il faut croire, à travailler quand il faut se reposer, à choisir son propre chemin quand il faut suivre avec persévérance celui que Dieu veut, si pénible que cela puisse être.

George Müller

George Müller

Appendice

George Müller à 90 ans

1 500 filles et garçons (1905)

Appendice

Classe d'ébénisterie

Classe de gymnastique

George Müller

Dans la piscine

www.ingramcontent.com/pod-product-compliance
Lightning Source LLC
Chambersburg PA
CBHW071648090426
42738CB00009B/1455